Dramaturgias Fraturadas
na Cena Paulistana Contemporânea

DRAM
FRA
NA CENA
CONTE

EVALDO MOCARZEL

ATURGIAS
TURADAS

PAULISTANA
MPORÂNEA

PERSPECTIVA

COLEÇÃO PERSPECTIVAS

Acesse **https://evaldomocarzel.com.br/**
para ver os documentários das obras abordadas neste livro

Coordenação de texto: Luiz Henrique Soares e Elen Durando
Preparação de texto: Luiz Henrique Soares
Capa e projeto gráfico: Sergio Kon
Produção: Ricardo W. Neves e Sergio Kon

CIP-Brasil. Catalogação na Publicação
Sindicato Nacional dos Editores de Livros, RJ

M685d

    Mocarzel, Evaldo
        Dramaturgias fraturadas na cena paulistana / Evaldo Mocarzel ; apresentação
Newton Moreno. - 1. ed. - São Paulo : Perspectiva, 2023.
        312 p. ; 23 cm. (Perspectivas)

    Apêndice
    Inclui bibliografia
    ISBN 978-65-5505-179-7

        1. Teatro - São Paulo (SP). 2. Representação teatral. I. Moreno,
Newton. II. Título. III. Série.

23-87061
        CDD: 792.098161
        CDU: 792(815.6)

Meri Gleice Rodrigues de Souza - Bibliotecária - CRB-7/6439
13/11/2023   16/11/2023

1ª edição

Direitos reservados à
EDITORA PERSPECTIVA LTDA.
Alameda Santos, 1909, cj. 22
01419-100 São Paulo SP Brasil
Tel. (11) 3885-8388
www.editoraperspectiva.com.br

2023

À minha mãe Hedda,
às minhas irmãs Sílvia e Teresa,
e aos meus filhos Laura,
Joana e Matheus.

Este livro é dedicado à memória
e ao legado de Jacó Guinsburg,
mestre de várias gerações,
especialmente de focalizados
neste livro.

SUMÁRIO

Apresentação:
Dramaturgias (In)Visíveis [Newton Moreno]
10

Introdução
14

1   **Teatro da Vertigem:**
"Site-specific" e Dramáticas Fraturadas no Espaço Urbano
28

2   **A Recepção do Público Como Dramaturgia "Aerada"**
em Espetáculos Dirigidos Por Luiz Fernando Marques
74

3   **Os Satyros:** Textos Performativos
e Novas Dramáticas Para o Ator-Ciborgue
114

4   **Cia. Livre:** Dramaturgias Colaborativas
em Busca de um Teatro Épico-Ritual
150

5 **Dramaturgia Telúrica** de Newton Moreno em Processo Colaborativo Com "Os Fofos Encenam"
192

6 Club Noir:
Dramáticas Fraturadas em Estruturas de Linguagem
234

7 A Cena Paulistana Contemporânea e a Política
256

8 À Guisa de Conclusão
270

Referências
278

Apêndice: **Documentário Cênico**
Dramáticas do Real e Auto-Mise-en-Scène
282

Agradecimentos
310

Apresentação
DRAMATURGIAS

Os espetáculos produzidos pelos coletivos teatrais da cidade de São Paulo nas décadas passadas, do final do século XX ao começo do XXI, têm sido uma das experiências mais inspiradoras de ações coletivo-artísticas no Brasil. Ações de formação; pesquisas estéticas; descentralização dos saberes; redefinição da questão centro-periferia; atrito entre espaço cênico e a cidade; inclusão de vozes das "minorias", que abrem sedes concentradoras de público e discussões; lançamentos de dossiês e revistas teatrais, responsáveis pelo recrudescimento de uma nova safra de dramaturgos, solicitados a compor, em processo colaborativo majoritariamente, a dramaturgia dessas peças. A meu ver, são inúmeros os atributos e conquistas desses núcleos, ramificando e irrigando uma produção democrática e provocadora. Em que pese aqui a relevância de políticas culturais, editais de fomento continuados, como fundamentais para esta aventura. Pergunto-me mesmo qual outra cidade teria tal efervescência. Alguns desses coletivos contaram com um grande incentivador, eterno curioso das mecânicas de construção cênica, Evaldo Mocarzel; e este livro registra a hercúlea tarefa desse inquieto pesquisador. Evaldo presta uma contribuição preciosa aqui, promovendo uma radiografia de alguns dos espetáculos, colocando no centro da discussão qual a relevância do teatro de grupo paulista no recorte de tempo abarcado. Sua busca é por um sistema das "dramáticas", das arquiteturas dramatúrgicas, pelo bailado entre cena-texto, revelando-nos como cada grupo transforma suas inquietações, crises e matéria-prima em soluções estéticas e éticas. Não há como seduzir vocês para esta leitura sem compartilhar os bastidores da minha convivência com Evaldo quando ele acompanhou

IN)VISÍVEIS

os ensaios dos espetáculos *Memória da Cana* (2009) e *Terra de Santo* (2012) e nas viagens para Recife do espetáculo *Assombrações do Recife Velho* (2005); todos trabalhos colaborativos com o grupo Os Fofos Encenam.

Nossa convivência foi urdida nesses três processos em que estive na concepção e direção artística. Evaldo estava conosco nas etapas cruciais da pesquisa, o que me autoriza a denominá-lo como mais um elemento da equipe criadora, em função da natureza simbiótica e propositiva de sua participação.

Em *Assombrações do Recife Velho*, Evaldo documentou o encontro do espetáculo com a cidade que o alimentou, quando o apresentamos no Festival Nacional de Teatro do Recife. E sua câmara propôs que os atores, em suas personagens, percorressem os espaços mencionados na peça, entrevistando pessoas, se aproximando da prosódia e da "personagem-povo" que inspira o texto e o livro de Gilberto Freyre. Os atores fizeram entrevistas na rua como fazem na peça, como Gilberto fez e como eu fiz.

Tal jogo alimenta e aquece o imaginário dos atuantes. Funcionando como um exercício para reencontrar a personagem, trazendo mais matéria e cheiros e vivências aos atores. E isso obviamente transforma o espetáculo. E assim, a peça documentada já é relida pelo ponto de vista do ator encontrando a personagem, as fontes populares e suas lendas sobre assombrações. E, como diretor, revisito o processo e o jogo devolve o meu olhar sobre o trabalho do ator. Essa "documentação" ainda resulta em dois filmes. No primeiro, a lenda é protagonista, a fantasmagoria da cidade. A voz sem rosto. A sugestão. A força das imagens do livro. O imaginário coletivo. No segundo, os atores convivem com o povo do Recife, numa dança entre documento e ficção.

Mais especificamente nos dois primeiros espetáculos mencionados, Memória da Cana e Terra de Santo, Evaldo tornou-se parte da trupe, do grupo, assumindo para si a missão de pensar os caminhos conceituais e estéticos, sempre imbricados, do trabalho. Astuciosamente, o encenador que vos escreve contou com a proximidade de mais um criador potente e convidou a intervenção de Mocarzel para ser mais um portal, mais uma dinâmica de exploração do trabalho.

Em Terra de Santo, solicitamos a cada ator que apresentasse um estudo cênico sobre seu "sagrado pessoal". Mocarzel realizou também entrevistas sobre o sagrado pessoal de cada um deles, capturando depoimentos, por mim acessados posteriormente. Esses sagrados pessoais, onde o tema alcança o intérprete, onde o afeta, foi o eixo sobre o qual a dramaturgia foi estruturada. Oferecendo-me assim mais um ângulo de escavação dessas experiências sacroprofanas. Sua lente radiografou, extraiu pessoalidades, depoimentos que se tornaram a base de nosso texto.

Durante Memória da Cana, o acompanhamento percorreu todas as etapas: a gênese do processo criativo, ensaios, viagens de pesquisa, primeira mostra de processo (chamada por nós de "O Ninho"), retorno a sala de ensaios, estreia e temporada. Sim foi uma nudez desafiadora. O registro nos vigiava, nos flagrava, demandava uma constante avaliação e um questionamento. A câmara acompanha erros, acertos, inseguranças, *páthos* etc. Mas o acesso a estes registros me permitiu – e ao grupo – manter acesa a pergunta "aonde você pretende ir com esta obra?" Na etapa etnográfica, nas viagens para conviver e coabitar com a fonte, foi que se deu o elo mais consistente entre o campo documental e o acesso a fontes testemunhais. Fundamental o registro das encenações da cena do texto *Álbum de Família* de Nelson Rodrigues no cenário dos engenhos abandonados de Gilberto Freyre. Evidenciando o casamento poderoso entre os estudos sobre família patriarcal dos dois autores pernambucanos.

Mais do que documentar reuniões, improvisos, discussões, promover uma "decupagem" da criação – tudo material suculento para descobrir o espetáculo – convocamos Mocarzel como um provocador, um forte instrumento para preparar e cutucar o ator. Sempre nos queixamos da falta de registros e de análise da nossa produção teatral. Mas são trabalhos como este de Evaldo Mocarzel que nos fortalecem e levam a outro patamar a memória e crítica dos processos de grupo. Eu percebo sua dramaturgia invisível, talvez evidenciada e apropriada mais no processo que no resultado, mostrando como o processo é parte imprescindível da pesquisa. O que ficou largado na sala de ensaio, as transformações, as ruínas, a coxia, as migalhas do banquete cênico que estariam inacessíveis não fosse este livro, reforçam a maravilha desse artesanato coletivo e processual que é o teatro. Seu rito de morte e renascimento eterno. Falo por mim e acredito que falo pelos criadores que habitam este memorial poético-descritivo construído com tanta paixão por Evaldo Mocarzel e que o reafirmam como mais que um "retratista" do teatro, como cocriador de uma dramaturgia invisível tornada agora mais visível com o lançamento desta obra.

NEWTON MORENO
Dramaturgo, diretor e ator.

INTRODUÇÃO

As dramaturgias do teatro de grupo na cidade de São Paulo têm a fratura como um de seus traços mais marcantes. Essa é a hipótese principal deste livro: são dramáticas atravessadas por fissuras que guardam em suas estruturas de linguagem, deliberadamente porosas, possibilidades de acesso a diferentes irrupções do que costumamos chamar de "real" em meio à crescente virtualidade do mundo em que vivemos.

Embora não seja objeto de pesquisa debater a questão do "real" na sociedade do espetáculo contemporânea, trata-se de uma discussão incontornável que será aprofundada no apêndice: no capítulo sobre as dramaturgias de documentários cênicos que se tornaram recorrentes no teatro paulistano, em outras regiões do Brasil e no resto do mundo.

Dramaturgias Fraturadas na Cena Paulistana Contemporânea tem como foco principal novas modalidades de escrituras teatrais profundamente marcadas por brechas e vazios abertos à imponderabilidade do acaso, tendo a experiência (tanto do elenco quanto do público) como uma espécie de travessia aos mistérios que encobrem e ao mesmo tempo desvelam a imanência, ou transcendência, por vezes inexpugnável, que irrompe como potência do "real".

As dramaturgias da cena paulistana contemporânea descortinam diferentes tendências do que poderia ser chamado de realismo experiencial e que começou a ser gestado nas criações coletivas das companhias a partir da década de 1990, com recorrente utilização do que ficou conhecido como processo colaborativo, em que se busca uma participação autoral, dramatúrgica, de todos que atuam na construção do espetáculo, com especial destaque para atores e atrizes por meio de improvisações deflagradas por depoimentos pessoais e pesquisas documentárias.

As diferentes carpintarias do que estou chamando de realismo experiencial são um epílogo de um arco histórico que de algum modo nos remete aos primórdios da encenação moderna, como se a concretude quase monolítica das atmosferas naturalistas estivesse sendo estilhaçada pela exacerbação do experimental em busca permanente por camadas mais profundas do "real"[1].

Em décadas passadas, empregava-se muito a palavra "realidade". Nos dias de hoje, "realidade" ou "realidades" são quase sinônimo de um conjunto de "aparências" que rege o comportamento humano em diferentes manifestações sociais. Em meio à virtualidade crescente do mundo imagético e globalizado em que vivemos, buscamos as múltiplas faces de emanações do "real", sempre tendo em mente *experiências* subjetivamente circunscritas em vivências históricas, talvez para atenuar o tédio, a desconfiança e o desalento provocados pela falência das utopias e pela urgência de uma sociedade planetária paradoxalmente heterotópica.

Em O *Teatro e Sua Realidade*, o ensaísta francês Bernard Dort traça um panorama nítido das transformações dramatúrgicas pelas quais a arte teatral passou em vários períodos de renovação no século passado e é preciso ao afirmar que as tentativas de decifração do "real" são sempre históricas:

1   Não seria equivocado afirmar que o distanciamento brechtiano guarda em suas estratégias anti-ilusionistas brechas que são tentativas de abertura do palco para a História. Pausas, silêncios, vazios e principalmente elipses são também modalidades de fissuras dramatúrgicas que abrem espaço para a participação ativa do imaginário de cada espectador.

> No teatro, como em qualquer outra expressão artística, o realismo não poderia definir-se pela utilização deste ou daquele processo de cópia ou de exposição dos dados. Ao contrário, ser realista é precisamente recusar a utilização de um procedimento que ontem pode ter sido um meio de decifrar o real, mas que, hoje, nos desviaria dele; é mesmo, algumas vezes, destruir esse procedimento, levando-o até o absurdo (algumas peças contemporâneas, veremos, podem mesmo ser consideradas obras naturalistas exacerbadas). Por isso esse realismo problemático nos aparece, como definição, como experimental: procede por aproximações e não cessa de questionar suas maneiras de reproduzir ou de interrogar o mundo.[2]

Em sua coletânea de artigos, Bernard Dort lembra que "experiência" sempre foi uma palavra muita cara aos encenadores naturalistas e que também guiou a trajetória do teatro épico colocado em prática por uma companhia como o Berliner Ensemble: "A representação de uma peça não é encarada como o objetivo último da atividade teatral: constitui uma experiência, é uma ocasião de progresso."[3]

Na cena paulistana contemporânea, "experiência" tem uma miríade de sentidos que vai desde a construção de atmosferas sinestésicas em espetáculos que apostam em investidas sensoriais nos espectadores até performances urbanas que interagem e jogam com os riscos do inesperado no caos da cidade, passando por experimentações interativas com a imponderabilidade do próprio público, com suas histórias de vida agregadas às encenações; também estratégias performativas previstas nas escrituras cênicas e ainda irrupções de um "real" que aflora do inconsciente dos corpos tanto do elenco quanto da plateia. Mais: as vivências processuais das criações coletivas como camadas de experiência capilarizadas nos textos dos espetáculos. Dramaturgias fissuradas que podem ser definidas como "arquiteturas do risco e do inesperado", duas das características mais marcantes e mais potentes daquilo que podemos chamar de "real" em todas as suas vertentes contemporâneas.

Em seu célebre prefácio para *Senhorita Júlia*, uma espécie de manifesto naturalista, escrito em 1888, August Strindberg também abre fissuras para a improvisação dos atores e das atrizes em situações monológicas, sem interromper a ação da peça. O dramaturgo sueco vislumbrava a alma de suas personagens como "conglomerados de estágios passados e presentes da cultura, restos de humanidade, farrapos rasgados de roupas finas que se tornaram

---

2 B. Dort, *O Teatro e Sua Realidade*, p. 119.
3 Ibidem, p. 303.

INTRODUÇÃO

trapos, exatamente como a alma humana é remendada"[4]. Para ele, as fraturas abertas a improvisações em momentos de solilóquio das personagens eram uma maneira de fazer irromper na cena a potência do nosso ser mais profundo, nossas áreas de sombras mais recônditas, nosso inconsciente, as inquietações históricas que estão escondidas e espalhadas em sensações nas profundezas dos nossos corpos e que de algum modo descortinam uma das faces da imponderabilidade do "real" que nos habita:

> Nos dias de hoje nossos realistas baniram o monólogo como implausível, mas com motivação apropriada se torna plausível, e eu posso portanto utilizar isso para tirar proveito. É perfeitamente plausível para um falante andar sozinho no seu quarto para lá e para cá lendo o seu discurso em voz alta, um ator passar o seu papel em voz alta, uma criada conversar com o seu gato, uma mãe tagarelar com a sua criança, uma velha empregada conversar com o seu papagaio, ou uma pessoa que dorme conversar durante o sono. E a fim de dar ao ator uma chance, uma vez, de trabalhar sozinho e de escapar por um momento da dominação do autor, eu não escrevi os monólogos, mas simplesmente os sugeri. Porque, na medida em que não influencia a ação, é muito imaterial o que é dito enquanto dormimos ou para o gato, e um ator talentoso que está absorvido pela situação e pelo espírito da peça pode provavelmente improvisar melhor do que o autor, que não pode calcular com antecedência o quanto é necessário ser dito, ou por quanto tempo, antes que a ilusão teatral seja rompida.
>
> Como nós sabemos, alguns teatros italianos voltaram às improvisações[5], produzindo atores que são criativos no seu próprio direito, embora em concordância com as intenções do autor. Isso poderia realmente ser um passo à frente ou uma fértil, nova forma de arte que bem merece o nome de *criativa*.[6]

Na cena paulistana contemporânea, as fraturas engendram em suas tramas porosas um objetivo que me parece comum às experimentações das companhias: trazer para a cena o "real" em sua miríade de possibilidades de acesso por meio da linguagem. Nesse caminho acidentado marcado pelo risco e pelo inesperado, a *experiência* é a potência sinestésica, a pulsação histórica subjetivamente vivenciada, talvez uma das últimas travessias a camadas

---

4 A. Strindberg, *Miss Julie and Other Plays*, p.60.
5 É importante ressaltar que dramáticas fraturadas ao risco e ao inesperado estão presentes há séculos na história do teatro. Os *canovaccios*, ou melhor, os roteiros de ações da Commedia dell'Arte, já possuíam brechas escancaradas à improvisação dos integrantes do elenco.
6 Ibidem, p. 64-65. (Tradução nossa.)

mais profundas do "real", em meio à avassaladora virtualidade do mundo em que vivemos, onde a presença, matéria-prima essencial do teatro, vive sendo colocada para escanteio. As fraturas também englobam estratégias para manter as encenações em processo permanente, a cada nova apresentação.

Vamos agora detalhar um pouco as diferentes modalidades de fraturas que permeiam as dramaturgias do teatro de grupo de São Paulo.

A primeira delas poderia ser chamada de *fratura processual* e apresenta uma dupla face. Por um lado, trata-se de rastros do processo de criação coletiva que decantam nos textos e que quase sempre são vestígios de pesquisas documentárias, residências artísticas, improvisações individuais e *workshops* em grupo deflagrados por depoimentos pessoais: lembranças, alegrias, dores, traumas e militâncias, entre outras possibilidades de pulsões genuínas que irrompem da memória afetiva e das histórias de vida dos integrantes das companhias. Esses depoimentos recriados nos processos colaborativos guardam camadas documentárias e são também tentativas de frequentar de forma lúdica a imponderabilidade do "real" que lateja nas nossas vivências mais profundas.

A segunda modalidade de fraturas processuais está relacionada com uma característica que ontologicamente faz parte das especificidades da linguagem cênica, englobando artes que sempre geram obras em progresso a cada novo espetáculo. Manifestação artística viva, efêmera e presencial por excelência, o teatro está sempre em processo, eternamente em processo. E os grupos de teatro de São Paulo também tiram proveito dessa permanente processualidade que pode ser potencializada de diferentes maneiras em cena: rasgos para improvisações, fraturas expostas à imponderabilidade dos riscos no espaço urbano, brechas de acesso aos imprevistos das pulsões do inconsciente e da memória afetiva dos integrantes do elenco, fissuras interativas à espera do inesperado que emana do próprio público, entre outras possibilidades.

Essas fraturas processuais, tanto no que diz respeito aos rastros da criação coletiva quanto ao que pode ser potencializado em cena tirando proveito da processualidade ontológica da linguagem do teatro (e das artes cênicas, de maneira geral), são uma espécie de estrutura paradigmática que abriga diversas outras formas de fissuras mais específicas que serão detalhadas em seguida.

Há fendas dramatúrgicas que podem ser chamadas de *fraturas performativas*, por meio das quais atores e atrizes têm a chance de atuar sendo eles mesmos em cena, uma estratégia que vai além das improvisações, pois busca-se com certa frequência uma resistência à personagem e a qualquer tipo de "interpretação",

INTRODUÇÃO

embora performar também seja uma forma de atuação, mas essa discussão não está no cerne do nosso objetivo principal. Voltemos às fraturas.

Outra modalidade pode ser batizada de *fratura interativa*, que busca e provoca as surpresas do inesperado na presença real do público. Trata-se de um convite permanente aos espectadores para que canalizem as próprias dores e alegrias nos espetáculos, modificando as encenações com as experiências mais marcantes de suas histórias de vida. Em alguns casos, essas dramaturgias aeradas, como costuma dizer o diretor Luiz Fernando Marques, do Grupo XIX de Teatro e do Teatro Kunyn, criam até mesmo papéis e personagens importantes que serão "desempenhados" por pessoas da plateia, o que gera uma processualidade ainda mais imponderável a cada nova apresentação, sempre aberta aos riscos e aos imprevistos do acaso que emanam do próprio público.

Também podemos falar de *fraturas urbanas*, ou melhor, fissuras dramatúrgicas escancaradas à combustão do inesperado que impera na cidade, sobretudo em áreas deterioradas da urbanidade. E daí surge uma das potências mais belas, mais políticas e, por que não?, mais revolucionárias da linguagem cênica: a possibilidade de lançar luzes humanistas e de extrair uma poesia agônica de regiões abandonadas pelo poder público, mas que resistem.

Há uma miríade de fraturas urbanas nas dramaturgias do teatro de grupo de São Paulo, pois a atuação das companhias engloba propostas artísticas e militâncias políticas as mais diversas.

No caso de um coletivo como o Teatro da Vertigem, suas dramáticas fraturadas estão permeadas de camadas de site-especificidade, como foi o caso dos espetáculos *O Paraíso Perdido* (que foi encenado em 1991 na Igreja Santa Ifigênia, na região central de São Paulo), *O Livro de Jó* (no hospital desativado Umberto I, 1995), *Apocalipse 1,11* (no presídio do Hipódromo, 1999), BR-3 (em 4,5 quilômetros do rio Tietê, 2006), *Kastelo* (do lado de fora do terceiro andar do Sesc Paulista, 2010) e *Bom Retiro 958 Metros* (no bairro que dá nome ao espetáculo, 2012).

As dramaturgias da companhia dirigida por Antonio Araújo também são atravessadas pelos vestígios processuais das várias etapas da criação colaborativa – pesquisas, residências artísticas, ensaios no espaço urbano – e ainda trazem fraturas performativas, por meio das quais o elenco transita, em constante vaivém, entre a concretude real da cidade e a atmosfera ilusionista engendrada pelas cenas de ficção. Na verdade, essa camada performativa tem duas vertentes: os depoimentos pessoais que deflagram o processo de criação coletiva e, principalmente, quando os espetáculos já estão em cartaz, o instinto de sobrevivência de atores e atrizes que precisam se proteger dos riscos reais ao atuar em locações inóspitas da urbanidade. Os imprevistos e perigos do acaso na cidade são a própria irrupção das fraturas e promovem a quebra da ilusão. A ficção não tarda a ser novamente potencializada na cena seguinte, quase sempre itinerante, conduzindo o público para um novo momento ilusionista, mas sempre à mercê das surpresas do espaço urbano. As encenações do Teatro da Vertigem são pontuadas por esse jogo ficcional permanentemente fustigado pelos riscos do acaso na cidade, com dramaturgias que abrem espaço para o inesperado, mas que, no fundo, é secretamente esperado pelo grupo, por mais paradoxal que possa parecer.

Outro tipo de fratura urbana pode ser detectada em um coletivo como o Grupo XIX de Teatro, que, ao contrário do Vertigem, não busca tanto o atrito com a cidade, e procura interagir de maneira mais harmônica com a "dramaturgia" da passagem do tempo de lugares históricos. Espetáculos como *Hysteria* e *Hygiene*, que fizeram longas temporadas na Vila Maria Zélia (antigo casario no Belenzinho, zona leste de São Paulo) e que também foram encenados em diversas cidades no Brasil e em outros países, são exemplos de uma comunhão poética com locações matizadas pela ação e pela memória do tempo.

Há fissuras dramatúrgicas que podem ser chamadas de *fraturas tecnológicas*, que se apropriam das facilidades do mundo digital para criar atmosferas híbridas, de liminaridade, em que os espectadores enveredam por uma espécie de limbo que mistura o "real" com o ficcional, e vice-versa. Um exemplo dessas fraturas tecnológicas é o momento do espetáculo *Nada Aconteceu, Tudo Acontece, Tudo Está Acontecendo* (2013), do Grupo XIX de Teatro, em que os espectadores escolhem uma música durante a encenação, essa canção em seguida é capturada na internet e logo depois a mesma música irrompe diegeticamente na narrativa dessa livre adaptação de *Vestido de Noiva*, de Nelson Rodrigues, criando uma surpreendente empatia no público.

Fraturas tecnológicas também atravessam os espetáculos do coletivo Os Satyros, como é o caso de *Hipóteses Para o Amor e a Verdade* (2015), com ligações de celulares abertas ao inesperado durante as apresentações. As dramáticas da companhia que foi pioneira na revitalização da praça Roosevelt, na região central de São Paulo, também são pontuadas por fraturas autobiográficas, performativas, urbanas e interativas.

No que diz respeito a um caso singular como o grupo Club Noir, criado pelo encenador Roberto Alvim e pela atriz Juliana Galdino em 2005, as fraturas (que podem ser chamadas de linguísticas e também de performativas)

INTRODUÇÃO

são provocadas por uma rigorosa escavação das palavras, que pouco a pouco são esgarçadas e preenchidas pelas lembranças, sentimentos e sensações dos atores e das atrizes, até que os textos se tornem estruturas de linguagem. A partir daí, em muitos momentos em situações de penumbra, cria-se uma partitura para a dramaturgia agora atravessada pelas vivências sensoriais e imagéticas do elenco, que, com cadência cíclica, vai dissolvendo a "quarta parede" e lentamente provoca "furos" no inconsciente dos espectadores, segundo Roberto Alvim, para quem o imaginário da plateia é o "real" que ele tenta fazer irromper no teatro.

Fraturas processuais transpassam as dramáticas de um grupo como Os Fofos Encenam, mesmo quando trabalha em processo colaborativo com um texto previamente escolhido, como aconteceu no espetáculo *Memória da Cana* (2010), que focalizou a sociedade patriarcal brasileira e foi construído com base na peça *Álbum de Família*, de Nelson Rodrigues. O ator, encenador e dramaturgo Newton Moreno pediu aos atores e às atrizes com raízes nordestinas que trouxessem fotos de crianças e de pessoas idosas da própria família. A partir daí, foram feitas improvisações e surgiram figuras cênicas, que pouco a pouco foram sensorializadas com cheiros, gostos e texturas em uma instalação cênica que foi montada no TUSP no fechamento da primeira etapa do processo. Em seguida, essas figuras cênicas foram introduzidas nas personagens de Nelson Rodrigues. Depois o expressionismo do grande dramaturgo "carioca", mas que nasceu em Pernambuco, foi recriado à luz do canavial do sociólogo Gilberto Freyre, com elementos do maracatu rural.

Qual foi o objetivo da direção de Newton Moreno? Criar brechas, fraturas performativas, por meio das quais os atores e atrizes da companhia podiam ter acesso em cena a camadas profundas da própria psique, que foram se capilarizando nos personagens de Nelson Rodrigues. Não necessariamente uma revelação epifânica a cada nova apresentação, mas, com toda certeza, a possibilidade de irrupções de uma memória longeva de cada integrante do elenco, que foi delicadamente abrindo espaços, fendas, cantinhos de reminiscências em *Álbum de Família*.

As dramáticas colaborativas da Cia. Livre também são atravessadas por fraturas processuais, performativas e interativas. Os processos colaborativos do grupo são marcados por pesquisas profundas, que são reprocessadas por meio de "deglutições cênicas", nas palavras da encenadora Cibele Forjaz, quase sempre deflagradas por depoimentos pessoais em improvisações e *workshops*. Além dos rastros processuais e performativos que engendram as dramaturgias do coletivo, seus espetáculos sempre criam uma relação muito especial com os espectadores, que se agrupam e se acomodam com uma organicidade rara no espaço da encenação, com momentos de participação muito potentes como em trabalhos como *Arena Conta Danton* (2004) e *VemVai – O Caminho dos Mortos* (2007), entre outros. As dramáticas da Cia. Livre ainda guardam e preservam fraturas históricas, que nos remetem a experimentações de grupos como o Oficina e o Arena, tamanha é a preocupação de Cibele Forjaz em aproximar gerações para que o teatro brasileiro possa avançar com os dois pés apoiados na tradição.

Já as dramaturgias de um coletivo como a Cia. Estável de Teatro têm marcas de fraturas urbanas que foram escavadas em longas residências artísticas em locações como o Arsenal da Esperança, casa de acolhida para cerca de 1500 homens em situação de rua no Brás, zona leste de São Paulo, onde o grupo instalou a sua sede em 2006.

O Teatro Kunyn, por sua vez, traz em suas escrituras cênicas fraturas processuais, performativas, interativas e urbanas, como foi o caso de *Orgia ou De Como os Corpos Podem Substituir as Ideias*, espetáculo híbrido, encenado no parque Trianon em 2015, que mistura teatro íntimo com performance urbana e arte *site-specific*[7]. A dramática de *Orgia*, baseada nos diários do escritor argentino Tulio Carella, que trabalhou como professor na Universidade Federal de Pernambuco nos anos 1960, engloba ainda outra modalidade de fissura que pode ser chamada de *fratura liminar*, também presente na escritura da já citada encenação *Nada Aconteceu, Tudo Acontece, Tudo Está Acontecendo* (2013), do Grupo XIX de Teatro. Trata-se de brechas arquitetadas no texto para a criação de atmosferas de liminaridade em que os espectadores ficam em permanente estado de dúvida, transitando de forma lúdica pelas difusas fronteiras que separam a ficção do "real", e vice-versa. A análise de fraturas liminares que às vezes se desdobram em fraturas históricas será aprofundada no capítulo que focaliza os espetáculos dirigidos por Luiz Fernando Marques.

Embora com o objetivo de traçar um panorama do teatro de grupo na capital paulista, esta obra não tem a pretensão de abarcar as múltiplas faces da vitalidade de tantas companhias que atuam na cidade e que estão ditando novos rumos para as artes cênicas no Brasil e no resto do mundo. Coletivos importantes como o Teatro Oficina, Companhia do Latão, Fraternal

---

[7] O termo designa obras planejadas e criadas de acordo, e em diálogo íntimo, com um espaço determinado.

INTRODUÇÃO

Companhia de Artes e Malas-Artes, Folias d'Arte, Companhia São Jorge de Variedades, Núcleo Bartolomeu de Depoimentos, Parlapatões, Teatro de Narradores, Cemitério de Automóveis, Cia. Elevador de Teatro Panorâmico, Mundana Companhia, Tablado de Arruar e Cia. Hiato, entre muitos outros, não estão sendo analisados aqui.

    O recorte realizado engloba grupos com os quais trabalhei como documentarista e também como dramaturgo. No que diz respeito à minha atuação como cineasta documentando a cena paulistana contemporânea, são 25 filmes, além do registro da íntegra de diversos espetáculos. Como dramaturgo, foram duas montagens nas quais assinei a escritura cênica em processo colaborativo com os integrantes dos coletivos: *Kastelo* (Teatro da Vertigem, 2010) e *Satyros'Satyricon* (Os Satyros, 2012).

    É interessante comentar que a realização dos filmes gerou dramaturgias híbridas, em que tentei promover uma espécie de casamento artístico do teatro com o cinema, e vice-versa, sem que uma linguagem fosse subserviente à outra. No caso específico do que costumo chamar de "documentários processuais", ou seja, em que tentei desconstruir os espetáculos a partir de tudo que foi experimentado durante as principais etapas do processo de criação coletiva, a minha estratégia como cineasta foi fraturar as encenações, esgarçar as suas camadas processuais, focalizando assim tudo que foi decantando no seu arcabouço conceitual e estrutura narrativa.

    Na filmagem e na montagem dos documentários, procurei destacar e potencializar essas fraturas processuais que, nas encenações, são as pontas emersas de um longo percurso pontuado por pesquisas e imersões criativas. Portanto, as fraturas constatadas por mim nos trabalhos dos grupos contaminaram também os filmes, criados com base em método semelhante ao dos coletivos analisados: minha meta foi apresentar a criação das companhias em suas múltiplas camadas, evitando que a obra acabada substituísse a miríade de experimentações de um longo e precioso processo teatral que pode ser eternizado nessa arte do tempo que é o cinema. Até mesmo a montagem dos documentários foi conduzida de maneira colaborativa: a cada novo corte, exibições para os integrantes de cada grupo, críticas, debates, resgate de mais vestígios processuais no material bruto das filmagens e novas edições até o consenso em torno da versão final do filme.

    Por tudo isso, como principal metodologia crítica adotada aqui, além do inventário e da análise das dramáticas fraturadas dos coletivos, utilizo um dispositivo ensaístico que segue o mesmo modelo, proveniente da minha experiência documentando os grupos. Na escritura dos capítulos, o impulso constante é o de tentar fissurar as trajetórias das companhias por meio de suas principais referências teóricas e por meio das camadas de cada etapa da criação coletiva, sobretudo em processos de espetáculos que foram por mim documentados durante cerca de três anos. Esse dispositivo também pode ser chamado de "exercício de alteridade", ou seja, tentar ver o mundo pelo olhar do "outro", sendo esse outro os coletivos que atuam na cidade, cujos integrantes acabam criando uma "personalidade plural", com inquietações próprias, buscas artísticas e militâncias políticas. A intenção é promover uma "acareação" do grupo com as próprias influências para tentar radiografar de que maneira elas decantaram em suas encenações mais importantes.

Há ainda um segundo procedimento de linguagem aqui que é a "deriva", uma espécie de "deambulação ensaística" na escritura dos capítulos, em que também tentei abrir frestas na própria memória para resgatar, revisitar, momentos marcantes dos processos dos grupos que foram captados durante a extensa documentação audiovisual na qual me lancei ao longo dos anos, sem ter medo de uma cadência analítica circular, cíclica, que por vezes abre espaço para momentos de repetição: reiterações que são uma maneira de aprofundar os temas abordados.

Com suas fraturas abertas ao risco e ao inesperado, o realismo experiencial da cena paulistana contemporânea descortina um afresco de tendências artísticas que procuram dissipar a superficialidade e a frivolidade das aparências, agora exacerbadas pelas novas tecnologias digitais nas redes sociais. Presença, sinestesia e a potência da experiência, antídotos para que possamos tentar decifrar, por meio da linguagem, as camadas históricas que encobrem as múltiplas emanações do "real" no mundo em que vivemos.

Cena do espetáculo BR-3, do Teatro da Vertigem.

TEATRO DA VERT
"SITE-SPECIFIC" E DRAMÁTI
NO ESPAÇO URBANO

Há muitos caminhos analíticos para o estudo da trajetória do Teatro da Vertigem. A relação temática da companhia com o sagrado; a atuação quase sempre em atrito com o espaço público; a problematização artística da vida brasileira em espetáculos bíblicos que vão buscar inspiração nas mazelas sociais do país; a hibridação de linguagens nas encenações do grupo. O foco de análise deste capítulo está centrado em três perspectivas: a apropriação poética e política de locações na cidade; a complexa mistura de linguagens que caracteriza as experimentações do coletivo, entre elas, o teatro, a performance urbana e a arte *site-specific*; e as dramáticas fraturadas da companhia, fissuradas por camadas processuais e sempre porosas ao inesperado em suas intervenções artísticas itinerantes por regiões por vezes inóspitas, abandonadas pelo poder público.

O sociólogo e historiador norte-americano Richard Sennett destaca que "falsas experiências de violência insensibilizam o público ante a verdadeira dor":

> Um estudo a respeito de telespectadores, elaborado pelos psicólogos Robert Kubey e Mihaly Csikszentmihalya, concluiu que as pessoas consideram a televisão passiva e relaxante, algo que exige relativamente pouca concentração. Grande consumo de dor ou de sexo simulados serve para anestesiar a consciência do corpo.[1]

Ele se pergunta como devolver "o corpo aos sentidos", lembrando ainda que a tecnologia da locomoção transformou o espaço urbano em local de

---

1   R. Sennet, *Carne e Pedra*, p.15.

passagem, "medido pela facilidade com que nos dirigimos por ele ou nos afastamos dele". Argumenta:

> Os deslocamentos são mais rápidos num ambiente cujas referências tornaram-se secundárias. Assim, a nova geografia reforça a mídia de massa. O viajante, bem como o telespectador, vivencia o mundo como uma experiência narcótica; o corpo se move de maneira passiva, anestesiado no espaço, para destinos estabelecidos em uma geografia urbana fragmentada e descontínua.[2]

Sennett ressalta que, nos dias de hoje, "ordem significa justamente falta de contato", afirmando ainda que as nossas experiências corporais na cidade são marcadas por "guetos", criados pela velocidade, pela passividade e pela fuga do outro, da alteridade. Como despertar a "consciência da carne"? Uma inquietação que move o sociólogo em seu estudo sobre a relação do corpo com a arquitetura do espaço urbano.

As intervenções artísticas do Teatro da Vertigem em São Paulo e em outras cidades são uma resposta potente, sensorial, renovadora e até mesmo catártica para essa anestesia que "guetifica" as nossas experiências corporais em locações urbanas. A linguagem cênica cria uma qualidade de presença não somente no elenco, mas também nos espectadores, que não tarda a deflagrar nos nossos sentidos uma miríade de novas percepções do palimpsesto de espaços reais e de espaços imaginários que engendram a "dramaturgia"

2 Ibidem, p. 17.

do tempo na arquitetura da cidade. O teatro vai ainda fissurar a concretude das fachadas e dos interiores dos espaços para fazer jorrar sobre os nossos corpos as cadências e os matizes de outras dimensões temporais, com suas fantasmagorias do passado (impregnadas de diferentes visões do futuro) que são atropeladas e banidas pela violência da velocidade da vida cotidiana.

Ao lado de outros grupos que atuam no espaço urbano, o Teatro da Vertigem cria novas "geografias", novas "cronologias", com suas narrativas itinerantes que parecem decalcar camadas profundas das epidermes da cidade, além de provocar irrupções de sensorialidades nos deslocamentos do público por espaços públicos. Uma resposta possível ao que Sennett detectou como uma "crise táctil" na nossa relação com o espaço urbano:

> Hoje, como o desejo de livre locomoção triunfou sobre os clamores sensoriais do espaço através do qual o corpo se move, o indivíduo moderno sofre uma espécie de crise táctil: deslocar-se ajuda a dessensibilizar o corpo. Esse princípio geral vem sendo aplicado a cidades entregues às exigências do tráfego e ao movimento acelerado de pessoas, cidades cheias de espaços neutros, cidades que sucumbiram à força maior da circulação.[3]

O sociólogo assegura que, "em uma cultura viva, a resistência é uma experiência positiva" e que "o corpo individual pode recuperar a sensibilidade ao sentir-se deslocado ou em dificuldade"[4].

Uma das semeaduras mais potentes que o teatro pode realizar na cidade está ligada à questão do tempo. Atores e atrizes, como vetores de novas temporalidades, deslindam camadas do passado carregadas de ideologias e de relações de poder na arquitetura dos prédios; também desnudam a efemeridade do presente que decanta de maneira quase imperceptível nas ruas, calçadas e fachadas; ainda esgarçam a trama da "dramaturgia" do tempo em direção a visões de futuro ora próximas ora longínquas.

O filósofo francês Henri Lefebvre sugere que as "doenças sociais" do mundo em que vivemos estão ligadas a uma ideologia do urbanismo que só contempla o espaço em detrimento do tempo:

> Socialmente, é então a noção de espaço que passa para o primeiro plano, relegando para a penumbra o tempo e o *devenir*. O urbanismo como ideologia formula todos os problemas da sociedade em questões de espaço e

3   Ibidem, p. 262.
4   Ibidem, p. 327-328.

transpõe para termos espaciais tudo que provém da história, da consciência. Ideologia que logo se desdobra. Uma vez que a sociedade não funciona de maneira satisfatória, será que não haveria uma patologia do espaço? Nessa perspectiva, não se concebe a prioridade quase oficialmente reconhecida do espaço sobre o tempo como um indício de patologia social como um sintoma entre outros de uma realidade que engendra doenças sociais.[5]

Logicamente não estamos apontando o teatro como panaceia para as mazelas da urbanidade. Seria ingênuo demais defender isso. No entanto, com sua força presencial, descortinando a atemporalidade em sua efemeridade mais emergencial, as artes cênicas podem sim abrir brechas na arquitetura da cidade para trazer à tona um palimpsesto de ciclos históricos que se encontram represados na materialidade dos espaços, quase sempre construídos por uma visão tecnicista e utilitária que costuma jogar para escanteio a dimensão do tempo, como aponta Henri Lefebvre. Com suas intervenções poéticas, o teatro pode sim experimentar na urbanidade o que o filósofo francês chama de "crítica radical tanto das filosofias da cidade quanto do urbanismo ideológico, e isso tanto no plano teórico como no plano prático"[6].

Com suas encenações transgressoras, o teatro é capaz de lançar novas luzes humanistas sobre regiões deterioradas das grandes cidades, áreas abandonadas pelo poder público, que vivem à mercê do oportunismo sensacionalista e mercantilista da mídia. Como o Teatro da Vertigem fez no rio Tietê com o espetáculo BR-3, problematizando a identidade brasileira e a nossa visão predatória de desenvolvimento nesse esgoto a céu aberto que corta São Paulo. Como Os Satyros e Os Parlapatões fizeram na praça Roosevelt, na área central, que durante muitos anos liderou o *ranking* de violência da metrópole paulista e hoje virou um *point* cultural, embora continue sendo constantemente ameaçada pelo crime, principalmente pelo tráfico de drogas. Como o Grupo XIX de Teatro fez na Vila Maria Zélia, no Belém, zona leste da capital. Como a Cia. Estável de Teatro fez no Arsenal da Esperança, também na zona leste. Além de diversos coletivos que atuam nas periferias da cidade. O teatro pode sim resgatar a poesia de regiões que lutam para sobreviver com dignidade à margem da capital financeira do nosso país. São "textos" e novos contextos do espaço urbano que são descortinados pela linguagem cênica em sua dimensão temporal, humanista, poética e relacional, irrompendo

---

5 H. Lefebvre, *O Direito à Cidade*, p. 49.
6 Ibidem.

nessas fraturas que o teatro consegue provocar na cidade, que, para Henri Lefebvre, deve ser pensada como "obra de arte":

> Dessa forma, a cidade é obra a ser associada mais com a obra de arte do que com o simples produto material. Se há uma produção da cidade, e das relações sociais na cidade, é uma produção e reprodução de seres humanos para seres humanos, mais do que uma produção de objetos.[7]

O filósofo francês faz uma distinção entre "cidade" e "urbano". Ele entende "cidade" como "realidade presente, imediata, dado prático-sensível, arquitetônico". Já "urbano" para ele é "realidade social composta de relações a serem concebidas, construídas ou reconstruídas pelo pensamento". O filósofo adverte que "o urbano não pode dispensar uma base prático-sensível, uma morfologia".

A atuação dos coletivos cênicos em São Paulo, com destaque para o Teatro da Vertigem, vai resgatar justamente esse conceito de "urbano" destacado por Henri Lefebvre ao desnudar a trama de relações e de deslocamentos que deixam marcas nas ruas, casas, prédios e calçadas, criando assim novas morfologias para a urbanidade, uma nova decifração dos espaços.

> Sim, lê-se a cidade porque ela se escreve, porque ela foi uma escrita. Entretanto, não basta examinar esse texto sem recorrer ao contexto. Escrever sobre essa escrita ou sobre essa linguagem, elaborar a *metalinguagem* da cidade não é conhecer a cidade e o urbano. O contexto, aquilo que está sob o texto a ser decifrado (a vida cotidiana, as relações imediatas, o inconsciente do "urbano", aquilo que não se diz mais e que se escreve menos ainda, aquilo que se esconde nos espaços habitados – a vida sexual e familiar – e que não se manifesta mais no *tête-à-tête*), aquilo que está *acima* desse texto urbano (as instituições, as ideologias), isso não pode ser esquecido na decifração.[8][9]

Ele ressalta ainda que, "ao lado da escrita, existe a fala do urbano, ainda mais importante; essas palavras expressam a vida e a morte, a alegria ou a desgraça", matérias-primas essenciais das dramáticas das encenações. O teatro vai justamente tentar decifrar essa "escrita" e essa "fala" do "urbano", quase sempre fustigando, se atritando com as ideologias e as relações de poder que impregnam e sustentam a arquitetura da cidade.

7   Ibidem, p. 52.
8   Ibidem, p. 55.
9   Ibidem, p. 61.

> Para o poder, há mais de um século, qual é a essência da cidade? Cheia de atividades suspeitas, ela fermenta delinquências; é um centro de agitação. O poder estatal e os grandes interesses econômicos só podem então conceber apenas uma estratégia: desvalorizar, degradar, destruir a sociedade urbana.[10]

Lefebvre garante que o "germe" do "urbano" se mantém nas "fissuras da ordem planificada e programada" e que é preciso ir mais longe para quem quiser propor uma nova forma de sociedade urbana. O "urbano" é para ele um "lugar de desejo, desequilíbrio permanente, sede da dissolução das normalidades e das coações, momento do lúdico e do imprevisível":

> "O urbano" não pode ser definido nem como apegado a uma morfologia material (na prática, no prático-sensível) nem como algo que não se pode separar dela. Não é uma essência atemporal, nem um sistema entre os sistemas ou acima de outros sistemas. É uma forma mental e social, a forma da simultaneidade, da reunião, da convergência, do encontro (ou antes, dos encontros). É uma *qualidade* que nasce de quantidades (espaços, objetos, produtos). E uma *diferença* ou sobretudo um conjunto de diferenças.[11]

As ideias de Henri Lefebvre nos ajudam a repensar as intervenções e as derivas poéticas de grupos como o Teatro da Vertigem no espaço urbano, principalmente no que diz respeito ao complexo e por vezes pantanoso território da arte política[12]. O filósofo francês ressalta que o espaço urbano não é apenas uma linguagem, mas também uma prática. Com estratégias de linguagem que vão de *áudio tours* aos mais diferentes tipos de intervenção artística, passando por experimentações *site-specific* e performances na cidade, o teatro contemporâneo vem apontando novos rumos para uma atuação política da arte:

> Apenas uma *praxis*, em condições a serem determinadas, pode se encarregar da possibilidade e da exigência de uma síntese, da orientação na direção desse objetivo: a reunião daquilo que se acha disperso, dissociado, separado, e isso sob a forma da simultaneidade e dos encontros.
> Portanto, aqui estão diante de nossos olhos, projetados separadamente, os grupos, as etnias, as idades e os sexos, as atividades, os trabalhos, as funções, os conhecimentos. Aqui está tudo o que é necessário para criar um mundo, a sociedade urbana ou "o urbano" desenvolvido.

10 Ibidem, p. 84.
11 Ibidem, p. 86-87.
12 Este tema será desenvolvido mais para frente no capítulo sobre a Companhia Estável.

> Mas esse mundo está ausente, essa sociedade só está diante de nós em estado de virtualidade. Corre o risco de perecer ainda como embrião. Nas condições existentes, ela morre antes de nascer. As condições que fazem surgir as possibilidades também podem mantê-las em estado virtual, na presença-ausência. Não seria essa a raiz do drama, o ponto de emergência das nostalgias? O urbano é a obsessão daqueles que vivem na carência, na pobreza, na frustração dos possíveis que permanecem como sendo apenas possíveis. Assim a integração e a participação são a obsessão dos não participantes, dos não integrados, daqueles que sobrevivem entre os fragmentos da sociedade possível e das ruínas do passado: excluídos da cidade, às portas do "urbano".[13]

O teatro de resistência que atua na urbanidade vai propor aos transeuntes e aos membros das comunidades outro tipo de participação que não se assemelha ao oportunismo de chavões do marketing social como "autogestão" e "capacitação", entre tantos outros. Uma integração mais lúdica e mais experiencial, mas nem por isso menos política. Lefebvre aponta os riscos impostos pela cultura dominante:

> Forças muito poderosas tendem a destruir a cidade. Um certo urbanismo, à nossa frente, projeta para a realidade a ideologia de uma prática que visa à morte da cidade. Essas forças sociais e políticas assolam "o urbano" em informação. Pode esse embrião, muito poderoso à sua maneira, nascer nas fissuras que ainda subsistem entre essas massas: o Estado, a Empresa, a Cultura (que deixa a cidade perecer, oferecendo sua imagem e suas obras ao consumo), a Ciência ou antes o cientificismo (que se põe a serviço da realidade existente, que a legitima)? Poderá a vida urbana recuperar e intensificar as capacidades de *integração* e de *participação* da cidade, quase inteiramente desaparecidas, e que não podem ser estimuladas nem pela via autoritária, nem por prescrição administrativa, nem por intervenção de especialistas?[14]

Não é ingênuo e muito menos utópico afirmar que os grupos de teatro de São Paulo vêm engendrando alternativas e estão abrindo brechas que descortinam novas percepções das relações de poder na cidade, com destaque para a trajetória do Teatro da Vertigem atuando em espaços públicos e em inóspitas locações como o rio Tietê (BR-3), além de fixar residência artística na região central da cidade durante o processo de criação do espetáculo Bom Retiro 958 Metros.

13 Ibidem, p. 102.
14 Ibidem, p. 104.

TEATRO DA VERTIGEM
"SITE-SPECIFIC" E DRAMÁTICAS FRATURADAS NO ESPAÇO URBANO

As fraturas que o teatro promove no espaço urbano são de algum modo uma espécie de "sangramento", ou melhor, uma modalidade de catarse para profundas necessidades sociais que estão "coaguladas", represadas no desenho urbanístico e na arquitetura da cidade. Henri Lefebvre afirma que a arte traz para a sociedade urbana "sua longa meditação sobre a vida como drama e fruição", oferecendo múltiplas possibilidades de tempos e de espaços, e que o teatro sempre pode estimular uma participação mais ativa na "criação de lugares apropriados à festa renovada, essencialmente ligada à invenção lúdica"[15].

Sempre movido pelo jogo e pelo lúdico, o teatro contemporâneo vem devolvendo à cidade esse sentido de "obra" trazido pela arte e pela filosofia, como destaca o autor de *O Direito à Cidade*: "dar ao tempo prioridade sobre o espaço" e "pôr a apropriação acima do domínio". Lefebvre vê a cidade como uma espécie de "teatro espontâneo":

> A partir deste instante, o centro urbano traz, para as pessoas da cidade, o movimento, o imprevisto, o possível e os encontros. Ou é um "teatro espontâneo" ou não é nada.[16]

Uma das grandes utopias do filósofo francês é a "cidade efêmera", passageira e transitória como a linguagem cênica e a própria vida:

> A cidade ideal comportaria a obsolescência do espaço: transformação acelerada das moradias, dos locais, dos espaços preparados. Seria a cidade *efêmera*, perpétua obra dos habitantes, eles mesmos móveis e mobilizados para/por essa obra. O tempo aí retomaria seu lugar, o primeiro lugar. Não há dúvida alguma de que a técnica torna possível a cidade efêmera, apogeu do lúdico, obra de luxo supremo.

Ele completa:

> Deixando a representação, o ornamento, a decoração, a arte podem se tornar *práxis* e *poiesis* em escala social: a arte de viver na cidade como obra de arte.[17]

---

15 Ibidem, p. 131.
16 Ibidem, p. 133.
17 Ibidem, p. 134.

Novas Percepções da Cidade e Linguagens Híbridas

Desde 1991, quando deu início à sua trajetória pesquisando movimentos expressivos de atores e atrizes inspirados na mecânica clássica, que deu origem ao espetáculo O *Paraíso Perdido*, encenado na igreja Santa Ifigênia (como é conhecida a Paróquia Matriz Nossa Senhora da Conceição e Santa Ifigênia), na região central de São Paulo, o Teatro da Vertigem vem criando experimentações que deflagram novas percepções de espaços públicos e de locações urbanas. A companhia aposta em uma hibridação de linguagens na qual convivem em atrito permanente a força presencial do teatro, os riscos da performance e os locais reais e imaginários que são deslindados e embaralhados em apropriações poéticas da arte *site-specific*.

Em fevereiro de 2013, questionei Antonio Araújo sobre a base teórica de sua companhia[18]. Se houvesse um livro que fosse uma referência seminal com chances de iluminar o percurso de mais de vinte anos do coletivo, qual seria ele? O encenador respondeu com segurança: *One Place After Another – Site-specific Art and Locational Identity*, da curadora e historiadora da arte sul-coreana Miwon Kwon.

A obra de Miwon Kwon é um rigoroso estudo sobre o percurso da arte *site-specific* de 1960 até o início da década de 1990, com foco especial nos anos 1980: de esculturas polêmicas em espaços públicos como *Tilted Arc*, de Richard Serra, que foi instalada na Federal Plaza, em Nova York, em 1981 (depois removida em 1989 após longo processo na justiça), até diferentes experimentações no território pantanoso da chamada *site-community*, ou seja, obras criadas por artistas em lugares específicos com a participação de comunidades locais.

O livro da pesquisadora sul-coreana faz apenas uma única e breve referência direta ao teatro ou à linguagem cênica. Por que essa obra é uma referência tão marcante para o trabalho de Antonio Araújo no Teatro da Vertigem? Vamos então tentar fazer uma espécie de radiografia da *site-specificity*, ou "site-especificidade", na trajetória da companhia. Se o teatro e as artes cênicas são linguagens ontologicamente presenciais, em diálogo ou em atrito direto com a arte *site-specific*, a tendência mais forte é a exacerbação da presença tanto de quem atua quanto de quem participa da obra teatral em

---

18 Ao lado de outros artistas e professores da Universidade de São Paulo (USP), participamos na Cidade do México de palestras e debates, entre outras atividades, durante o XX Festival Nacional e Internacional de Teatro Universitário, organizado pela Cátedra Ingmar Bergman en Cine y Teatro, da Universidade Nacional Autônoma do México (UNAM).

locais específicos, potencializada ainda mais pelas características mais marcantes que emanam do "real": o risco e o inesperado. Miwon Kwon explica o conceito de site-especificidade:

> Site-specificity costuma implicar algo enraizado, atrelado às leis da física. Frequentemente lidando com a gravidade, os trabalhos site-specific costumam ser obstinados com a "presença", mesmo que sejam materialmente efêmeros e inflexíveis no que diz respeito à mobilidade, mesmo em face do desaparecimento ou destruição.[19]

Em seu livro, a pesquisadora sul-coreana ressalta que, em obras voltadas para experimentações de site-especificidade, o espaço da arte não é mais percebido como uma "lacuna", mas como espaço "real":

> O objeto da arte ou evento nesse contexto era para ser experimentado singularmente no aqui e agora pela presença corporal de cada espectador, no imediatismo sensorial da extensão espacial e duração temporal (o que Michael Fried, brincando, caracterizou como teatralidade[20]), mais do que instantaneamente percebido em epifania visual por um olho sem corpo. O trabalho site-specific, em sua primeira formação, então, focava no estabelecimento de uma relação inextricável, indivisível entre o trabalho e sua localização, e demandava a presença física do espectador para completar o trabalho.

As diferentes modalidades de "discurso urbano-estético" ou "espacial-cultural" (como Kwon concebe a site-especificidade a partir de definição da historiadora da arte Rosalyn Deutsche) que os espetáculos do Teatro da Vertigem recriam na cidade envolvem várias camadas de construção de presença. No que diz respeito aos espectadores, além da sensorialização documentária promovida pelas locações reais, há sempre as iminentes fraturas abertas ao risco e ao inesperado que podem irromper a qualquer momento em derivas e itinerâncias pela urbanidade. Quanto ao elenco, também à mercê dos mesmos riscos provenientes do acaso, há duas camadas de performatividade que exacerbam a sua presença nas encenações: os vestígios dos depoimentos

---

19 M. Kwon, *On Place After Another*, p. 11-12.
20 O crítico e historiador da arte Michael Fried, na verdade, não estava brincando: em seu famoso e polêmico texto, *Art and Objecthood*, ele defende a ideia de que a arte entra em "degeneração" ao se aproximar da condição de teatro. Teatralidade seria então uma espécie de "negação da arte", mas esse debate não está em foco aqui.

pessoais, que contaminam a dramaturgia e o espetáculo como um todo, e uma segunda camada que são as reações espontâneas como um escudo de proteção para atuações em lugares insalubres e perigosos da cidade. De diferentes maneiras, a companhia dirigida por Antonio Araújo vem hibridando o teatro e a performance com a arte *site-specific* para potencializar a força da presença tanto de atores e atrizes quanto do público.

A trajetória do Teatro da Vertigem é uma espécie de palimpsesto com diferentes camadas de experimentação com as possibilidades de linguagem da arte *site-specific*. Em O Paraíso Perdido (1992), a igreja Santa Ifigênia logicamente definiu caminhos logísticos para a encenação, mas não foi determinante para a gênese do projeto: "experimentos baseados na mecânica clássica aplicados ao movimento expressivo do ator", segundo o próprio histórico da companhia[21]. No início do processo, não se tinha nem mesmo a intenção de montar um espetáculo, ideia que foi ganhando corpo conforme a pesquisa avançava. Alguns vestígios do espaço na dramaturgia da encenação, assinada por Sérgio de Carvalho:

> Entra o público. O anjo está pendurado em um portal.
> ANJO CAÍDO: Quando eu caí, as asas não verteram água nem sangue. Eu me verti de mim pelo corte. Pela fenda escorri para a terra, pesado, ausente. Descobri o corpo tarde demais. Conheci a dor sem o medo ou o riso dos fracos. A terra morre na água, o ar morre no fogo. Já não carrego a espada pelo jardim. Já não sou pássaro, não sei mais voar.
> O anjo cai no chão. Levanta-se com dificuldade e anda cambaleante em direção à nave central da igreja. O público o acompanha por toda a sua trajetória. O anjo para, interrompido por um forte ruído.
> CORO CAÓTICO (Casais correm e gritam na semiescuridão.)

Em O Paraíso Perdido, assim como em outros espetáculos do Vertigem, houve uma deliberada busca por um atrito da dramaturgia com o espaço. Aliás, esse impulso artístico encontra ressonância em uma das características mais marcantes da arte *site-specific*: o embate de linguagens em locais específicos onde convivem lugares reais e imaginários também em sobreposições conflituosas. Araújo explica o processo de criação do espetáculo:

> Na medida em que falávamos da perda do Paraíso, da expulsão do Jardim do Éden e, por conseguinte, da separação homem/Deus, o espetáculo pretendia fazer um jogo às avessas com o espectador. Ou seja, levá-lo de volta ao território sacro.

---

21 O endereço do site do grupo é <https://www.teatrodavertigem.com.br/>.

TEATRO DA VERTIGEM
"SITE-SPECIFIC" E DRAMÁTICAS FRATURADAS NO ESPAÇO URBANO

> Desse modo, a peça, em sua dimensão ficcional, trataria do exílio e do desterro, enquanto o lugar da representação apontaria para o retorno ou o reencontro com o *topos* sagrado. A ideia, portanto, era criar uma tensão com o conteúdo abordado, e não uma redundância ou ilustração. [...]
> Por esta razão é que o significado (simbólico, histórico, institucional) do lugar era mais importante que suas possibilidades cênico-arquitetônicas. Abrimos mão de uma arquitetura mais "teatral" em prol do sentido, ou sentidos, que um determinado local pudesse evocar. Daí o espaço escolhido ser o único possível para aquela encenação. [...]
> A ideia-chave era criar uma zona híbrida, de intersecção, entre o "real" ou a "realidade" do espaço e o "ficcional" ou o "teatral" advindo do roteiro e do espetáculo. Esse terreno intermediário e movediço poderia ser capaz de desestabilizar o espectador e interferir concretamente na sua percepção, afetando, assim, a leitura e a recepção da obra.[22]

Em O Livro de Jó (1995), foi aprofundado o processo de hibridação da linguagem cênica com as possibilidades da site-especificidade no que diz respeito à apropriação poética do hospital desativado Umberto I, onde o espetáculo estreou no dia 8 de fevereiro em São Paulo. Antonio Araújo narra a experiência, destacando que uma modificação importante colocada em prática neste segundo espetáculo foi o aumento do tempo dedicado à exploração do espaço. Em O *Paraíso Perdido*, o grupo teve apenas quinze dias para adaptar a peça à arquitetura da igreja, o que acabou sendo "prejudicial", segundo ele, à encenação. O processo de O Livro de Jó já foi deflagrado com esse aprendizado da necessidade de uma investigação prolongada de um lugar não convencional, "também denominado *site-specific*", nas palavras de Araújo:

> Entre outros procedimentos, a direção idealizou formas de se aproximar do lugar, de "entrar" em seus interiores, de perceber a sua "respiração", a fim de descobrir o teatral dentro do arquitetônico, de trabalhar a sua atmosfera e memória como recursos para a interpretação dos atores, e ainda, de experimentar diferentes trajetórias espaciais para o espetáculo que dialogassem com a estrutura da dramaturgia. Para tanto, o grupo destinou dois meses de ensaio, antes da estreia, apenas ao processo de ocupação e apropriação cênica do hospital.[23]

Embora tenha havido uma imersão mais potente na incorporação do espaço ao espetáculo, há poucos vestígios de site-especificidade no belo texto assinado por Luis Aberto de Abreu, talvez a dramaturgia mais poética de todas as

---
22 A. Araújo, *A Gênese da Vertigem*, p. 165-166.
23 Idem, *A Encenação do Coletivo*, p. 100-101.

encenações do Teatro da Vertigem. Trata-se de um processo colaborativo singular, no qual o dramaturgo não interagiu diretamente com o elenco, havendo sempre a mediação do diretor Antonio Araújo. As rubricas iniciais são talvez o único rastro de "fissura", de incerteza, o único vestígio processual que costuma marcar as dramáticas fraturadas de companhias de teatro que trabalham em processo colaborativo: "A ação se passa num hospital contemporâneo e Jó talvez seja um doente cuja proximidade da morte faz perder a razão. Ou talvez não."[24]

Apocalipse 1,11 (1999) é mais um passo importante na radicalização da linguagem híbrida que o grupo quis construir por meio de profunda imersão na site-especificidade de uma locação marcada pela memória dilacerante e pelas fraturas de um "real" explosivo: o Presídio do Hipódromo, em São Paulo, onde o espetáculo ficou em cartaz de outubro de 1999 (ainda com ensaios abertos; a estreia oficial foi em janeiro de 2000) até junho de 2001.

Desativado em 1995, o presídio contaminou de forma determinante o processo de criação do espetáculo, cuja dramaturgia, assinada por Fernando Bonassi, foi escrita a partir de uma série de três *workshops* realizados pela companhia entre outubro de 1998 e fevereiro de 1999. O coletivo mais uma vez partiu de um texto bíblico para deflagrar o projeto. Antonio Araújo afirma que o grupo estava interessado em um "realismo estranhado, fraturado por elementos absurdos ou ilógicos".

Nas improvisações e *workshops* realizados no presídio, o encenador utilizou a técnica de *viewpoints* para adensar e aprofundar a apropriação cênica do espaço:

> Esta técnica, proveniente da dança pós-moderna americana e adaptada para o teatro pela diretora Anne Bogart, apresenta princípios que são muito adequados à fase exploratória dos espaços não-convencionais. Entre outros aspectos, ela investiga a relação do corpo dos atores com as formas e as linhas do lugar, criando um diálogo concreto com a arquitetura. Desenvolvemos, portanto, no processo de ocupação do Hipódromo, os tópicos relacionados aos "Viewpoints" de espaço: "massas sólidas" (paredes, pisos, tetos, janelas, portas, mobiliário etc.); texturas; luminosidade; cores; "metáforas espaciais"; "relações espaciais" e "topografia".[25]

Apocalipse 1,11 traz ainda outras camadas de site-especificidade que enveredam por um conceito que a pesquisadora Miwon Kwon utiliza com muita frequência na segunda metade do livro *One Place After Another*: "Site-Community". O processo de criação do espetáculo envolveu atividades pedagógicas,

---

24 L.A. Abreu, *Um Teatro de Pesquisa*, p. 458.
25 A. Araújo, *A Encenação do Coletivo*, p. 117.

TEATRO DA VERTIGEM
"SITE-SPECIFIC" E DRAMÁTICAS FRATURADAS NO ESPAÇO URBANO   41

diretamente ligadas à construção da cena, como um curso de iniciação teatral, com duração de oito meses, para os detentos dos pavilhões cinco, oito e nove do Complexo Penitenciário do Carandiru, onde o grupo queria realizar a encenação, mas não conseguiu autorização e teve de se contentar com o desativado Presídio do Hipódromo. Além desse curso, Fernando Bonassi também ministrou uma oficina de dramaturgia para um grupo de presidiários. A intenção da companhia era incorporar um coro de detentos ao espetáculo, mas a ideia também acabou não vingando por falta de autorização dos órgãos responsáveis. Araújo conta que o coletivo só conseguiu encenar *Apocalipse 1,11* em um presídio ativo durante o Festival Theater der Welt, na Alemanha, em 2002. Já o coro de presidiários entrou em cena no ano seguinte no Festival Internacional Dialog-Wroclaw, na Polônia.

Assim, o espetáculo, que fecha a "Trilogia Bíblica" da companhia, tem na genética de sua processualidade diversas camadas de site-especificidade que também englobam estratégias de *site-community* como as oficinas para os detentos. Além da contaminação que o grupo vivenciou no Carandiru e da apropriação cênica das instalações desativadas do Presídio do Hipódromo, *Apocalipse 1,11* foi também "sensorializado" por visitas de pesquisa que o coletivo fez a locações como a rodoviária do Tietê, a cracolândia, o Minhocão, as saunas da rua Augusta, os teatros de sexo explícito da rua Aurora, uma delegacia de polícia no Pari e ainda a rua Amaral Gurgel, "com sua mistura de prostitutas, traficantes, travestis e moradores de rua", como descreve Araújo. São estratos, vestígios de site-especificidade que decantaram no palimpsesto processual da encenação.

A dramática do espetáculo, fraturada por rastros do processo de criação colaborativa, guarda alguns momentos de site-especificidade, como a Ambientação 2 do prólogo de *Apocalipse 1,11*, intitulado "Revelações":

> AMBIENTAÇÃO 2
>
> Na porta de entrada do espaço do espetáculo, no momento em que os ingressos são recolhidos, teremos quatro POLICIAIS MILITARES: dois masculinos, que revistarão os espectadores e duas femininas, que revistarão as espectadoras. As revistas devem ser cuidadosas e detalhadas. Esses policiais portarão *walkie talkies*. Os aparelhos estarão ligados e receberão fragmentos de mensagens do COPOM (Centro de Operações da Polícia Militar), misturados a trechos de textos bíblicos.
>
> Observação: todo o espetáculo terá a presença de Policiais Militares (armados, com *walkie talkies* ligados e com cacetetes), andando pelo espaço, eventualmente participando e indicando para os espectadores os locais onde irão ocorrer certas cenas.

CRIANÇA
Entra a CRIANÇA. Ela tem um regador nas mãos e aproxima-se de um vaso onde está uma planta muito florida. A CRIANÇA rega a planta delicadamente.
TEXTO OFF
Iahweh Deus modelou o homem com argila do solo, insuflou em suas narinas um hálito de vida e o homem se tornou um ser vivente... Depois plantou um jardim em Éden, no oriente, e aí colocou o homem que modelara. Então Iahweh Deus fez crescer do solo, no meio do jardim, a árvore do conhecimento do bem e do mal.
A CRIANÇA termina de regar, apanha uma caixa de fósforos. Sorri, meiga, para todos os presentes.
TEXTO OFF
E Iahweh Deus deu ao homem este mandamento: "Podes comer de todas as árvores do jardim. Mas da árvore do conhecimento do bem e do mal não comerás, porque no dia em que dela comeres terás que morrer".
A CRIANÇA risca um palito de fósforo e joga no vaso, que entra em chamas. A planta termina de queimar, apaga-se.

O próximo espetáculo, BR-3 (2006), com dramaturgia de Bernardo Carvalho, é um divisor de águas na trajetória do grupo principalmente no que diz respeito à apropriação dos espaços como deflagradora do novo processo colaborativo desde a sua gênese. Dessa vez o ponto de partida não foi um texto bíblico, mas uma miríade de lugares que foram se capilarizando em todas as etapas da criação coletiva, em que também foram ampliadas as estratégias de site-community no bairro da Brasilândia, na periferia de São Paulo, onde foram ministradas, durante o período de um ano, treze oficinas para a comunidade local: teatro para crianças, teatro para adolescentes (turmas 1 e 2), música, DJ, cenografia, iluminação, figurino, dramaturgia, vídeo, formação de monitores, expressão corporal para mulheres e teatro para a melhor idade. Dois moradores da Brasilândia foram incorporados ao elenco do espetáculo, Bruno Almeida e Denise de Almeida, além do bairro ter se tornado uma das principais locações onde a encenação é ambientada no plano ficcional. A Brasilândia virou dramaturgia nessa peça.

O título do espetáculo faz referência a três regiões do país onde o Teatro da Vertigem fez pesquisa de campo para deflagrar o processo de criação: Brasilândia, Brasília e Brasiléia, no Acre. Foram 35 dias de viagem em um ônibus-caminhão que foi batizado de Exploranter. A investigação e a problematização da identidade brasileira foram motes que impulsionaram a expedição artística por essas locações que têm o radical "Brasil" em seus nomes.

TEATRO DA VERTIGEM
"SITE-SPECIFIC" E DRAMÁTICAS FRATURADAS NO ESPAÇO URBANO   43

A viagem pelo país descortinou uma infinidade de lugares onde a companhia se contaminou artisticamente. Trata-se de um veio de site-especificidade que envolve diversas camadas de "sítios", locações, que foram se capilarizando por todas as etapas do processo de criação e que permaneceram de forma explícita até mesmo nas falas da dramaturgia e logicamente no espetáculo. A cena 19, "Percurso de Jonas. Anos 80", escrita pelo ator Roberto Audio, que interpretou a personagem Jonas, é um filão de vestígios desse amplo horizonte de site-especificidade e também de *site-community* (as pessoas das comunidades locais) que foi sensibilizando a companhia nessa primeira etapa de pesquisa:

> CENA 19. PERCURSO DE JONAS. ANOS 80.
> Jonas: Cosmópolis, Amparo, Paulínia, Jaguariúna, Araras, Borracharia Dois Irmãos, Leme, Pirassununga, Atacadista América, Cravinhos, Lar dos Desamparados, Motel Happy End, Ribeirão Preto, Jardinópolis, Brodósqui, Morro Agudo, Orlândia, Rua dos Nomes, São Joaquim da Barra, Guará, Ituverava, Armazém Ouro Fino, Igarapava, Supermercado Paraíso, Delta, Uberaba, Patrimônio, Nova Índia, Fazenda das Luzes, Uberlândia, Igreja da Sutura e Sonho Ruim, Araguari, Cascalho Rico, Escola de Moças Monte Carmelo, Catalão, Nova Aurora, Cristalina, Val Paraíso de Goiás, Restaurante Bode Feliz, Túnel do Tempo, Brazlândia, Núcleo Bandeirante, Picadinho do Fred, Ortodontia Raposo, Ferramentas Elefante, Barbearia Mico Dourado, Moema Leão, Museu da Idade do Homem, Seu Adão Lopes, Seu Chiquinho, Pai Seta Branca, Seu Zé Queti, Rodas da Lua, Sítio das Araras, Siriri, Cururu, Canjinjin, Dona Memésia, Posto Sete, Rancho Correntes, Casa Mira Flores, empresa de ônibus Irmãos Lameira, Godô, Seu Gogô de Pombo, Conquista do Oeste, Rua da Goiabeira, Dr. Dadá, Dona Adanta, Ivonete, Argentino moto táxi, zona Beco da Maringosa, Chá Chá de Anum, Arigó, Gislaine Salva Tierra, Seu Bibiano, Beirute, Denise Cosméticos, Estrada do Verbo, Play Time, Igreja Cristo do Aviamento, Materiais Sol Nascente, Supermercado Futuro, Creche Chapeuzinho Vermelho, Posto Miriam, Presidente Médici, Seu Raimundo, Dona Raimunda, Wilson Pinheiro, Volta da Empresa, Cine Teatro Recreio, Dona Oceana, Pousada Las Palmeras, Bruxa Ciciana, Restaurante Kzar, Inãpari, Pacenã, Seu Osmarinho, Lennon, Las Poderosas, Forró da Cacilda, Seu Bézinho, Taguatinga, Ceilândia, Dragões da Independência, Panteão da Pátria, Salão Azul, Plenário Ulisses Guimarães, Brasília.

Um segundo palimpsesto de camadas de site-especificidade que se capilarizaram em BR-3 são os 4,5 quilômetros de rio Tietê, englobando ainda um trecho da barragem do rio Pinheiros, onde foi encenada Brasília; o ponto no Memorial da América Latina onde o público pegava o ônibus até o rio; o próprio ônibus, as embarcações (o barco principal onde os espectadores se acomodavam, o barco intermediário, Iracema, e ainda as chamadas voadeiras, barcos menores e mais velozes); todos esses espaços ditaram novos rumos para o espetáculo em função de suas complicações ou facilidades logísticas.

A cena de abertura de BR-3 é um exemplo da força de uma locação real potencializando uma ficção que não abre mão de uma "quarta parede" em 360 graus, mas sempre se atritando, com "realismo estranhado", com a concretude de um espaço inóspito como o rio Tietê. Nas noites quentes, o cheiro pútrido desse esgoto a céu aberto por vezes funcionava até mesmo como uma espécie de "distanciamento brechtiano", que mais parecia um choque de realidade, ao mesmo tempo em que a ficção começava a nos conduzir à Brasília, depois de volta à Brasilândia e ainda pelos confins do Brasil até Brasiléia. A cidade como um cenário dantesco se descortinava como uma viagem pelos interstícios de um ideal brasileiro de desenvolvimento na destruição:

CENA 1. VIGÍLIA DE PÁSCOA. BRASILÂNDIA. NOITE DE SÁBADO DE ALELUIA. EVANGELISTA E PÚBLICO.

Evangelista: (*com urgência, ao público*) Onde vocês pensam que estão?

Como é que vieram parar em Brasilândia? Ninguém lê os jornais? Não sabem que há uma guerra? (*tenta arrebanhar o público*) Vão ficar aí parados? Por aqui! Por aqui!

(*lembra, louca, enquanto conduz o público*) Tive um sonho esta noite. Sonhei com vocês. Achei que viriam. Achei que vocês estivessem aqui, diante de mim. Achei que fosse um rio. (*está diante do rio*) Achei que tudo se passava aqui.

Já sonharam com febre?

Alguém já sonhou com febre?!

Estão vendo aquela luz? (*aponta para um luminoso piscando:* JESUS É MAIS ALVO DO QUE A NEVE) Estão vendo? Eles fizeram uma igreja onde antes havia um cinema, mas os filmes não me saem da cabeça. É para lá que vocês têm que ir. Lá estarão a salvo.

Começa um tiroteio. O público vai até a igreja (a balsa no rio), conduzido pela Evangelista. Enquanto ela conduz os espectadores, protegendo-se dos tiros, vai contando o dinheiro, que depois guarda nos bolsos. Atrás do altar, uma tela de cinema rasgada, com cortinas puídas dos dois lados. O púlpito, com um microfone na frente e um gravador ao lado, está vazio. No fundo, um velho projetor de cinema quebrado. O público se acomoda, o barco zarpa.

Em espetáculos marcados pela hibridação do teatro com a arte *site-specific*, todos os segmentos da criação acabam sendo subordinados às especificidades da locação. Dramaturgia, produção, direção, desenho de luz, o trabalho do elenco, desenho de som, direção de arte, projeções audiovisuais, também figurinos, enfim, tudo gravita em torno das possibilidades e dos impedimentos descortinados pelo dispositivo cênico se adequando à logística do espaço. No espetáculo BR-3, por exemplo, a dramaturgia de Bernardo Carvalho, toda construída em *flashback*, é pontuada por falas das personagens que reiteram a história para que o público consiga entender a trama de idas e vindas da tragédia shakespeariana que o escritor engendrou para a encenação no rio Tietê.

Há um momento mágico em qualquer criação teatral que é a chegada do público, que dá sentido (ou não) a tudo que é experimentado até então. Em encenações *site-specific* essa primeira irrupção de magia se dá quando a companhia começa a ensaiar para valer na locação. O espaço é uma espécie de "hora da verdade artística", em que tudo realmente começa a ganhar sentido. Ensaios em locais distantes da concretude da site-especificidade planejada se tornam por vezes tediosos, repetições hipotéticas sem a magia, os riscos e o inesperado de lugares públicos abertos à imponderabilidade da urbanidade.

A materialidade dos espaços reais, com suas camadas de "dramaturgia" do tempo, com suas fantasmagorias do passado, com seus estratos ideológicos na arquitetura das locações, é como uma entidade oracular que precisa ser constantemente decifrada, fustigada, desafiada, desnudada, fissurada, até que uma estrutura cênica possa ser ali espraiada, sempre porosa às surpresas do acaso.

Toda criação artística é fraturada pela irrupção de elementos do inesperado, a começar por atos falhos, impulsos inconscientes e por gestos involuntários dos nossos corpos. Linguagens presenciais, as artes cênicas sempre preservaram essa porosidade ao acaso, mesmo em espetáculos engessados por marcações rigorosas da direção dentro dos edifícios teatrais. Quando enveredamos pelas especificidades do teatro *site-specific*, há uma exacerbação dessa porosidade ao imprevisto, sobretudo no espaço urbano. E a logística do dispositivo criado acaba sendo soberano nesse fascinante território de experimentações, ou melhor, de *experienciações*, que há tempos vêm abrindo novos caminhos para a arte contemporânea.

A Exploração do Trabalho no Mundo Corporativo

Em 2009, o Teatro da Vertigem começou um novo processo de criação colaborativa partindo mais uma vez de um texto já escrito: a obra *O Castelo*, de Franz Kafka. O espetáculo foi batizado de *Kastelo* e estreou em 2010 no Sesc da avenida Paulista com direção de Eliana Monteiro. Antonio Araújo consta dos créditos como "apoio artístico". Na verdade, atuou fazendo dramaturgismo na encenação.

Inicialmente, fui convidado pela companhia para criar as imagens das projeções audiovisuais do espetáculo, mas acabei assumindo a dramaturgia a um mês da estreia. Um desafio imenso, extenuante. Nesse período e até duas semanas após as primeiras apresentações abertas ao público, escrevi nove versões do texto.

Encenado praticamente o tempo todo do lado de fora do terceiro andar do Sesc Paulista[26], *Kastelo* exigia uma complexa operacionalidade que envolvia seis andaimes, ou melhor, seis balancins que ficavam subindo e descendo conforme as ações do espetáculo se desenrolavam na parte externa à mercê das instabilidades climáticas do verão de 2010.

O grupo começou o processo de criação colaborativa com o objetivo de fazer uma adaptação do livro de Kafka, ao mesmo tempo em que debatia a sociedade do espetáculo contemporânea, e terminou com a intenção de discutir a exploração do trabalho no mundo corporativo. Por sugestão de Araújo, fomos buscar inspiração no livro *Sonhos*, do escritor checo, para não perdê-lo de vista na dramaturgia do espetáculo.

Quando ainda estava responsável pela captação das imagens para as projeções na encenação, criei com o fotógrafo Cleisson Vidal duas traquitanas nas quais acoplávamos câmeras aos corpos dos atores e das atrizes. Depois, eles partiam para as ruas documentando locações no centro de São Paulo. Produzimos imagens inusitadas e muito orgânicas porque cadenciadas pelos movimentos dos corpos do elenco pelas ruas, calçadas, no metrô e no meio dos transeuntes.

Ao assumir a dramaturgia, acabamos descartando tudo porque, além de não expressar mais o foco temático do espetáculo, as especificidades do espaço também não ofereciam um suporte para a projeção das imagens. A narrativa da dramaturgia precisou ser reescrita diversas vezes somente para se adequar à operacionalidade dos balancins, principalmente no que diz respeito ao tempo de descida ao mezanino (onde o elenco entrava nos andaimes) e de subida ao terceiro andar, onde a ação do espetáculo se desenrolava diante do público. As rubricas e as primeiras cenas do texto expressam bem os percalços processuais e a complexidade logística da encenação:

---

26 Com exceção da parte final, quando a personagem Arquivista entrava pela janela do prédio no espaço onde estavam os espectadores, além de outra cena com o Motoboy no edifício ao lado do Itaú Cultural.

TEATRO DA VERTIGEM
"SITE-SPECIFIC" E DRAMÁTICAS FRATURADAS NO ESPAÇO URBANO

Nona versão do texto do espetáculo "Kastelo", livremente inspirado na obra de Franz Kafka.

O espetáculo "Kastelo" será encenado em seis andaimes do lado de fora do terceiro andar do Sesc Paulista. Vamos identificar os andaimes da seguinte maneira:

B1: sob o ponto de vista do público, que está preferencialmente voltado para a lateral do prédio do Itaú Cultural, na Rua Leôncio de Carvalho, esse andaime é o primeiro à esquerda.

B2: o segundo à esquerda.

B3: o primeiro andaime na parte central, mais à esquerda.

B4: o segundo na parte central, mais à direita.

B5: o segundo à direita, voltado para a avenida Paulista.

B6: o primeiro à direita, também voltado para a avenida Paulista.

CENA 1.

Na escuridão no interior do terceiro andar do Sesc Paulista, o público observa as luzes da cidade lá fora: os escritórios do Itaú Cultural, o Hospital Santa Catarina e os edifícios iluminados na Avenida Paulista. Tempo.

CENA 2.

Zelador desce no andaime B4 e começa a limpar os vidros. Tempo. Ele borrifa água e sabão, turvando o olhar do público sobre a própria imagem, e logo tira a espuma com um pequeno rodo. Tempo.

Essa cena de limpeza dos vidros das janelas pode ser acompanhada por uma estranha trilha que misture elementos sonoros ligados à água: chuva, córregos, rios, cachoeiras, um temporal diluviano, tudo isso de algum modo sugerindo um "afogamento" generalizado dos nossos sete personagens (Motoboy, Telefonista, Gerente Geral, Secretária, Ascensorista, Arquivista e o antes mencionado Zelador). Conceitualmente falando, também pode dar uma unidade, uma coesão ao espetáculo que começa e termina com um texto científico sobre morte por afogamento.

Luz se apaga sobre Zelador e se acende no andaime B1, onde está Ascensorista.

CENA 3.

Ascensorista (B1) começa a ler a primeira parte do texto científico sobre morte por afogamento de Yuri Vasconcelos, com consultoria de Daniel Muñoz, professor de Medicina Legal da Faculdade de Medicina da USP.

Ascensorista: (Como um narrador frio e distante de um típico documentário didático e expositivo) No início do afogamento, a pessoa se debate, tentando se manter na superfície. Ela prende a respiração o quanto pode e aspira, sem querer, pequenas quantidades de água, o que provoca o fechamento da laringe, órgão situado entre a traqueia e a base da língua. Esse é um mecanismo de defesa do nosso corpo para que a água não inunde os pulmões.

> Luz se apaga sobre Ascensorista e se acende sobre Telefonista, que está no andaime B6.

Talvez em função da complexidade logística e operacional da site-especificidade que marca os espetáculos do grupo, seus processos colaborativos são sempre acidentados, inflamados por debates polêmicos e fraturados pelos desafios impostos por lugares inóspitos.

Costumo brincar nos bastidores da companhia que Antonio Araújo vive em busca de *páthos*, capitaneando uma metodologia de criação movida pelo atrito. Além de todas as dificuldades enfrentadas nos locais escolhidos, o encenador também costuma convidar para a dramaturgia escritores que não têm necessariamente uma relação direta com o teatro. No corpo-a-corpo com o espaço urbano, Tó, como é conhecido no meio teatral, parece apreciar os riscos e os imprevistos do acaso que irrompem na cidade. Após participar de vários trabalhos colaborativos do Teatro da Vertigem, penso que o *páthos* e os conflitos que sustentam os cânones da dramaturgia tradicional parecem se capilarizar pela fascinante e tempestuosa combustão processual de suas criações, marcadas pela colisão dos depoimentos pessoais com a tentativa de construção de uma voz coletiva para a dramaturgia e para a encenação.

Há ainda um *páthos* mais profundo de site-especificidade que se encontra em estado latente nas questões logísticas e operacionais mais imediatas: o atrito de espaços reais e imaginários das locações que são potencializados pela ação artística de um grupo como o Vertigem. Uma atuação, ou melhor, uma intervenção política que encontra ressonância nas "microrresistências urbanas" defendidas pela arquiteta e urbanista Paola Berenstein Jacques, na criação de "dissensos" destacados pelo filósofo Jacques Rancière em seu livro *O Espectador Emancipado*, nas "táticas desviacionistas" propostas pelo historiador francês Michel de Certeau e ainda nas "fraturas" exaltadas com tanta paixão pelo crítico de cinema e também diretor Jean-Louis Comolli em *Ver e Poder*: brechas, fissuras e irrupções do "real" que o cinema documentário consegue provocar na roteirização midiática da sociedade do espetáculo contemporânea.

Antonio Araújo assume que busca uma "tensão produtiva" e que vê a "crise como uma ação transformadora produzida pelo próprio processo":

> A existência de uma forte autoria individual cria um importante polo tensionador em um processo marcado por inúmeras interferências e contribuições. Ele tanto favorece a filtragem e a seleção do vasto material produzido quanto funciona como um eixo aglutinador das proposições

grupais. Se, por um lado, ele age como uma barreira, um limite, uma fronteira, por outro, ele facilita e estimula a interlocução e a expansão das zonas de colaboração.

Esse polo criador individual – por paradoxal que pareça – acaba também acirrando o posicionamento grupal. Ele provoca uma tensão criativa, ou até mesmo um antagonismo, que fortalece o próprio grupo e o conceito-geral que o mesmo tem do trabalho – ainda que por via da crise e do conflito. Por outro lado, as individualidades também saem fortalecidas por essa dinâmica de confrontos, diálogos e negociações, presentes dentro do processo.

Aliás, poder-se-ia pensar a "crise" não apenas como uma consequência à qual o grupo está necessariamente fadado, mas como um mecanismo implícito e impulsionador em processos dessa natureza. Ou seja, a sua deflagração pode ser vista não como uma reação espontânea e indesejada, mas como uma ação transformadora produzida pelo próprio processo.[27]

Para ele, o dramaturgo é figura central na deflagração dessa "tensão produtiva" no processo colaborativo:

> Dada a importância de sua função, ele atua como uma espécie de provocador – ou até mesmo um antagonista – num contexto marcado por relações já estabelecidas e de longa duração. Em geral, o escritor efetua uma ação simultaneamente perturbadora e estimuladora, trazendo outras e novas referências para o grupo. Daí a importância e o cuidado nessa escolha.[28]

Michel de Certeau faz uma espécie de radiografia dos palimpsestos conflitantes e oraculares que envolvem os espaços:

> Os lugares são histórias fragmentárias e isoladas em si, dos passados roubados à legibilidade por outro, tempos empilhados que podem se desdobrar mas que estão ali antes como histórias à espera e permanecem no estado de quebra-cabeças, enigmas, enfim, simbolizações enquistadas na dor ou no prazer do corpo.[29]

Miwon Kwon ressalta que "conceber o site como algo mais do que um lugar – como uma história étnica reprimida, uma causa política, um grupo de excluídos sociais – é um salto conceitual crucial na redefinição do papel público da arte e dos artistas."[30]

---

27 Ibidem, p. 60.
28 Ibidem, p. 48.
29 *A Invenção do Cotidiano*, p. 175-176.
30 *One Place or Another*, p. 157.

A curadora e historiadora da arte sul-coreana resgata em seu livro o pensamento do filósofo francês Henri Lefebvre, para quem um novo espaço só poderia nascer na acentuação das diferenças. Ela aprofunda a questão:

> Talvez não haja nenhuma surpresa, então, no fato de que os esforços para resgatar diferenças perdidas ou reduzir o seu desaparecimento ganhem pesado investimento em sua reconexão com a "singularidade do lugar" – ou, mais precisamente, no estabelecimento da autenticidade do significado, memória, histórias e identidades como uma *função diferencial* dos lugares. É essa função diferencial associada aos lugares que as formas primeiras de arte *site-specific* tentaram explorar e que as atuais incorporações de *site-oriented* buscam reimaginar, que é o atrativo oculto da expressão *site-specificity*[31].

Nick Kaye, professor de estudos da performance da Universidade de Manchester, retoma as ideias de Michel de Certeau, destacando que "espaço é um lugar praticado."

> Assim, a rua geometricamente definida pelo planejamento urbano é transformada em espaços pelos caminhantes. Da mesma maneira, um ato de leitura é o espaço produzido pela prática de um lugar particular: um texto escrito, isto é: um lugar constituído por um sistema de signos.[32]

Como o historiador francês, Kaye destaca "a estabilidade interna do 'lugar' como uma língua"[33] a ser decifrada pela prática e por deslocamentos pela locação. Grupos como o Teatro da Vertigem têm construído intervenções artísticas em espaços públicos e na malha urbana que nos despertam da esclerose do hábito e criam novas percepções e leituras da cidade por meio de itinerâncias, deambulações, errâncias e derivas. Companhias cênicas têm descortinado novos espaços na urbanidade, espaços múltiplos que surgem do atrito de sítios reais e imaginários que decantaram em estado de latência no palimpsesto arquitetônico das locações. As dramáticas que nascem desses deslocamentos artísticos são sempre marcadas pelas fraturas da imprevisibilidade. Uma miríade de possibilidades do inesperado, que começa nas próprias pulsões do inconsciente e nas reações corporais involuntárias que irrompem tanto do elenco quanto do público lançados em espaços atravessados pelas surpresas e pelos riscos do acaso.

31 Tradução de Jorge Menna Barreto para a revista *October 80*.
32 De Certeau apud N. Kaye, Introduction, *Site-specific Art – Performance, Place and Documentation*, p. 4.
33 Ibidem.

TEATRO DA VERTIGEM
"SITE-SPECIFIC" E DRAMÁTICAS FRATURADAS NO ESPAÇO URBANO

Chuva, trânsito, transeuntes, moradores de rua, catadores de materiais recicláveis, manifestações, assaltos, polícia, enfim, a urbanidade é sempre uma pluralidade de espaços fissurados pelas possibilidades de irrupção de um "real" que não é apenas sinônimo de riscos e de perigos, mas também de surpresas por vezes epifânicas que ampliam em beleza e transcendência as experimentações artísticas dos coletivos teatrais, tornando-as deslumbrantes na concretude dos espaços. As dramaturgias e logicamente as encenações precisam ser engendradas com essa porosidade permanente ao inesperado.

Apesar da materialidade dos espaços, atuar artisticamente na cidade é lidar com um universo evanescente de presenças e ausências, de lugares e não lugares, ou seja, locais de passagem; de sítios reais embaralhados com espaços mentais e idealizados. Para Nick Kaye, o "palimpsesto", uma escrita que não cessa de ser esboçada e apagada permanentemente, é a própria definição transitória da site-especificidade. E a prática teatral na cidade vai potencializar justamente essa que é uma das características mais marcantes da arte *site-specific*: a experimentação, ou melhor, a *experienciação* de um atrito lúdico entre os espaços reais e imaginários que envolvem as locações em palimpsestos por vezes quase que imperceptíveis. Mas as artes cênicas conseguem decalcá-los com a força de sua presença sempre tão efêmera para então desnudá-los com seus conflitantes vetores de diferentes temporalidades convivendo lado a lado na concretude dos espaços.

Ele ressalta as contradições internas na definição de arquitetura para Bernard Tschumi: o conceito de espaço e a experiência de espaço. Para o escritor, educador e arquiteto suíço, a experiência da arquitetura se dá nessa "fenda", nessa brecha entre o espaço ideal ("o produto do processo mental") e o espaço real ("o produto da prática social"). A arte e logicamente o teatro *site-specific* vão explorar as possibilidades de linguagem dessas fissuras, trabalhando com "disfunções", segundo Kaye, promovendo desconstruções, também colisões entre os espaços reais e imaginários que marcam as relações da arquitetura com as práticas que a atravessam.

Ele comenta que a site-especificidade só se revela quando frequentamos e utilizamos os espaços. E que novos *sites* estão sempre sendo produzidos, assim como a arquitetura, que está atravessada por instabilidades, efemeridades, novas temporalidades, apesar da rigidez monástica de sua materialidade. Ele chega a falar de "arquiteturas fantasmas" que, na nossa visão, podem ser deflagradas, desnudadas, por intervenções artísticas híbridas de linguagens colocadas em prática por uma companhia como o coletivo dirigido por Araújo. Se há fissuras e colisões entre os espaços reais e imaginários das locações, o Teatro da Vertigem vai frequentar essas brechas para fraturá-las ainda mais em seus espetáculos. Uma experimentação de múltiplas fraturas, engendrando outra modalidade de palimpsesto, com mais textura de fragmentação em mosaico, também promovendo o que Bernard Tschumi chama de "convergência momentânea e sacrílega do espaço real e do espaço ideal", e talvez ainda um pouco mais: "o supremo prazer da arquitetura, o momento impossível quando um ato arquitetural, levado ao excesso, revela ambos os vestígios da razão e da imediata experiência do espaço".[34]

Em determinados momentos de seus espetáculos, o Teatro da Vertigem, ao profanar artisticamente as locações, parece inaugurar uma espécie de "gozo artístico" da experiência arquitetônica, em que os espectadores ingressam prazerosamente em um limbo temporal no qual razão e fruição se confundem com a sensorialidade dos espaços.

Nick Kaye cita novamente Michel de Certeau ao comentar "a relação entre as práticas espaciais e a ordem constituída": "A superfície desta ordem está em todo lugar esmurrada e rasgada com elipses, fluxos e vazamentos de significados. É uma ordem-peneira."[35]

O professor de estudos da performance aprofunda a questão assegurando que trabalhos *site-specific*, envoltos nessas relações entre lugares e práticas espaciais, testam "a estabilidade e limites" de muitos locais que eles procuram questionar ou quebrar: "Nesse sentido, arte *site-specific* é definida precisamente nessas elipses, fluxos e vazamentos de significado, pelo qual o trabalho artístico e o seu lugar podem ser momentaneamente articulados um com o outro."[36]

Kaye afirma que, "ao abrir essa fratura entre a imediata experiência espacial e a sua localização", a obra "força uma contínua releitura e reescritura da ordem implicada na prática espacial":

> Este sentido de um terreno que se esquiva das coordenadas do mapa é também evidente no trabalho *site-specific* ensaiando uma definição transitiva do *site*. Aqui o trabalho *site-specific* destaca o lado ilusório e a mobilidade do *site*, o conceito e as características do *site* que ele articula são continuamente anulados, deslocados ou extrapolados.[37]

---

34 Apud N. Kaye, op.cit., p. 56.
35 Ibidem, p.57.
36 Ibidem.
37 Ibidem, p. 103.

TEATRO DA VERTIGEM
"SITE-SPECIFIC" E DRAMÁTICAS FRATURADAS NO ESPAÇO URBANO

Assim como Miwon Kwon descreve, em *One Place After Another*, uma espécie de "estrutura narrativa" na trajetória da arte *site-specific*, das esculturas em espaços públicos até a *site-community*, passando por intervenções artísticas que se deslocam pela cidade, Kaye também descreve um percurso que acaba enveredando pelos caminhos da performance, o que nos aproxima das experimentações do Teatro da Vertigem, embora o grupo construa modalidades de performatividade próprias, por meio de depoimentos pessoais e dos riscos do elenco no espaço urbano, mas sem jamais abrir mão de uma atmosfera ficcional em 360 graus em suas itinerâncias pela cidade.

Kaye destaca em seu livro outras características da arte *site-specific*, como a interação do corpo de quem assiste no processo de construção da própria obra. Citando o escultor italiano Giovanni Anselmo, ele afirma que, "ao revelar a troca íntima entre 'materiais' e 'ambiente', essas instalações envolvem a própria presença do espectador em termos materiais, provocando um sentido de participação *no site*, e então de uma troca fenomenológica"[38].

Nick Kaye arrisca uma possível definição de *site*: "um complexo de sistemas químicos, orgânicos, psicológicos e biológicos, um interagindo e afetando o outro, e também um complexo de relações sempre *em processo*".[39]

Arte da presença e do transitório, o teatro é uma linguagem permanentemente em processo, sempre porosa a novas transformações a cada apresentação. Uma arte da autodestruição, esculpida no vento, como afirma Peter Brook em *The Empty Space* (O Espaço Vazio). A hibridação do teatro com a arte *site-specific* vai exacerbar ainda mais essa contínua processualidade que ontologicamente os caracteriza como arcabouços de linguagem.

Araújo analisa as criações do Teatro da Vertigem em processo colaborativo e reforça essa ideia de que os espetáculos do coletivo são obras em progresso que permanecem inacabadas para alimentar as próximas encenações:

> O processo colaborativo, portanto, só se conclui com a última apresentação. Ou melhor, não se conclui nem mesmo com ela. O seu caráter aberto e inacabado permanece na memória como um motor de continuidade e aperfeiçoamento para a próxima obra – a qual, por sua vez, também permanecerá inconclusa.[40]

---

38   Ibidem, p. 147-148. (Tradução nossa.)
39   Ibidem, p. 150. (Tradução nossa.)
40   A. Araújo, *A Gênese da Vertigem*, p. 178.

Em *Site-specific Art*, Nick Kaye focaliza mais uma vez a trajetória desse híbrido de linguagens conflitantes nas últimas décadas e cita Miwon Kwon: "a definição operativa de *site* tem se transformado da locação física – enraizada, fixa, real – para um vetor discursivo, desenraizado, fluido e virtual"[41].

Se pensarmos em teatro *site-specific*, o "vetor discursivo" principal que vai deslindar as camadas do tempo na arquitetura das locações (por vezes fustigando-a em seus vestígios ideológicos e em seus rastros de poder) é o corpo de atores e atrizes que, após as experimentações da performance e da *body art*, também pode se transformar em um "indisciplinado *site*, *site* de múltiplos, complexos significados", pedindo emprestadas palavras de Nick Kaye. Ele afirma que, em algumas performances, "o corpo revela um lugar sempre *em processo* e sempre *em excesso*"[42]. O corpo também como palimpsesto de vivências, ainda traduzindo gestualmente os espaços urbanos, incorporando-os, tanto do elenco quanto dos espectadores em derivas cênicas pela cidade. Os corpos como metáforas vivas, ou melhor, metonímias de carne e osso de uma multiplicidade de relações físicas, sensoriais, que mantemos com a concretude das locações. Araújo discorre sobre o corpo de atores e atrizes como uma espécie de palimpsesto processual:

> Poder-se-ia perguntar onde desemboca tanto material cênico e textual produzido nos *workshops* e improvisações. Conforme apontamos em nossa dissertação, uma parte dessa produção, de fato, se perde; outra parte se materializa no corpo dos atores – ainda que de forma não explícita, como, por exemplo, uma qualidade de presença – e uma última parte, enfim, se concretiza em cena.[43]

O diretor também focaliza a relação do teatro *site-specific* com a performance, o que vai exacerbar ainda mais a irrupção do inesperado como elemento de composição permanente da encenação:

> A questão da especificidade do espaço para a performance é outro ponto de contato com a encenação *site-specific* contemporânea, na medida em que "toda performance só é feita (e só pode ser feita) em e para um dado espaço ao qual ela está indissociavelmente ligada". Esse local específico e único, muitas vezes aberto à própria cidade, e às eventuais interferências dos espectadores-atuadores, vai trazer ainda a questão do inesperado, do diálogo e da

---

41 Apud N. Kaye, op. cit., p. 183.163.
42 N. Kaye, *Site-specific Art – Performance, Place and Documentation*, p. 163.
43 A. Araújo, *A Encenação no Coletivo*, p. 184.

incorporação do acaso dentro da obra. Como Glusberg aponta, "deve-se ter em mente que o elemento inesperado na performance é inesperado não só para o espectador, [...] mas também e primeiramente ao artista de performance, cujo trabalho sempre tem um aspecto de inesperado".[44]

Site-specific Art — Performance, Place and Documentation, de Nick Kaye, foi uma das principais referências que guiaram a pesquisa inicial do processo do espetáculo Bom Retiro 958 Metros, que estreou em junho de 2012 com dramaturgia assinada pelo escritor Joca Reiners Terron. *Apologia da Deriva: Escritos Situacionistas Sobre a Cidade*, organizado pela arquiteta e urbanista Paola Berenstein Jacques, foi outra obra seminal na criação colaborativa da encenação.

Como BR-3, Bom Retiro 958 Metros é outro exemplo de experimentação cênica que teve a miríade de possibilidades da site-especificidade como ponto de partida, não tendo se baseado em textos bíblicos nem em obras ficcionais já existentes, como foi o caso de Kastelo. A encenação itinerante que ocupou as ruas do Bom Retiro, na região central de São Paulo, além de outros dois espaços (o Shopping Lombroso e o, então abandonado, Teatro Taib), tem muitas camadas de site-especificidade que foram construídas ao longo de anos de processo de derivas, improvisações, *workshops* e ensaios em diferentes regiões do bairro, e que foram decantando na dramaturgia, na luz, na trilha, no desenho de som, nos corpos do elenco e logicamente no espetáculo com quase um quilômetro de deslocamento por essa importante área de confecção e comércio de roupas da capital paulista. As primeiras cenas do texto de Joca Reiners Terron trazem vestígios explícitos da apropriação artística das locações:

AMBIENTAÇÃO 1 — DOPING CENTER

1.

[O público está na calçada em frente ao shopping. Na rua, as BESTAS DE CARGA descarregam caixas. O vigilante os recebe. Há um rádio disposto na calçada. Então se ouve ruído de estática:

Insert 1 — Rádio Infinita (OFF)

JINGLE DA RÁDIO INFINITA - Atenção, caros ouvintes... (BZZ) A Rádio Infinita transmite direto ao mundo dos sonhos das pessoas e nunca sai do ar... (BZZ) Em 5 minutos começará nossa grande atração, o Show Insone da Rádio Infinita! Um oferecimento de CLONAZEPAM... Tome CLONAZEPAM! (BZZ) Não desligue! (BZZ) Nossos anunciantes e ouvintes podem ficar tranquilos, pois a Rádio Infinita vai resistir aos atentados que vem sofrendo. Estamos investigando!

---

44 Ibidem, a primeira citação no trecho de Araújo é de Josette Féral ("Performance et théâtralité: Le Sujet démystifié") e a segunda, de Jorge Glusberg (A Arte da Performance, São Paulo: Perspectiva,1987, p. 83.)

O Show Insone começa em 5 minutos, logo após os comerciais... (BZZ)
O Show Insone começa em 5 minutos, logo após os comerciais... (repete)
[Do interior de uma caixa na calçada emerge o errante. Usa tapa-ouvidos e carrega uma marreta, com a qual destrói o rádio. Espantados, os agentes sanitários saem em sua perseguição. O errante some no final da rua, cruzando com o coro de consumidores.]

2.

[Na rua, surge o coro de consumidores. Carregam sacolas de compras. Entre eles está a consumidora. Eles notam a grade entreaberta e entram no shopping. Batem de porta em porta, mas as lojas estão fechadas. a consumidora então se separa do grupo, que desaparece. Ela estaca diante da única vitrine acesa a exibir um vestido vermelho que levita sozinho.]

CONSUMIDORA As lojas já fecharam. Mas por que fecham tão cedo? Não entendo isso. Será que não levam em conta o tempo que se leva pra se chegar até aqui? Essas portas nunca estão abertas, não é possível.

[Na vitrine, o VESTIDO VERMELHO reluz, atraindo a consumidora. A luz apaga e acende obedecendo ao ritmo de uma pulsação.]

CONSUMIDORA
Ah, esse é o vestido que eu gostaria de ter... E essa maldita loja fechada! Eu queria quebrar esse vidro!

A dramaturgia de *Bom Retiro 958 Metros* tem a forte tendência fragmentária e monológica proveniente dos depoimentos pessoais que deflagram as criações colaborativas do grupo. Joca Reiners Terron traz para o Vertigem uma pulsação mais pop e inicialmente foi muito fiel ao *workshop* de mais de sete horas de duração que o coletivo fez pelas ruas do bairro. Com o fotógrafo André Chesini, filmamos essa extensa encenação em tempo real, que foi batizada de "varal de imagens", englobando tudo que todos haviam experimentado até então. O material captado foi transformado em DVDs, que foram entregues ao escritor para que ele pudesse esboçar a primeira versão da dramaturgia com a ajuda desse registro audiovisual. Algum tempo depois, foi realizada na sede do grupo, no Bixiga, uma leitura do texto aberta ao público[45].

---

45 Confesso que questiono muito essa obsessão dos editais públicos por eventos relacionados aos processos dos coletivos abertos ao público em momentos nos quais as companhias ainda estão com suas criações muito incipientes, frágeis, o que pode gerar experiências desnecessárias em fases de vulnerabilidade ou mesmo de crise. Há períodos em que os grupos precisam se fechar para inaugurar novos momentos e para continuar experimentando sem nenhum tipo de cobrança mais veemente de pessoas de fora que não estão acompanhando as etapas do processo, principalmente no que diz respeito à escritura dramatúrgica de um espetáculo que vai ser encenado no espaço urbano. Na leitura aberta ao público, surgiram várias críticas à primeira versão do texto, que ainda precisava ser aprofundada para adquirir novas camadas.

TEATRO DA VERTIGEM
"SITE-SPECIFIC" E DRAMÁTICAS FRATURADAS NO ESPAÇO URBANO

Talvez o mais grave problema da dramaturgia de *Bom Retiro 958 Metros* sejam alguns monólogos (como por exemplo, os da personagem Noiva) que repetem as inquietações das figuras cênicas espectrais, sem construir uma ação, uma "estrutura narrativa" no encadeamento dos solilóquios, ainda reiterando, por vezes com incômoda redundância, a relação das personagens com os espaços, o que acaba enveredando por uma atmosfera previsível e rarefeita de camadas a serem frequentadas pelos espectadores.

Insatisfeito com as falas do Cracômano, o ator Roberto Audio chegou a reescrever seu texto, uma atitude, aliás, que deveria ser mais frequente nos processos colaborativos, na medida em que se busca a participação autoral de todos que estão envolvidos na criação coletiva, principalmente os atores e as atrizes por meio de depoimentos pessoais, improvisações e *workshops*. Mas nos processos do Teatro da Vertigem as funções são mantidas com nitidez e Antonio Araújo já declarou publicamente que não concebe as criações colaborativas sem a presença de um dramaturgo. Um exemplo de reiteração dos espaços que por vezes prejudica a dramática do espetáculo:

5.
[A NOIVA surge iluminada no muro do shopping. Aparenta estar perdida. Ela dirige suas palavras ao céu.]
NOIVA
O Bom Retiro não é mais aqui? Não havia aqui uma rua inteira só com lojas de vestidos de noiva? Que horas parte o próximo trem? Neste lugar alguém fala minha língua? Estão me entendendo? Qual foi o trilho que me trouxe a este lugar? Onde fica a Estação da Luz? Não seria bom se as pernas tivessem memória? Não era nesta rua que ficava aquela loja de fogos de artifícios? E agora, como faço para ir embora? O Bom Retiro não é mais aqui? Qual é a distância até a saída?
[A NOIVA aponta um gadget luminoso ao céu. A luz apaga.]

O esplendor da encenação capitaneada por Antonio Araújo, codirigida por Eliana Monteiro e com incrível desenho de luz assinado por Guilherme Bonfanti, que usou gelatinas para recriar a intensidade e a textura dos postes do Bom Retiro, consegue, no entanto, aparar praticamente todas as arestas da dramaturgia. Por outro lado, é importante ressaltar que a participação do escritor Joca Reiners Terron trouxe contribuições exuberantes ao espetáculo por meio de rubricas como as indicações para o "musical de cracômanos" no palco semidestruído do Teatro Taib, um dos momentos mais potentes de *Bom Retiro 958 Metros*:

[Dos fundos do palco, surge o coro de CRACÔMANOS. Através do tecido dos cobertores fechados em torno de seus corpos é possível ver as chamas. Essa luz pulsante é ao mesmo tempo a pipa de crack e o coração deles. O público ouve murmúrios e sons abafados vindos do proscênio. Instantes se passam. Desconforto. Luzes se acendem, mostrando a multidão de cracômanos agora na plateia, misturada ao público. Andam entre as pessoas. Arrastam-se pelo teatro, chupando seus cachimbos com avidez. O cheiro químico do crack é sentido por todos. Brigam entre si. Agora estão distribuídos lado a lado e têm seus cobertores abertos como asas de morcegos. Cada um tem sua pipa acesa à boca. Sobem no palco. E então eles fazem movimentos harmoniosos e afinal o público percebe que estão dançando. É um musical, como na Broadway. O CRACÔMANO surge entre eles. É o protagonista. Então a música diminui até cessar. Os cracômanos tornam a ficar imóveis. Restam acesas somente as chamas pulsantes dos corações-pipas sob os cobertores. Então as chamas se apagam. Tudo fica escuro.]

As rubricas finais do texto materializam de algum modo o conceito de "palimpsesto" que esteve presente durante o processo de criação do espetáculo:

[Aparece o ERRANTE. Ele observa o público e acende um cigarro. o errante permanece um instante parado na calçada do lado de fora. Termina de fumar seu cigarro. Ele observa uma faixa estendida na porta do teatro que diz "PASSA-SE O PONTO". A guia fantasma ressurge no saguão. Em seu rosto são projetados os rostos de todas pessoas que trabalharam no teatro ao longo de sua história. Pela escadaria ela chega ao mezanino, onde instala-se em sua cadeira e adormece. A luz do saguão se apaga. O ERRANTE arranca com violência a faixa estendida na porta do teatro. Depois, olha o público pela última vez e vai embora.]
FIM.

Hiper-Realismo Alegórico

Gostaria de desenvolver agora uma hipótese levantada pela pesquisadora Sílvia Fernandes sobre o trabalho da companhia que me parece muito estimulante e, principalmente, clarividente. O texto focaliza a "Trilogia Bíblica" (*O Paraíso Perdido, O Livro de Jó* e *Apocalipse 1,11*) e os primeiros dez anos do coletivo:

Numa combinação inusitada, o grupo associa preocupações espirituais, evidentes na prospecção contínua dos textos bíblicos, a um tratamento que talvez se pudesse chamar de hiper-realismo alegórico, na falta de um termo melhor para designar a sobreposição de literal e figurado que define, desde o princípio, em doses distintas, essa mistura de testemunho e abstração.[46]

Ao ler essa expressão, "hiper-realismo alegórico", percebi que tal definição contém algo profundo da linguagem do grupo, principalmente no que diz respeito às imagens cênicas criadas em espaços públicos que irrompem diante dos nossos sentidos com assumida influência dos mistérios medievais: os espetáculos da trilogia são "dramas de estação" contemporâneos. O próprio Araújo discorre sobre os objetivos que guiaram a criação da primeira montagem da companhia:

> Tomando como referência o teatro medieval, pretendíamos construir um "drama de estações" contemporâneo. Como uma espécie de Paixão, não de Cristo, mas do Homem, o espetáculo deveria assumir um caráter processional, com a plateia acompanhando as cenas em pé, e se deslocando de um ponto a outro dentro da igreja.[47]

No entanto, o encenador discorda do termo "hiper-realismo" aplicado ao espetáculo O *Paraíso Perdido*:

> Seria equivocado, por outro lado, afirmar que nosso intuito fosse o da instauração de um hiper-realismo. Tal juízo seria aplicável se, no desejo de obter o máximo de veracidade para o local da ação proposto pela dramaturgia, transportássemos a peça literalmente até ele. Seria assim, por exemplo, se montássemos Um *Mês no Campo*, de Turguêniev, ou *Tio Vânia*, de Tchécov, numa propriedade rural, ou ainda Barrela, de Plínio Marcos, dentro de uma prisão. Isso não era, de fato, nossa prerrogativa.
>   É evidente que o espaço de uma igreja se aproximava do universo bíblico sobre o qual trabalhávamos. Porém, se ele materializava o "território sagrado", o conteúdo das cenas lá apresentadas abordava, ao contrário, o "terreno profano ou dessacralizado". O lugar-igreja, na perspectiva ficcional do roteiro, não representava a "Casa de Deus", mas sim o local exterior ao Jardim do Éden, do desterro, do exílio, onde a divindade não mais habitava. Portanto, uma terra sem Deus, ou, na melhor das hipóteses, segundo a definição bíblica, "um solo maldito".

Antonio Araújo resgata um comentário que fez durante as discussões ainda no período inicial de pesquisa científica ("a investigação dos princípios da

---

46 S. Fernandes, *Teatralidades Contemporâneas*, p. 61.
47 A. Araújo, *A Gêneses da Vertigem*, p. 166-167.

mecânica clássica aplicados ao movimento expressivo do ator") que deflagrou a criação de O Paraíso Perdido: "Prefiro as cenas que trabalham numa zona intermediária: cena realista estranhada por abstrações ou cena abstrata estranhada por momentos realistas."[48]

O encenador ressalta que essa tendência foi se tornando cada vez mais forte nas improvisações e workshops e que ela irá atravessar os três espetáculos da "Trilogia Bíblica":

> É curioso perceber o aparecimento de uma tendência de linguagem que não era unicamente realista, teatralista ou abstrata, mas que apontava para registros híbridos de um "realismo estranhado" ou de "um abstracionismo com elementos realistas".[49]

Com o intuito de ampliar um pouco essa discussão, gostaria de fazer uma digressão sobre a gênese do realismo no teatro por meio das ideias de um grande artista que não é apenas o inventor da mise-en-scène moderna, mas o criador da própria arte da encenação como a concebemos nos dias de hoje: André Antoine.

Na coletânea de textos do ator, diretor teatral, cineasta e crítico francês, intitulada Antoine, L'Invention de la Mise en Scène, organizada por Jean-Pierre Sarrazac e Philippe Marcerou, Antoine narra a sua luta contra a afetação histriônica do chamado teatro romântico na França no final do século XIX e defende, com o respaldo teórico de Émile Zola, a necessidade de uma cena realista, ou naturalista, para ele não havia uma grande diferença a separar as duas definições.

Antoine declarou guerra ao proscênio, o qual considerava "nefasto", onde as grandes vedetes da época se exibiam, muitas amigas pessoais do encenador, como a célebre Gabrielle Réjane. Envoltas em atmosferas pontuadas por momentos anti-ilusionistas, graças à cumplicidade e à tietagem do público, as estrelas subiam ao palco e se expressavam principalmente pelo rosto, por vezes por meio de caricatas máscaras faciais, e também da voz a entoar falas que eram prolongados recitativos verborrágicos. É interessante pensar que o ilusionismo realista inaugurado na França por Antoine já foi um dia extremamente revolucionário. Na cena contemporânea, principalmente nas investigações do teatro de grupo de São Paulo, virou foco de rejeição generalizada por meio de sua materialidade mais evidente: a chamada "caixa preta" do palco italiano.

---

48 Ibidem, p. 66.
49 Ibidem, p. 71.

TEATRO DA VERTIGEM
"SITE-SPECIFIC" E DRAMÁTICAS FRATURADAS NO ESPAÇO URBANO

O que fez o encenador francês? Descartou o exibicionismo quase operístico das vedetes que desfilavam pelo proscênio dos teatros e batalhou para construir no centro do palco o que ele chamava de *milieu*, uma espécie de fulcro teatral onde a arte poderia irromper como "fatias da vida" envoltas em atmosfera ilusionista, hipnoticamente ilusionista, e onde a maior expressividade dos atores e das atrizes estava diretamente ligada ao movimento. Ainda não havia na época o cinematógrafo dos irmãos Lumière, mas já havia a câmera cronofotográfica inventada por Étienne-Jules Marey, um fotógrafo que se dedicava a pesquisas científicas ligadas à medicina, pois o estudo do movimento de pessoas e animais era uma maneira de ter acesso à exuberância da vida e principalmente de um estado de saúde plena. Saúde era sinônimo de movimento e a medicina precisava estudar os seres se deslocando na plenipotência dos seus sentidos.

Jean-Pierre Sarrazac destaca a influência da pintura impressionista, com seus efeitos de realidade, e da câmera cronofotográfica, sobre André Antoine:

> A arte da *mise-en-scène* se coloca em concorrência com a pintura a mais avançada da época e com a fotografia – aí incluída essa *cronofotografia* que decompõe o movimento. É assim que o espectador de Antoine, mais do que uma (re)composição, é convidado a uma decomposição, a uma desconstrução da realidade, na qual se impõe a dialética do plano geral e dos detalhes. Nessa época, marcada pela literatura de Edgar Poe e pelo surgimento do romance policial, o espectador se encontra na posição de um pesquisador, de um investigador que deve descobrir nos detalhes – no desvio entre duas pinceladas, dois "pontos" pictóricos, no grão da fotografia – o que o conjunto, o que a visão genérica demais não cessa de dissimulá-lo. Os gestos, a corporeidade (por exemplo, essas "costas mostradas a propósito") instauram na *mise-en-scène* essa parte do silêncio – silêncio que os espetáculos de Antoine concordam em fazer ressoar – que focaliza a atenção sobre os detalhes mais ínfimos do quadro, os transformando em índices, em provas, em confissões.[50]

Nesse momento histórico, a concretude do espaço ficcional no centro da cena desempenhava um papel fundamental para o realismo ilusionista ambicionado por Antoine:

> Na minha opinião, a *mise-en-scène* deveria manter no teatro o ofício que as descrições têm no romance. A *mise-en-scène* deveria – é aliás o caso mais

---

50 J.P. Sarrazac, *L'Avenir du drame*, p. 17-18.

frequente hoje em dia – não somente fornecer o seu quadro preciso à ação, mas determinar o caráter verdadeiro e constituir dele a atmosfera.[51]

O encenador acreditava que a materialidade dos cenários e dos objetos em cena era determinante para o movimento das personagens:

> Quando, pela primeira vez, eu tive uma obra a colocar em cena, eu claramente percebi que a tarefa se dividia em duas partes distintas: uma, toda material, quer dizer, a constituição do cenário servindo de meio à ação, o desenho e o agrupamento das personagens; a outra imaterial, quer dizer, a interpretação e o movimento do diálogo.
> Me pareceu então no início útil, indispensável, criar com cuidado, e sem nenhuma preocupação com os eventos que deveriam se desenrolar ali, o cenário, o meio. – Porque é o meio que determina o movimento das personagens, e não os movimentos das personagens que determinam o meio.[52]

Após a criação da concretude da cena, Antoine escolhia

> o ponto exato onde se deverá fazer o corte que nos permitirá retirar a famosa quarta parede, mantendo no cenário o seu aspecto mais característico e o mais adequado à ação [...].[53]
> [...]
> Nosso cenário construído nos espera agora, com as suas quatro paredes nuas; antes de introduzir ali suas personagens, o encenador deve passear ali longamente, evocar ali toda a vida que vai se tornar teatro. Será preciso que ele o mobilhe com sagacidade e lógica, adorná-lo com todos os objetos familiares, dos quais se servem, mesmo fora da ação projetada, nos entreatos, os habitantes do lugar.[54]

Penso em Antonio Araújo passeando pelas locações, contaminando-se da sensorialidade e das temporalidades que emanam da concretude dos lugares, onde vai dar início a um processo de apropriação cênica com as possibilidades de linguagem da arte *site-specific*. Assim como André Antoine, por mais que este esteja confinado à "caixa preta" dos edifícios teatrais, o diretor do Teatro da Vertigem também precisa da materialidade dos espaços, mas de

---

51 A.A. Antoine, *L'Invention de la Mise em Scène*, p.108. (Tradução nossa.)
52 Ibidem, p. 52. (Tradução nossa.)
53 Ibidem, p. 113-114. (Tradução nossa.)
54 Ibidem, p. 115-116. (Tradução nossa.)

locais reais, para criar no público um "efeito documentarizante"⁵⁵, ou seja, o espectador tem uma percepção, até mesmo uma crença, de que está diante de algo "real", por mais que as dramaturgias do Teatro da Vertigem construam atmosferas ficcionais em seus espetáculos. Trata-se de um efeito provocado pela realidade das locações, aliado ao impacto das ficções desconcertantes do coletivo (fartas em imagens cênicas que utilizam sangue, nudez, sexo explícito, escatologia e fogo, entre outros artifícios), que gera na percepção do espectador essa sensação de "hiper-realismo alegórico" destacada pela pesquisadora Sílvia Fernandes em seu livro *Teatralidades Contemporâneas*.

A argumentação de Araújo de que o espaço real não reitera o espaço ficcional em espetáculos como O *Paraíso Perdido* não dá conta da nossa percepção e da nossa leitura como público: somos contaminados pelo efeito documentarizante da realidade das locações, ao longo de itinerâncias nas quais nos defrontamos com imagens cênicas envolvendo personagens que têm dimensão arquetípica e que às vezes são figuras espectrais, com pulsação e textura fantasmática, descortinando na urbanidade narrativas alegóricas, sobretudo quando livremente inspiradas em parábolas e textos bíblicos.

O encenador lança novas luzes sobre a questão:

> A ocupação e a reativação destes espaços coletivos inauguram, também, relações inauditas entre o ficcional e o real. Em resumo, uma peça de ficção, ainda que contaminada por elementos documentais, é colocada num espaço de realidade. O objetivo, contudo, não é um embaralhamento confuso e letárgico entre essas duas esferas, mas sim a potencialização crítica do diálogo entre as duas.⁵⁶

Dramaturgias Fílmicas

Desde 2006, quando fui convidado por Antonio Araújo para fazer o registro audiovisual do espetáculo BR-3, venho realizando documentários em parceria com o Teatro da Vertigem. Transposta para o cinema, a peça se tornou um díptico: BR-3 (*A Peça*), registro da íntegra da histórica encenação no rio Tietê, e BR-3 (*O Documentário*), no qual tentei resgatar o árduo processo de criação

---

55 Roger Odin, Filme Documentário, Leitura Documentarizante, *Significação*, n. 37, jan.-jun. 2012, p. 10-30. Disponível em: <http:www.usp.br/significacao/>.
56 A. Araújo, *A Encenação no Coletivo*, p. 207.

do grupo por meio de entrevistas, entremeadas com trechos do espetáculo, imagens da montagem e desmontagem dos cenários e ainda planos captados durante os ensaios na Baía de Guanabara, no Rio, onde a peça foi encenada em 2007 durante o festival Rio Cena Contemporânea. O díptico cinematográfico foi exibido na Mostra Internacional de Cinema de São Paulo, em 2009, e depois lançado em circuito comercial, tendo permanecido um mês em cartaz na capital paulista e também em Santos.

Com relação à dramaturgia fílmica de BR-3 (A Peça), o registro da íntegra do espetáculo é pontuado por imagens documentárias das locações por meio das quais a encenação vai singrando durante cerca de duas horas e vinte seis minutos de duração. Como BR-3 é uma peça que se desenrolava em 4,5 quilômetros do rio Tietê, o público ficava no barco principal, a "balsa-igreja" da pastora Evangelista, mas as cenas também aconteciam em uma embarcação menor, o Iracema, nos pequenos barcos a motor, as voadeiras, e ainda nas margens dos dois lados do Tietê, além da barragem do rio Pinheiros, que se transformava, como em um passe de mágica, na cidade de Brasília ainda em construção.

Para conseguir documentar toda essa complexa logística, estudei minuciosamente passo a passo a direção de cena do espetáculo em uma tentativa de mimetizá-la na *mise-en-scène* do filme. Depois escrevi um roteiro detalhado com a posição, cena a cena, de cada um dos oito fotógrafos que participaram da arriscada empreitada. O espetáculo estava saindo de cartaz e Antonio Araújo propôs a realização de algumas apresentações somente para a captação das imagens e dos sons de BR-3. Convicto de que, sem público, o teatro não irradia vida, pois a troca de olhares, de sensações, entre elenco e espectadores é que faz a magia das artes cênicas, preferi fazer a filmagem em três dias de apresentações com público. O encenador optou então por avisar aos espectadores da nossa documentação audiovisual antes do início do espetáculo.

No cinema, arte fragmentária por excelência, BR-3 (A Peça) ganhou novos contornos pictóricos e um novo ritmo durante o seu quilométrico percurso cênico. Em primeiro lugar, a câmera, ao contrário do olhar dos espectadores, tem o dom da ubiquidade, e pode ser colocada em todos os lugares desejados, ou quase todos. O público no barco jamais conseguia ver com clareza todas as cenas do espetáculo. Já as oito câmeras podiam detalhar e se aproximar de momentos deslumbrantes da encenação, sobretudo com relação ao rosto dos atores e das atrizes em permanente tour de force naquela inóspita locação, além de documentar em 360 graus pontes, marginais, viadutos,

TEATRO DA VERTIGEM
"SITE-SPECIFIC" E DRAMÁTICAS FRATURADAS NO ESPAÇO URBANO

as "gargantas" pútridas do rio, suas margens, enfim, uma infinidade de espacialidades que eram transformadas em "cenários" pelo espetáculo.

O teatro, por outro lado, sempre levava vantagem no território da sensorialidade, às vezes bastante desagradável, principalmente em noites mais quentes quando o cheiro pútrido do rio inundava os nossos sentidos de uma triste consciência dos nossos ideais de desenvolvimento no caos e na destruição desse esgoto a céu aberto que é o Tietê. O cinema lida apenas com dois dos nossos sentidos, a visão e a audição, por mais que tentem fazer o burrinho da animação Shrek espirrar uma água nojenta na plateia em projeções em parques temáticos ou mesmo nessas novas exibições com poltronas que pulam, vazadas com dispositivos que produzem ventos etc. Já o teatro é sinestésico por excelência e o filme jamais vai conseguir reproduzir aquela estranha e deslumbrante experiência de BR-3 no rio que corta São Paulo. Mas, no que diz respeito à decupagem, à fragmentação do espetáculo para depois ser reorganizado em processo de montagem, o cinema traz vantagens. Filmamos três dias e criamos um espetáculo, digamos, "imaginário", que só a arte cinematográfica poderia produzir, com as melhores imagens das três encenações, mas com a totalidade das cenas.

O filme tem duração de 126 minutos, um pouco mais curto do que os cerca de 146 minutos do espetáculo, que sempre apresentava variações por causa da chuva, do volume de água do rio, além de questões ligadas à complexa logística da encenação, como, por exemplo, a interrupção do motor de uma voadeira por causa do lixo acumulado em suas hélices, entre muitas outras. Na montagem do registro fílmico do espetáculo, tomamos algumas liberdades, como antecipar com *inserts* de imagens o momento em que a personagem Jonas, na cena 25, toma chá de cipó e, em delírio, vislumbra a própria morte:

CENA 25. RIO ACRE. BARCO.
BARQUEIRO (*notando que Jonas continua olhando para a Rainha, que acena de longe*):Essa daí vivia no seringal Egito com os filhos pequenos. Um dia descobriram que ela tava com lepra. Vieram os médicos e levaram a mulher embora, à força. Nunca mais viu os filhos. Quando ficou curada, voltou para procurar as crianças, mas o seringal tinha acabado, tava abandonado, já não tinha ninguém. Era só ruína. Ninguém mais tira borracha. Ela não tinha pra onde ir. Voltou pra colônia dos leprosos e começou a dizer que era Rainha. Agora, deixam ela sair de dia. Já não faz mal a ninguém. Só volta à noite, pra dormir. (*Muda de tom.*) Tá querendo ver, não é? (*Silêncio.*) Veio até aqui pra ver. Eu posso te fazer ver. (*Tira a garrafa de álcool da cintura, estende a garrafa para Jonas.*) Toma o chá do cipó.

> Jonas hesita, pega a garrafa e bebe. Tem visões. A voadeira dá voltas pelo rio, conduzida pelo Barqueiro. Jonas se desequilibra e cai dentro do barco. Tempo. [...]
> Jonas acorda, como de um pesadelo. Está assustado.
> BARQUEIRO: Então, o que foi que você viu? Viu a rainha da floresta? (Silêncio.) Viu a mãe da mata, viu? (Silêncio.) Viu o mapinguari podre? (Silêncio.) Viu o pé-de-ouriço? Ou viu a onça pé-de-boi? O que foi que você viu? (Silêncio.)
> JONAS (hesita): Vi o dia da minha morte. Eu vou morrer no dia em que aparecer um homem por aqui, perguntando pelo meu nome.

Já BR-3 (O Documentário) segue uma linha dramatúrgica que, no universo do cinema, chamamos de talking heads, ou seja, "cabeças falantes": filmes documentários conduzidos por entrevistas. Além do resgate de um processo de criação coletiva cuja ação não poderia mais ser eternizada na linguagem do cinema, o filme traz cenas do espetáculo, imagens preciosas dos ensaios do grupo nos fundos da baía de Guanabara diante da monumentalidade da ponte Rio-Niterói, entre outros momentos, e ainda a construção e desmonte dos cenários no rio Tietê, que eram constantemente roubados.

O segundo projeto fílmico com o Teatro da Vertigem foi A Última Palavra é a Penúltima, documentário sobre a instalação cênica homônima que a companhia (dirigida por Eliana Monteiro, em parceria com o Zikzira e o grupo LOT, do Peru) fez em uma galeria subterrânea abandonada no centro de São Paulo em 2008 a partir do texto L'Épuisé (O Esgotado), de Gilles Deleuze. Trata-se de uma instalação site-specific que foi retomada no mesmo espaço pelo coletivo durante a 31ª Bienal de São Paulo, em 2014, rebatizada de A Última Palavra é a Penúltima 2.0, com direção geral de Antonio Araújo.

Exibido na 38ª Mostra Internacional de Cinema de São Paulo, em 2012, esse documentário pertence a uma modalidade de filme que costumo chamar de "processual", ou seja, um projeto que tem como objetivo desconstruir um espetáculo a partir da "ação" do próprio processo de criação. Desde a filmagem de BR-3, essa meta se tornou uma espécie de obsessão documentária na minha trajetória como cineasta: desconstruir uma encenação por meio de tudo que foi experimentado em cada uma das etapas dos processos colaborativos dos grupos de teatro.

As criações coletivas são um precioso filão de pesquisas, viagens, visitas a locações, leituras, aulas, depoimentos pessoais, improvisações, workshops e ensaios que acabam decantando nos espetáculos. Os processos colaborativos são um veio de páthos, conflitos, rusgas, vaidades, erros, acertos, encontros,

TEATRO DA VERTIGEM
"SITE-SPECIFIC" E DRAMÁTICAS FRATURADAS NO ESPAÇO URBANO

desencontros, fracassos e achados cênicos em uma árdua e fascinante construção artística conduzida pelas buscas e militâncias das companhias. Esses processos são sempre marcados por um permanente exercício de desapego, pois logicamente nem tudo cabe nas encenações, muita coisa precisa ser descartada, mas parte desse filão pode ter sim espaço no cinema.

Documentários são "arquiteturas do acaso", assim como as criações dos grupos de teatro, fraturadas por rastros processuais e sempre abertas a novas metamorfoses, sobretudo quando encenadas à mercê da imponderabilidade do inesperado no espaço urbano. Como estratégia, ou melhor, como conceito dramatúrgico para a realização de filmes "processuais", sempre vislumbrei o seguinte: documentar a "ação" da construção artística das companhias ao longo dos anos, até algumas semanas após a estreia do espetáculo, e aí depois fraturá-lo, desconstruí-lo por meio de tudo que foi experimentado, experienciado, também descartado, e que virou uma miríade de estratos processuais na encenação. O meu objetivo é esgarçar essas camadas na dramaturgia da montagem na ilha de edição: abrir brechas no espetáculo para desnudar passo a passo daquele processo, matizado de decantações artísticas que envolveram experimentações e que se transformaram em uma espécie de palimpsesto por vezes imperceptível aos olhos do público, mas que pode ser resgatado, ampliado, revisitado, "dramaturgizado" e ainda eternizado pela linguagem do cinema.

A dramaturgia fílmica do documentário *A Última Palavra é a Penúltima* foi conduzida com esse conceito de desconstrução processual por meio de uma filmagem rigorosamente observacional, sem entrevistas. A criação e os conflitos dos três grupos (envolvendo quatro diretores) irrompem e são compreendidos pelos espectadores do filme por meio da própria ação, sem depoimentos explicativos.

Costumo brincar que o pantanoso terreno do "pós-dramático" está sugerido nesse filme por meio da documentação dos "bastidores" da primeira versão dessa intervenção cênica no centro de São Paulo. Um dos diretores queria a permanente resistência à personagem, defendendo uma atuação mais performativa. Já outros queriam um trabalho mais físico, por vezes agressivo, gerando imagens mais surrealistas que misturavam o elenco com os transeuntes que eram convidados a entrar na galeria subterrânea abandonada durante as apresentações. Eliana Monteiro, do Vertigem, por sua vez, tinha especial interesse na criação de "fluxos" por aquele espaço de passagem. Os atores e as atrizes dos três grupos que participavam do processo acabaram se rebelando contra os encenadores e a filmagem observacional desses conflitos diz muito de alguns impasses da cena contemporânea, principalmente no que diz respeito ao trabalho do elenco: interpretação, atuação, performance ou performatividade?

A Última Palavra é a Penúltima não foi, no entanto, um documentário que registrou um período longo de tempo de trabalho. A filmagem ficou restrita a apenas algumas semanas e não envolveu um processo colaborativo ao longo dos anos. Essa meta só foi conquistada com o espetáculo Bom Retiro 958 Metros, que foi gravado durante cerca de dois anos e meio e do qual ainda participei do grupo de pesquisa e de criação. Como BR-3, o projeto fílmico Bom Retiro 958 Metros também se tornou um díptico cinematográfico: Bom Retiro 958 Metros (A Peça), o registro da íntegra da encenação, e Bom Retiro 958 Metros (O Documentário), em que utilizei imagens de cada uma das etapas do processo, além de trechos de algumas entrevistas. Ao contrário de BR-3, os depoimentos não são o fio condutor de Bom Retiro 958 (O Documentário), mas a própria ação da criação do grupo.

Há ainda outro filme que realizei em parceria com o Teatro da Vertigem, Kastelo, híbrido do registro da íntegra da encenação no Sesc da avenida Paulista, em 2010, com os planos da cidade que foram captados pelo próprio elenco com as duas traquitanas acopladas aos seus corpos e que não foram utilizados como projeções no espetáculo. Talvez por um mistério dramatúrgico que não sei explicar até hoje, esse material audiovisual deixou de ser orgânico na encenação depois que o grupo abandonou, no processo de pesquisa, a discussão sobre a sociedade do espetáculo contemporânea e passou a problematizar a exploração do trabalho no mundo em que vivemos. No entanto, as imagens produzidas pelos corpos dos atores e das atrizes se misturaram de forma estranha e muito interessante ao registro do espetáculo na ilha de edição. Acabaram sendo utilizadas no filme cuja dramaturgia é um híbrido de teatro, cinema, performance urbana e videoarte, com montagem assinada pela artista visual Lea van Steen.

É importante comentar que, no processo de edição de todos os filmes, o ponto de partida é sempre a montagem da íntegra da encenação. Trata-se da memória do grupo, um registro precioso que não pode se perder e que deve ser eternizado na linguagem do cinema, por mais que jamais consiga irradiar a plenitude da força presencial do espetáculo. No entanto, por meio da fragmentação fílmica, os vestígios dessa potência podem sim de algum modo ser traduzidos em linguagem cinematográfica, principalmente hoje com a leveza e o minimalismo das novas tecnologias digitais, que trazem

TEATRO DA VERTIGEM
"SITE-SPECIFIC" E DRAMÁTICAS FRATURADAS NO ESPAÇO URBANO

possibilidades como levar a câmera para a pele de atores e atrizes, perspectivar gestos, olhares; estilhaçar o corpo de quem atua em uma miríade de pontos de vista que foge do chamado "teatro filmado" e que jamais poderá ser vista pelos olhos do público, sobretudo em salas convencionais nos edifícios teatrais. Editada a íntegra do espetáculo, é preciso "matar" a peça para fazer nascer a dramaturgia do documentário.

Carreira Internacional

O Teatro da Vertigem abriu novos caminhos para as artes cênicas em São Paulo, no Brasil e no resto do mundo. Seus espetáculos excursionaram por diversos países e, em julho de 2011, a companhia recebeu a Golden Medal (Medalha de Ouro) de melhor encenação para BR-3 na Quadrienal de Praga, na República Checa. Em 2014, com dramaturgia de Bernardo Carvalho, realizou a montagem Dire ce qu'on ne pense pas dans des langues dentro do projeto Villes en Scène proposto pela Comissão Europeia de Cultura e produzido pelo Teatro Nacional da Bélgica e pelo Festival de Avignon, na França. Em 2015, Bom Retiro 958 Metros foi reencenado no Chile com o título Patronato 999 metros na mostra Santiago a Mil.

A carreira do coletivo no exterior vem se consolidando nas últimas décadas e é interessante pensar nos riscos que essa consagração pode trazer, sendo o mais perigoso de todos a possibilidade de se tornar uma franquia internacional, como aconteceu, por exemplo, com um grande artista como Robert Wilson, um dos mais importantes do século XX, hoje transformado em um encenador inócuo, afetado e maneirista, sobretudo repetitivo.

No caso da companhia dirigida por Antonio Araújo, a situação é um pouco mais delicada, pois a sua prática teatral tem fortes elementos de site-especificidade, o que cria complicações cênicas e, sobretudo, éticas quando os espetáculos são transplantados para outras locações que não contaminaram e muito menos decantaram em todas as etapas do processo de criação do coletivo. Logicamente os grupos precisam sobreviver, convites internacionais são sempre bem-vindos, mas, quando enveredamos pelo fascinante e pantanoso território da arte site-specific, as coisas ficam um pouco mais complexas. Talvez as palavras da curadora e historiadora da arte Miwon Kwon, tão seminais na trajetória do Teatro da Vertigem, segundo o próprio Antonio Araújo, possam nos ajudar a pensar a questão com mais clareza e profundidade:

Com certeza a arte *site-specific* pode levar à emergência de histórias reprimidas, prover apoio para maior visibilidade de grupos e assuntos marginalizados e iniciar a redescoberta de lugares "menores" até então ignorados pela cultura dominante. Mas, considerando que a ordem socioeconômica atual cresce na produção (artificial) e no consumo (de massa) da diferença (pela diferença), exposição de arte em lugares "reais" pode também significar uma maneira de *extrair* as dimensões históricas e sociais dos lugares para servir de forma diversificada ao impulso temático do artista, satisfazer perfis demográficos institucionais ou preencher necessidades fiscais da cidade.[57]

Se pensarmos ainda que experimentações teatrais de site-especificidade costumam promover intercâmbios de *site-community*, incorporando às encenações elementos, histórias e até mesmo pessoas reais das locações onde os grupos atuam e interagem com as comunidades, todos esses desdobramentos éticos se tornam ainda mais complexos quando não há uma continuidade relacional com esse universo humano e arquitetônico que existe independentemente dos espetáculos, dos documentários e das intervenções *site-specific*, o que é bastante frequente em grandes eventos, mostras e festivais. A sociedade do espetáculo contemporânea tem um apetite incontrolável por grandes exposições que circulam pelo mundo, o que de algum modo pode ser contestado pela arte *site-specific*, principalmente hibridada com a força presencial da linguagem cênica. Em grandes eventos, o teatro de pesquisa, experimental, *experiencial*, costuma abandonar a sua essencialidade *povera*, e por isso mesmo tão potente, emergencial e contemporânea, para vestir os trajes daquilo que frequentemente contesta: a própria noção de "espetáculo".

Voltemos às ideias de Miwon Kwon para instigar um pouco mais a discussão: "Sob o pretexto de sua articulação ou ressurreição, a arte *site-specific* pode ser mobilizada para acelerar o *apagamento* das diferenças via comercialização e serialização dos lugares."[58]

Em *One Place After Another*, a pesquisadora sul-coreana faz uma análise rigorosa das contradições de obras de arte em espaços públicos e realizadas em parceria com comunidades específicas: relações de poder, hierarquias nas metodologias de criação, rejeição de grupos marginalizados ou não que não se veem retratados nos trabalhos artísticos, a complexa representação da alteridade em projetos *site-specific*. O fato é que, nas últimas décadas, as verbas

---

57 Tradução de Jorge Menna Barreto para a revista *October* 80. M. Kwon, *One Place After Another* , p. 53.
58 Ibidem.

TEATRO DA VERTIGEM
"SITE-SPECIFIC" E DRAMÁTICAS FRATURADAS NO ESPAÇO URBANO

antes destinadas a produções culturais vêm sendo desviadas para o marketing social, o que amplia ainda mais essa discussão na direção de paradoxos que não têm nenhum tipo de parentesco com a noção de "dissenso" defendida pelo filósofo francês Jacques Rancière, ou mesmo de *fratura*, irrupções do "real", que o filme documentário consegue provocar na roteirização midiática da sociedade do espetáculo contemporânea, na visão do crítico francês Jean-Louis Comolli. Tais contradições podem nos conduzir a estratégias de um oportunismo publicitário que tornam tudo ainda mais perigoso e movediço no sentido ético.

Ao lidarmos com espaços e também com pessoas reais na criação de obras de arte, híbridas de ficção e realidade, toda opção estética terá inevitavelmente um desdobramento ético imediato, o que, por outro lado, faz o fascínio de linguagens como o filme documentário e o teatro *site-specific*.

Antonio Araújo é um grande artista e, na minha visão, um dos mais importantes diretores do teatro mundial. O encenador é uma espécie de "urbanista errante" (buscando inspiração no texto *Elogio aos Errantes: A Arte de se Perder na Cidade*, da arquiteta Paola Berenstein Jacques) que, por meio de experimentações teatrais *site-specific*, tem descortinado novas percepções do espaço urbano, também influenciado pelas derivas situacionistas. Com toda certeza, ele saberá se esquivar das ciladas de curadorias arrivistas e equivocadas para continuar revelando a site-especificidade das locações como matéria-prima potente e inovadora da criação contemporânea. A cidade talvez como uma das últimas possibilidades de obra de arte transformadora, sob o ponto de vista político, que escapam das armadilhas publicitárias do mundo em que vivemos.

Cena do espetáculo Hysteria, *do Grupo XIX de Teatro.*

A RECEPÇÃO DO [
COMO DRAMATU[
EM ESPETÁCULOS DIRIGIDO[
POR LUIZ FERNANDO MARQ[

Uma das tendências mais marcantes do teatro paulistano contemporâneo é a construção de atmosferas em que a participação do espectador é recriada, repensada e problematizada com diferentes estratégias de linguagens híbridas, colocadas em prática pelos grupos que atuam na cidade.

Deslocamentos no espaço urbano. Fluxos inusitados em que espectadores se mesclam e se atritam com transeuntes em áreas deterioradas da cidade, abandonadas pelo poder público. Dispositivos interativos em que os integrantes do público passam a desempenhar papel fundamental como "personagens" em encenações nada convencionais. Também rejeição à aparente passividade da plateia na "caixa preta" do palco italiano. Ainda a criação de atmosferas que potencializam os sentidos dos espectadores para muito além da visão e da audição, deflagrando momentos intensificados por cheiros, gostos e experiências táteis, nem sempre agradáveis, colocando em xeque a hegemonia dos olhos na fruição cênica. Na cena paulistana contemporânea, mesmo dentro dos edifícios teatrais, espetáculos viraram sinônimo de *experiência*, experimentações carregadas de camadas dramatúrgicas sensoriais e sinestésicas.

Em *A Inversão da Olhadela – Alterações no Ato do Espectador Teatral*, o professor, teórico e ensaísta Flávio Desgranges discorre sobre "uma reauratização da arte, uma aura produzida não mais pela contemplação, seja no enlevo religioso, ou na inspiração do belo, mas pela experiência, pela ludicidade, pelos jogos de linguagem que se abrem nas possíveis relações estéticas a serem travadas com os objetos que acenam para o espectador". Desgranges argumenta:

Assim, não é o religioso, nem o belo que está colocado em jogo, mas o político. Aquilo que acena para o espectador se relaciona com algo que de algum modo lhe diz respeito, ou que de alguma maneira se associe com elementos *esquecidos* ou *essenciais* que buscam diálogo com o agora do tempo.[1]

No cenário artístico paulistano, destaca-se o nome de um encenador com trabalho singular no que diz respeito à recepção do público: Luiz Fernando Marques, que começou a carreira no Grupo XIX de Teatro e também atua como diretor em companhias como o Teatro Kunyn, entre outras.

Uma das principais linhas de pesquisa do Grupo XIX de Teatro tem característica marcante: a busca pela "dramaturgia" da passagem do tempo em locações históricas. Na Vila Maria Zélia, no Belém, zona leste de São Paulo, casario construído entre 1911 e 1916 para abrigar 2100 operários da Cia Nacional de Tecidos de Juta, a companhia encenou espetáculos como *Hysteria, Hygiene, Arrufos* e *Nada Aconteceu, Tudo Acontece, Tudo Está Acontecendo*, entre outros, sempre com dramáticas porosas ao acaso, com duas camadas abertas ao inesperado.

Em primeiro lugar, o espaço, a arquitetura das locações com suas plasticidades e cheiros depositados lentamente pela passagem do tempo: musgos, fungos, liquens, paredes descascadas, plantas irrompendo em meio a fendas e rachaduras, vestígios de vidas passadas que deixaram marcas profundas nos lugares, tudo isso envolvendo elenco e público em atmosfera sensorial por vezes quase que imperceptível, mas contaminando todo mundo, principalmente o processo de criação que deflagrou cada um dos espetáculos

---

1   M. Desgranges, *A Inversão da Olhadela*, p. 255.

do coletivo, sempre readaptados a novas arquiteturas quando o grupo entra em turnê e sai em busca de novos espaços históricos para suas encenações.

A segunda camada de porosidade ao acaso nas dramaturgias *fraturadas* do Grupo XIX de Teatro diz respeito ao desenho de recepção do público, que não vai apenas assistir a um espetáculo, mas acaba participando da encenação como "personagem" no desenrolar da narrativa, com alguns espectadores desempenhando papéis marcantes. Por meio de estratégias interativas, a plateia é pensada como elemento de composição na construção dramatúrgica e ainda como possibilidade de irrupção do "real" nas montagens da companhia.

As dramáticas do coletivo são engendradas com essas fissuras, com esses vazios a serem preenchidos pelo halo de sensações que é descortinado pela plasticidade dos espaços históricos e pela imponderabilidade do imprevisto que emana do público. É o que Luiz Fernando Marques chama de "dramaturgia aerada", fazendo alusão a um tipo de chocolate que derrete na boca. O encenador está sempre em busca de delicadeza e de simplicidade para envolver todo mundo, elenco e espectadores, em atmosfera lúdica com profunda emoção. Brincando, Luiz Fernando Marques costuma se definir da seguinte maneira: "Não sou um diretor de atores e atrizes. Sou um diretor de público".

O trabalho do Grupo XIX de Teatro desnuda e revela as camadas do tempo de locações antigas como um "palimpsesto de vestígios", em referência ao texto *A Cidade Filmada*, do crítico, ensaísta e cineasta Jean-Louis Comolli, que faz parte da coletânea *Ver e Poder*, lançada no Brasil pela editora da UFMG. Em seu artigo, Comolli escreve o seguinte:

> À dimensão do labirinto espacial que caracteriza as cidades do século XIX [...] agregou-se uma nova dimensão, a do tempo, dos tempos cruzados, ou melhor, dos labirintos temporais. O lugar no qual nos perdemos está diretamente aberto para o "tempo perdido", o tempo do esquecimento, do enterramento, do recalque, o tempo esburacado da memória, o palimpsesto de vestígios que se recobrem uns aos outros, vestígios ao mesmo tempo de uma inscrição e de um apagamento. [...] Vestígios? São as vidas que passaram por aí, os corpos, as palavras, as narrativas, todo um emaranhado de encontros tão intensamente vividos quanto rapidamente perdidos. [...] O invisível: o que ainda não é observável, o que não se tornou olhar, o que não se tornou espetáculo; e, por exemplo, o que passa, o que passou, o que não para de passar, o tempo e seu cortejo de fantasmas, o fluxo temporal que faz de toda cidade um trançado de movimentos, o lugar de todos os lugares e o tempo de todos os

A RECEPÇÃO DO PÚBLICO COMO DRAMATURGIA "AERADA" EM ESPETÁCULOS DIRIGIDOS POR LUIZ FERNANDO MARQUES

tempos: passagem. A figura da passagem (Walter Benjamin) é a principal metáfora da cidade: passagem dos homens, passagem das mercadorias, passagem dos desejos, passagem do tempo.[2]

O principal objetivo deste capítulo é analisar espetáculos dirigidos por Luiz Fernando Marques sob o ponto de vista dramatúrgico no que diz respeito à apropriação poética de espaços históricos e, principalmente, ao desenho de recepção do público. Não apenas dentro do Grupo XIX de Teatro, mas também em encenações com companhias como o Teatro Kunyn e ainda no documentário cênico *Festa de Separação*, realizado em parceria com a atriz Janaina Leite e o músico e professor de filosofia Fepa. Como o diretor não tem uma base teórica específica e bebe em diversas fontes, decidi usar como referência para analisar os seus espetáculos as ideias do pesquisador Flávio Desgranges, que tem se dedicado ao estudo da recepção do público.

Em *A Inversão da Olhadela*, Desgranges estabelece relações entre as trajetórias pessoais e a história coletiva, construídas com "restos e detritos vivenciais", matéria-prima essencial para o trabalho de uma companhia como o Grupo XIX de Teatro, que quer provocar nos espectadores percepções novas e profundas das próprias experiências de vida:

> Tanto o passado individual quanto o passado coletivo, em franca associação, são formados pelos *detritos da história*, por tudo aquilo que passou despercebido, que foi recalcado, que não se viu, não se leu, que talvez nem tenha sido escrito; ou seja, articular a linguagem no presente solicita apalpar o intangível, observar o invisível, ou "ler o que nunca foi escrito" – ideia que, anote-se de passagem, se constitui em pertinente analogia com o ato proposto ao espectador/participante da cena teatral recente. Os restos e detritos vivenciais lançados ao esquecimento são justamente os elementos não percebidos pelo consciente operacional, as cenas a "que não demos atenção naquele momento, quando atravessamos pensando em outra coisa"[3]; esse material rejeitado na vivência diária, que se constitui como elemento vital para a produção de experiências, pode ser acessado pela percepção tátil, tornando-se visível.[4]

---

2   J.-L. Comolli, *Ver e Poder*, p.179-181.
3   G.K. Chesterton apud W. Benjamin, *Passagens*, Belo Horizonte/São Paulo: Ed. UFMG/Imprensa Oficial do Estado de São Paulo, 2006, p. 482.
4   F. Desgrande, *A Inversão da Olhadela*, p. 156.

Contribuição Dramatúrgica do Público

Hysteria foi o primeiro espetáculo da companhia e estreou no dia 6 de novembro de 2001 em São Paulo. O texto foi construído em processo colaborativo sem a participação de um dramaturgo. Trechos de diários de mulheres consideradas histéricas no século XIX, fragmentos de artigos científicos e psiquiátricos; o farto material documental foi mesclado a versos de poemas de Safo, García Lorca, também de autoras desconhecidas, e ainda a frases de escritores e dramaturgos como Aluísio Azevedo e Frank Wedekind, entre outros. Tudo isso recriado em improvisações individuais e *workshops* coletivos que engendraram a densa, profunda e, ao mesmo tempo, simples e delicada dramática da encenação, sempre porosa aos detalhes arquitetônicos dos espaços históricos e aos riscos e ao inesperado que emanam da imponderabilidade do acaso na presença do público.

Como cineasta, em junho de 2009, tive a oportunidade de documentar parte da turnê de *Hysteria* em 18 cidades do Estado de Santa Catarina em apenas 21 dias. Foram ao todo 18 encenações em locais como centros culturais, igrejas, museus, antigas maternidades, institutos de bioquímica e até mesmo uma sauna feminina em cidade recente onde não havia espaços históricos arquitetonicamente interessantes para abrigar a encenação: São Miguel do Oeste.

Em cada município, uma readaptação surpreendente do espetáculo: cenas cresciam, outras diminuíam; cantinhos potencializavam as paisagens subjetivas de determinada personagem; a "dramaturgia" da passagem do tempo nas diferentes locações abria um leque de possibilidades com as texturas e os odores do seu palimpsesto de vestígios. A potência presencial do teatro parecia descortinar uma paleta sinestésica com os matizes do próprio tempo.

O desenho de recepção do público foi livremente inspirado nas experiências do médico e cientista francês Jean-Martin Charcot, que, na segunda metade do século XIX, se tornou referência no universo da psiquiatria ao exibir pacientes histéricas para plateias de curiosos, artistas e intelectuais no Hospital da Salpêtrière, em Paris, também tema do filme *Augustine*, de Alice Wincourt, lançado no Brasil em junho de 2013.

Na abertura da dramaturgia de *Hysteria*, as seguintes rubricas:

> PLATEIA MASCULINA (entra e acomoda-se numa arquibancada no fundo da sala). [...]
> PLATEIA FEMININA (entra e é acomodada por Nini nos bancos que estão em forma de "U" com a boca aberta para a plateia masculina).

A RECEPÇÃO DO PÚBLICO COMO DRAMATURGIA "AERADA"
EM ESPETÁCULOS DIRIGIDOS POR LUIZ FERNANDO MARQUES

Nini é personagem ambígua na encenação: tenta controlar as outras pacientes a partir de ordens recebidas do Dr. Mendes, que jamais aparece; e por vezes se revela na mesma situação de confinamento das demais. Com cena única, a ação se passa em 1897 na sala de asseios do Hospital Pedro II, criado por decreto imperial no dia 18 de julho de 1841 na cidade do Rio de Janeiro[5].

Em Hysteria, há duas concepções de público: os homens são acomodados em espaço frontal para a cena, onde não há nenhum tipo de interatividade, e as espectadoras vão se sentar em bancos no "palco" improvisado nas locações antigas. Todas, sem exceção, vão participar do espetáculo como personagens. Algumas desempenham papéis com relativo destaque, como é o caso de Enamorada, "encarnada" por espectadora escolhida na fila antes da abertura para o público e logo acomodada em local estratégico para que a personagem Maria Tourinho possa interagir com ela.

No texto do espetáculo, a rubrica é clara:

> MARIA TOURINHO: (*sentada em um dos bancos, com certa timidez, começa a observar a mulher da plateia sentada ao seu lado e mostra-lhe seus pés*).

Um pouco mais adiante, nova indicação interativa:

> MARIA TOURINHO: (*toca seus pezinhos na mulher sentada ao seu lado*) Desculpe, minha tia-avó insistia em declamar aos quatro cantos quão belos e delicados eram os meus pequenos pés. Dizia-me que tê-los era uma benção e, portanto, qualidade essencial da minha personalidade feminina. Mas o que eu sempre admirei em mim e nos outros foram as mãos... A senhora me permite que eu veja suas mãos? (*afagando a mão na mulher sentada ao seu lado*) Uma vez uma prima de papai, vendo-as soltas e displicentes, aconselhou-me: faça de suas mãos como um embrulhinho e adestre-as... Elas serão suas cúmplices. Eu devo estar chateando a senhora? (*plateia responde*) Desculpe-me (*levanta-se e cochicha seu segredo no ouvido de outra mulher da plateia*)

Não há "quarta parede" entre atrizes e espectadoras. Passivos, impotentes e por vezes incomodados, os homens assistem à acareação de mulheres do século XIX (as personagens) com mulheres do século XX e XXI (as espectadoras). Hysteria estreou em 2001 e continua sendo encenado até hoje. Um delicado jogo especular aproxima mulheres de séculos distantes, ainda estigmatizadas no

---

5 O texto é assinado coletivamente por todos que participaram do processo: Gisela Millás, Janaina Leite, Juliana Sanches, Raissa Gregori, Sara Antunes e o diretor Luiz Fernando Marques.

mundo contemporâneo por visões masculinas carregadas de idealizações, preconceitos e misoginia.

A dramática do espetáculo é pontuada por *fraturas*, fissuras abertas ao inesperado nas reações das espectadoras, que, por estratégias interativas, vão dando contribuições a cada nova apresentação, ampliando, aprofundando e criando momentos únicos no texto "aerado" da encenação.

São muitos exemplos de momentos interativos. Nas primeiras páginas do texto de *Hysteria*, a personagem M.J. pergunta a uma das mulheres da plateia:

> A senhora sabe das horas? (*plateia responde*) A senhora sabe... eu já estou boa, vou embora hoje, o João, o meu marido é quem vem me buscar... O Dr. Mendes me garantiu que o João vem me buscar ainda hoje, antes do pôr do sol. (*para a mesma mulher da plateia*) Mas a senhora também ficará boa logo e vosso marido virá lhe buscar. (*para a plateia*) Todas as senhoras um dia ficarão boas! E por isso que eu vou embora, já estou boa, não posso mais ficar aqui com as senhoras... Eu já estou boa! Hoje é meu ultimo dia.

Carregando um saquinho de bilhetes, a personagem Clara pede a cinco espectadoras para ler os pedacinhos de papel:

> MULHER DA PLATEIA: (*lê o primeiro bilhete*) "Vai esta menina já batizada chama-se Ana. Por sua mãe morrer é que chegou a este destino".
> CLARA: Mais um tempo e eu terei decorado todos. (*para outra mulher*) E a senhora, sabe ler esse?
> MULHER DA PLATEIA: (*lê o segundo bilhete*) "Manda-se entregar, por Julia Teles da Silva, um seu escravo menor de nome Tomé que fora lançado na Roda dos Expostos. Rio de Janeiro, 1876".

A personagem Maria Tourinho continua conversando com a espectadora *Enamorada*:

> MARIA TOURINHO: (*para a mulher sentada ao seu lado*) A senhora é casada? (*plateia responde*) Pensa em se casar? (*plateia responde*) Como foi a festa de seu casamento? (*plateia responde*) A senhora fez o seu vestido? (*plateia responde*) O meu, fui eu mesma que fiz! Eu e minhas cúmplices (*mostrando as mãozinhas*). 319 madrepérolas, pregadas uma a uma, meu pai ficou inchado com minha habilidade. Quando entrei na igreja, de braços dados com meu pai, ria e ria por dentro, pois lembrava que minha avó havia me dito: que as mulheres só devem sair de casa três vezes: para serem batizadas, para se casarem e para serem enterradas. Eu ria porque estava me casando e já tinha saído de casa mais de três vezes... Quase quinze, segundo minhas contas...

A RECEPÇÃO DO PÚBLICO COMO DRAMATURGIA "AERADA"
EM ESPETÁCULOS DIRIGIDOS POR LUIZ FERNANDO MARQUES

> (ri) Mas belo mesmo foi o juramento que eu fiz naquele dia para o meu marido: o que sei é que te amo! Tu não és só o árbitro de minha alma, és o motor de minha vida. Eu? Eu agora te pertenço, sou uma cousa tua... É o teu direito e o meu destino! Só o que tu não podes em mim é fazer com que eu não te ame! (*cochicha seu segredo no ouvido de outra mulher*).

A dramática do espetáculo prevê brincadeira de esconde-esconde com o caderno de anotações da personagem Nini, que, furiosa, grita para que lhe devolvam o seu "caderno-goiabada". As espectadoras participam e são cúmplices da travessura da personagem Clara. Logo em seguida, M.J. convida todo mundo para uma oração coletiva:

> M.J. (*ao lado de Clara, que reza*): Isso, Clarinha, reze. Reze e peça proteção. (*para a plateia*) Por que não rezamos todas? Todas juntas, por favor, hoje é meu último dia aqui com as senhoras, eu já estou boa e o João vem me buscar... Vem Clarinha, me ajude! (*as duas pegam um banco no canto da sala e levam para o meio, inaugurando um "altar"*).

As espectadoras oram, fazem pedidos, cantam, dançam, brincam, fazem confidências, são entrevistadas pela personagem Nini, presenciam surtos histéricos das personagens bem próximos de seus corpos.

Hysteria começou com 50 minutos de duração e, em sua longa trajetória, o espetáculo ganhou mais de 40 minutos de dilatação somente com a contribuição da plateia, ampliada conforme o jogo das atrizes com as espectadoras foi adquirindo segurança, cumplicidade, consistência e uma permanente troca lúdica.

A encenação estabelece pacto claro com as duas camadas da recepção. Para os homens, passividade e frontalidade, delegando a eles, por outro lado, papéis de juízes, voyeurs, também algozes. São seres apartados do palco para os quais não é lançado um único olhar de afetividade proveniente da cena feminina. Para as espectadoras, afeto, compaixão, cumplicidade, desabafos, abraços, rezas, cantorias e brincadeiras. Uma experiência singular que inaugura relação de identificação entre todas as mulheres e envereda por atmosfera íntima, confessional.

"Um confinamento fabular, dramatúrgico", nas palavras da atriz Janaina Leite, que interpreta a personagem Clara, também autora do texto de *Hysteria*. "Todas as mulheres têm um papel no espetáculo", diz. "Os homens não têm. As espectadoras ficam confinadas nessa rede dramática, mas, com o convite da delicadeza, o jogo se instaura. Não é um espaço interativo caótico. Tudo é conduzido para que seja criada uma qualidade de presença do público", explica.

Todas as mulheres da encenação, atrizes/personagens e espectadoras, acabam se tornando uma única mulher, uma espécie de encarnação coletiva, coral, da "condição feminina", se é que ainda podemos utilizar a expressão em tempos de militância pela diversidade sexual e em meio às discussões de gênero que caracterizam o mundo em que vivemos.

O diretor Luiz Fernando Marques comenta que, nos jogos interativos, o mais importante não é o que é dito pelas espectadoras, mas como todas as outras recebem as falas que irrompem da delicada arquitetura do inesperado: desabafos súbitos, confissões por vezes impensadas, irrupções do *real* que acabam contaminando e envolvendo todas as mulheres em cumplicidade íntima, criando uma experiência única com cada plateia, sempre pontuada por *páthos*, tensão, compaixão e muita emoção.

"São mais de 12 minutos de jogo com a plateia feminina", revela o encenador. "Há momentos em que se dança mais, se reza mais, os tempos das cenas vão variando de acordo com o *timing* da plateia interativa, que tem um tempo de respiração. As atrizes percebem essa respiração e jogam com ela, e criam improvisações a partir dessa respiração da plateia. Se uma espectadora é poetisa, a atriz também faz um poema. E esse poema acaba sendo incorporado à encenação", conta.

A dilatação do espetáculo está diretamente ligada à superação do medo das atrizes de interagir com as espectadoras e com as surpresas do imponderável que irrompem de suas falas ainda não escritas, mas secretamente esperadas por meio das *fraturas* da dramática *aerada* de *Hysteria*.

A porosidade da escritura dramatúrgica também acaba sendo ampliada e aprofundada pela memória de todos os depoimentos das espectadoras que foram sensibilizando as atrizes e decantando ao longo dos anos nesses momentos de "vazios dramáticos" abertos ao acaso no que diz respeito às histórias de vida da plateia feminina.

"A atriz tem a palavra como guia, como roteiro cênico", diz Luiz Fernando Marques. "A atriz tem que deslocar a ideia do texto para o sentido da cena. Ela tem que entrar e ao mesmo tempo abrir espaço para que a plateia entre. O que me interessa numa peça interativa é levar bastante em conta a resposta da recepção, que está no mesmo pé de igualdade com todos os outros elementos da criação cênica e tem efeito transformador muito grande", explica. Ele comenta que, como encenador, procura conciliar de forma lúdica o inesperado da plateia com as surpresas arquitetônicas dos espaços históricos onde ambienta os espetáculos.

A RECEPÇÃO DO PÚBLICO COMO DRAMATURGIA "AERADA"
EM ESPETÁCULOS DIRIGIDOS POR LUIZ FERNANDO MARQUES

A atriz Janaina Leite ressalta que a interatividade na encenação não é "fetichista" e nem busca o virtuosismo da plateia. "A interatividade é o alimento de *Hysteria*. Uma interatividade orgânica, que faz parte da constituição do espetáculo em sua essência", diz.

O Público e o Privado

Com o objetivo de focalizar a relação conflituosa do público e do privado no Brasil, o Grupo XIX de Teatro vai para a rua pela primeira vez em *Hygiene*, que estreou na Vila Maria Zélia no dia 12 de março de 2005. A pesquisa envolveu entrevistas com moradores da antiga comunidade de operários que não tinha mais identidade própria, ao contrário das expectativas da companhia. Havia se tornado um condomínio fechado na zona leste de São Paulo.

Livros de memória e oficinas com habitantes da Vila Maria Zélia, além de depoimentos colhidos em entrevistas, serviram de base para a criação da dramática do espetáculo. Os espaços abandonados, assombrados, do antigo bairro operário, as fachadas das casas, a igreja, as ruas, tudo foi se capilarizando na escritura dramatúrgica de *Hygiene*, construída por improvisações e *workshops* em processo colaborativo, sem a presença de um dramaturgo escolhido para tal função.

O grupo queria encenar a vida coletiva nos cortiços e a ideia de uma peça contemplativa foi logo descartada, pois o espetáculo precisava estar misturado com a rua, até mesmo por coerência temática. A dramaturgia precisava ter a "promiscuidade fértil", nas palavras de Luiz Fernando Marques, do dia a dia da vida nos cortiços.

Nas ruas onde *Hygiene* vem sendo encenado desde então, a plateia é transformada em diferentes personagens coletivos: convidados de um casamento, cortejo religioso em procissão, participantes de manifestações políticas e também de cerimônia fúnebre, clientela de comércio público e ainda foliões em festa de carnaval. Até que chega a personagem Higienizador, que acaba com a possibilidade de uma vida pública, coletiva, e os espectadores são então conduzidos para o interior de uma casa, onde o espetáculo continua de forma contemplativa, com palco frontal ao estilo italiano.

Além das personagens coletivas nos quais o público vai se transformando nos deslocamentos pelas ruas, alguns espectadores também são individualizados ao longo da narrativa por meio de estratégias interativas para desempenhar papéis como o Anarquista, o Noivo da Carmela, a Namorada do Português e a Musa do Italiano, entre outros.

Quando o espetáculo transita pelo espaço público, o foco principal não são as relações individuais, mas as manifestações coletivas que vão sendo encarnadas pela plateia itinerante. Como *Hysteria*, *Hygiene* também tem dramática porosa ao inesperado, pontuada por vazios a serem preenchidos pelo público.

Em *Hysteria*, o depoimento das espectadoras era deflagrado pela palavra das atrizes, ao passo que, em *Hygiene*, o que aciona a participação da plateia nas ruas é a possibilidade de diferentes tipos de experiência coletiva: a procissão religiosa, o cortejo fúnebre, o comércio público, os protestos políticos, a cerimônia de casamento e o cordão carnavalesco, além de manifestações espontâneas de transeuntes que acabam se misturando ao público do espetáculo. *Hysteria* é encenado para plateias que giram em torno de 130 pessoas: 80 mulheres e 50 homens. Já *Hygiene* tem público que pode oscilar de 80 a mais de 200 pessoas.

Janaina Leite ressalta que a interatividade não é premissa para nenhum espetáculo do Grupo XIX de Teatro. "Nós criamos e, se ela aparece, não negamos", diz.

No processo de criação de *Hygiene*, a companhia foi percebendo que a grande discussão do espetáculo era a casa e a rua, o privado e o público. O desenho de recepção precisava incorporar dramaturgicamente essa dualidade: no início, a rua, a massa e os eventos públicos; depois da chegada do Higienizador, o privado, a entrada em uma casa, a frontalidade do palco italiano e a construção da "quarta parede" com o público. "Em *Hygiene*, a gente faz com que o público tenha saudade da interatividade, saudade de um tempo de vivência coletiva", explica Janaína.

Em outubro de 2010, documentei as apresentações de *Hygiene* em Rio Branco, capital do Estado do Acre, em região antiga conhecida como Gameleira, à beira do rio Acre, que corta a cidade. Em meio ao caos urbano, o grupo ensaiava na rua enfrentando carros em alta velocidade, motos, ônibus e caminhões, sob o causticante sol amazônico, provando que teatro de resistência é trabalho árduo e ao mesmo tempo fascinante, vivo, aberto ao inesperado, mas sempre alentado por muita convicção e idealismo.

Ao começar o espetáculo, novas percepções do espaço urbano com o elenco trajando figurinos do século XIX. A magia do teatro parecia decalcar a "dramaturgia" do tempo entranhada nas paredes descascadas, muros cobertos de musgos, fachadas coloridas e ao mesmo tempo esmaecidas na decadente

A RECEPÇÃO DO PÚBLICO COMO DRAMATURGIA "AERADA"
EM ESPETÁCULOS DIRIGIDOS POR LUIZ FERNANDO MARQUES

locação de Rio Branco. Cheiros, rachaduras, frestas e liquens: o trançado quase que imperceptível da passagem do tempo. Seus espectros e fantasmagorias pareciam se deslocar de todos os lugares, de todos os esconderijos, para ampliar e potencializar dramaticamente os deslocamentos do elenco pelas ruas, que despontavam emoldurados com as tramas do palimpsesto de vestígios do próprio tempo.

Janaina Leite lembra que, antes da estreia de Hygiene em São Paulo, a peça se desenrolava no espaço interno, dentro do casarão, e a parte das ruas era apenas um "prólogo". "Quando a plateia chegou, o prólogo virou a peça e a parte interna virou o epílogo", conta. "E nós estávamos falando da rua, do coletivo. Percebemos que esse sentimento era muito mais forte para quem estava assistindo. Estávamos mostrando a cidade, suas ruínas, seu abandono. E as pessoas estavam interagindo com o espaço público com mais liberdade, passando a mão nas paredes, sentindo cheiros, entrando nas casas, bisbilhotando. Em Hygiene, buscamos uma liberdade total: samba, rodas e rezas. É preciso respirar uma liberdade que a nossa dramaturgia nos permite. Na liberdade do espaço público, cada um faz o que quer. Queríamos dar o direito à plateia de editar o que ela quer olhar", explica. Nas ruas, imagens cênicas com amplitude em 360 graus, em oposição à frontalidade da segunda parte.

No que diz respeito à porosidade ao inesperado que emana do público como elemento de composição da dramática do espetáculo, como em Hysteria, o texto de Hygiene é todo pontuado por rubricas que sugerem vazios a ser preenchidos pelos espectadores. Na primeira parte da encenação nas ruas, um trecho diz o seguinte:

> TODOS: Que santo é aquele que vem no andor.
> Que santo é aquele que vem no andor.
> É São Benedito com seu resplendor.
> É São Benedito com seu resplendor.
> Meu São Benedito conceda a licença.
> Meu São Benedito conceda a licença.
> Dançai esse congo na vossa presença.
> Dançai esse congo na vossa presença.
> Meu São Benedito eu queria saber.
> Meu São Benedito eu queria saber.
> O dia e a hora em que hei de morrer.
> O dia e a hora em que hei de morrer.
> CHICO DAS ORA (empurra a carroça e a plateia envolvida pelo cordão é conduzida em procissão pela rua).

Mais adiante, após discutir com a personagem Giuseppe, Manuel provoca o público:

> MANUEL: Está certo, sim senhor! Tu estás a dizer fuderolas! (dirige-se à plateia) Eu pergunto aos senhores: quem é que paga a comidinha que se vai à panela? Ficam aí de conversinhas e eu vou é trabalhar! Vou fazer este país! (sai).

Em outro momento interativo, as personagens Flausina e Dalva brincam com os homens do público:

> FLAUSINA: (distribuindo saias para sete homens da plateia) São sete homens pra sete saias. E quem não é homem mesmo, pega e dá pro do lado!
> DALVA: (chama um dos homens que recebeu a saia) Amarre aqui, homem. Mas amarre firme e não bula, heim! Que eu sou mulher e pobre, mas não da sua cozinha. Venham vocês também, ficam com esses olho esbugalhado de peixe n'água! (os outros homens se aproximam para amarrar as saias na saia de Dalva e, juntos, formam a imagem de uma estrela) Já conheceu, rapaz? As protegidas de São Gonçalo (plateia responde).
> FLAUSINA: Pra muito homem é atestado de virilidade apanhar uma boa gonorreia, não é não?

Em outro trecho, a escritura dramatúrgica prevê que a personagem Pedro escolha um espectador para ler uma carta na encenação que é um manifesto político:

> PEDRO (esta cena acontece em um lugar reservado para apenas o homem escolhido por PEDRO) : Hola amigo, usted podría ayudarme por favor? (Plateia responde) Sabes ler? (plateia responde) Entonces vem conmigo. No permitas que te miren. Vem de prisa. (entrando em uma casa) Entra compañero, cierra La puerta. Gracias, vem hasta aça, usted podría... Perdón, como te llamas? (Plateia responde) Mucho gusto, Pedro. Soy del grupo de moradores del cortijo Cabeza de Porco, que queda después de La iglesia, conoces? Estábamos em uma barrera, uma barricada, para impedir su demolición, perto todo termino mal. La policia sanitária llegó com fusiles y muchos compañeros fueron asesinados. Escapé, pero creo que no me queda mucho tiempo, no tengo mas fuerzas. Usted podría, por favor, leer esta carta em mi lugar, muy alto, para todo el pueblo. Para que todos se enteren de la verdad de La Higiene. (Plateia responde) Usted vive aça pierto? (Plateia responde) Y vive em uma casa? (Plateia responde) La policía te molesta em tu casa? (Plateia responde) Acá siempre hacen inspecciones, invaden y dicen que vivimos em pocilga. Pero como creen que

podemos pagar por um lugar mejor com lós sueldos que recebemos de La fabrica? Em esta fabrica de ar infecto, donde pasamos todo el dia jamás vi um agente de Higiene. Usted tiene trabajo amigo? (Plateia responde) Em qué trabajas? (Plateia responde) De cuanto tiempo es tu jornada? (Plateia responde) Acá trabajamos catorce horas por dia, esto no es correcto, verdade? Tienes patrón? (Plateia responde) Que es lo que hace para mejorar su situación? (plateia responde) Participaste de alguna manifestación? (Plateia responde) Em prol de quê? (Plateia responde) Y como te fue? (Plateia responde) Que era ló que gritaban em la calle, em la rua? (Plateia responde) Y la policía como se portó? (Plateia responde) Amigo, que sentias al lado de tus compañeros, luchando por uma causa? (Plateia responde) Donde están ahora? Continúan luchando? (plateia responde) Crees que com tu trabajo haces algo por tu país? (plateia responde) Compañero tienes família? (plateia responde) Tienes hijos? (Plateia responde) Cómo se llaman? (Plateia responde) Sueñas algo para ele futuro de tus chicos? (Plateia responde) Mi novia esta embarazada. Creo que es uma niña, porque la panza esta redonda y no pontuda, usted sabe... Espero que encuentre outro marido. No más guapo! Para que no se olvide de mi. Es hora amigo. Ayúdame a abrir la ventana. Compañero que sueñas para el futuro de este país e y de su pueblo? (Plateia responde) Por favor compañero lee esta carta com todo tu corazón y bien alto para que todos entiendan la urgência de esto. Gracias amigo, fue un placer conocerte. Lea como se estíbese al lado de tus compañeros em aquella manifestación, agora es comigo... (o homem abre a janela da casa e se dirige agora para todo o público lendo a carta)

CARTA: Atenção, trabalhadores! Não acreditem nos jornais oficiais. A verdade é que mais de trezentos cortiços já foram demolidos e a cada dia um novo é ameaçado. Se todos os cortiços desaparecerem, onde nós trabalhadores iremos morar?

No final da primeira parte do espetáculo e no início da segunda, o texto introduz a personagem Higienizador interagindo com o público:

HIGIENIZADOR (aparece e conduz o público até a frente do cortiço. Tira a máscara): Era o dia (diz o dia e o mês exatos daquela apresentação) de 1899, por volta das quatro horas da tarde, quando muita gente começou a se aglomerar diante da estalagem. Tratava-se da entrada principal do Cortiço Nossa Senhora do Bom Jesus de Braga, o mais célebre cortiço do período. Naquela tarde, depois de várias intervenções da Inspetoria Geral de Higiene, era difícil calcular o número exato de moradores que ali residiam. A maioria dos seus quatro mil habitantes saiu antes da entrada final da polícia. Nas mãos, carregavam pedaços de madeira do próprio cortiço, que seriam as bases de suas novas casas, agora construídas ao pé do morro, longe do centro da cidade. Um grupo de moradores, de número indeterminado, decidiu ficar dentro da estalagem. Não se sabe se por resistência, por medo ou falta de opção. O que se sabe é que aquelas pessoas que se aglomeravam diante da estalagem testemunharam o fim do último grande cortiço do centro da cidade. Sobre o destino dos seus habitantes, apenas uma única coisa ficou evidente: é que aqueles poucos moradores, não lutavam contra a Higiene, lutavam contra a História. (recoloca a máscara e conduz o público até a parte interna).

PARTE INTERNA
PÁTIO INTERNO DO CORTIÇO
HIGIENIZADOR (acomoda a plateia em bancos, dentro do pátio interno. Depois de todos estarem sentados, delimita uma linha com o seu borrifador higienizante para definir o espaço entre plateia e "cortiço").[6]

A Plateia Como um Casal

Após transitar por essa polaridade entre o público e o privado, o Grupo XIX de Teatro enveredou pelos mistérios do amor na alcova: *Arrufos*, que estreou na Vila Maria Zélia no dia 16 de fevereiro de 2008. No novo espetáculo, cada espectador é recebido com deferência íntima, minimalista. Trata-se de uma plateia que se senta a dois, como um casal que se acomoda em sofá iluminado por abajur na penumbra. Os integrantes da companhia vivem com cada dupla de espectadores uma espécie de flerte, outra modalidade de interatividade que é quase sinônimo de jogo de sedução, tratando o público agrupado em duos como casais *reais* que estão ali para exorcizar os próprios arrufos, ou seja, as brigas românticas, ressentimentos, as zangas passageiras que, de quando em quando, turvam as certezas de todos que se amam.

No complexo cenário da encenação, há uma pessoa sozinha e um lugar vazio ao seu lado, outro elemento de composição na dramática "aerada" do espetáculo. "Aquele lugar acaba ficando muito em destaque, pois brincamos muito com os casais da plateia e a pessoa fica ali olhando tudo sozinha", explica Luiz Fernando Marques. "Na última cena, a personagem vivida pelo ator Rodolfo Amorim se senta nesse lugar vazio e faz o seu monólogo. No final, pede um beijo para essa pessoa sozinha, como se ali pudesse começar um novo casal. Geralmente, a plateia beija", conta o encenador.

[6] A dramaturgia de *Hygiene* é assinada coletivamente por Janaina Leite, Juliana Sanches, Paulo Celestino, Renato Bolelli Rebouças, Rodolfo Amorim, Ronaldo Serruya, Sara Antunes e o diretor Luiz Fernando Marques.

A RECEPÇÃO DO PÚBLICO COMO DRAMATURGIA "AERADA"
EM ESPETÁCULOS DIRIGIDOS POR LUIZ FERNANDO MARQUES

O público é pensado como uma espécie de "casal arquetípico", desdobrado nas duplas sentadas lado a lado na atmosfera intimista, iluminada pelo discreto clarão de abajures em uma penumbra de alcova atemporal de sedução. A escritura dramatúrgica de Arrufos promove um "casamento ficcional" entre os duos da plateia e também com o elenco. Cada hesitação, cada movimento em falso, cada momento de apreensão, pânico e impulsos impensados dos espectadores foram absorvidos pela dramática da encenação. O texto se apropriou das surpresas do inesperado provocadas pelo desenho de recepção, concebido para captar a respiração e a pulsação da intimidade cúmplice entre elenco e plateia que é criada na alcova cênica de Arrufos.

"Gosto muito dessa interação com a plateia", confessa Luiz Fernando Marques. "No entanto, o que me fascina não é a respiração do jogo cênico, mas a recepção da própria vida. A respiração de cada pessoa da plateia é muito importante para o espetáculo e não tem que entrar no ritmo da peça. O tempo de cada pausa é também muito positivo. É o tempo da própria vida. Quando uma pessoa da plateia responde, todo o público está respondendo. É a mágica da interatividade. O constrangimento e a alegria são de todos", argumenta.

Arrufos é talvez o texto mais fragmentado do Grupo XIX de Teatro, com carpintaria dramatúrgica que é quase uma colagem de etapas da criação colaborativa mais uma vez sem a presença de um dramaturgo destacado para tal função. A escritura engloba fragmentos do processo, quadros, diferentes prólogos para os integrantes do elenco e linhas de atuação ora intercaladas ora simultâneas.

O cenário redondo, em 360 graus, é como uma caixa de música. Os espectadores acompanham a curva dramática da narrativa como se inicialmente espiassem por meio de frestas. Depois o espaço cênico vai se abrindo até que todos estejam integrados, elenco e plateia, com troca olho no olho.

A estrutura dramatúrgica começa em alcova do século XIX, com um casal fazendo amor, o que deflagra uma saga familiar. Em seguida, avanço no tempo: estamos no século XX, os abajures vão sendo iluminados e se transformam em janelas de apartamentos simbolizando a solidão contemporânea e a busca romântica em tempos individualistas.

O século XXI irrompe no terceiro ato com a potência dos depoimentos pessoais costurados com estratégias performativas. No final da encenação, plenamente estabelecido o pacto com a plateia, os espectadores vão pouco a pouco desligando os abajures, cientes de que são eles mesmos que devem encerrar a encenação. Por fim, blecaute lúdico e emocionante, sugerindo a sintonia fina que se estabelece entre elenco e público nas apresentações de *Arrufos*.

"Não gosto de atores e de atrizes", brinca Luiz Fernando Marques. "Gosto de público", confessa. "Para mim, o espectador é um grande parceiro. Ele veio para jogar comigo e está disposto a isso. Ele traz a vida, o real, e o pior espectador é aquele que cria um personagem para jogar comigo. Ele precisa jogar com a própria timidez, com a própria vergonha, com tudo que ele traz dele mesmo para assistir ao espetáculo", afirma.

A dramática de *Arrufos* é pontuada por didascálias que convidam a plateia a participar do jogo cênico em duplas e revelam tentativas de construir um espetáculo intimista conduzido pela respiração e pelo *timing* do próprio público:

> QUADRO XVIII
> CENA 1 - plateia propõe escuridão.
> Todos os abajures da plateia ligados, os panos estendidos como um dossel, todos os atores dentro do quadrado mágico no escuro. A plateia orientada a sentar em dupla e a apagar a luz assim que estiver pronta.

A cena 6 é um exemplo da relação de sedução que os integrantes do elenco tentam estabelecer com os espectadores:

> CENA 6 – Amante simpatia 1.
> Amante: (*senta ao lado de uma mulher da plateia e acende a sua luminária, cria uma atmosfera e fala ao ouvido, mas de forma que todos escutem*) Queres um amor para ti? (*aguarda a resposta, repete ação*) Queres um amor para ti? (*dá o ouvido para a resposta, em sigilo*) Muito bom estares disposta a este feito. Em primeiro lugar, vamos acabar com tudo de platônico e imaginário que existe neste olhar. Precisamos dar corpo a esse sentimento, aterrá-lo, pesá-lo. Ou tu achas que o peso é atroz e bela a leveza? O peso nos esmaga contra o chão, nos faz dobrar sob ele, é verdade. Porém, em qualquer poesia amorosa que se preze, a mulher deseja receber o peso do corpo masculino. O fardo mais pesado é também a imagem da mais intensa realização vital. Quanto mais pesado é o fardo, mais próxima da terra está a nossa vida, e mais ela é real e verdadeira. A ausência total de fardo faz com que o ser humano se torne mais leve que o ar, com que ele voe, se distancie da terra, do ser terrestre, faz com que ele se torne semirreal, que seus movimentos sejam tão livres, quanto insignificantes. Então, o que escolhes: O peso ou a leveza? (*dá o ouvido para a resposta*).

A RECEPÇÃO DO PÚBLICO COMO DRAMATURGIA "AERADA"
EM ESPETÁCULOS DIRIGIDOS POR LUIZ FERNANDO MARQUES

As rubricas da cena 12 revelam as estratégias do grupo para criar em *Arrufos* uma permanente atmosfera cúmplice, confessional.

> CENA 12 – Filha Procura 2.
> (Acende uma luminária) E o Senhor já perdeu algo ou alguém que deseje encontrar? (*Oferece o bilhete*) Você sabe que existe um lugar para onde vão as coisas procuradas? Lá elas não parecem velhas, nem quebradas. São muito melhores do que foram quando as possuíamos. Não estão em fundos escuros de gavetas, nem em cantos empoeirados. Lá elas flutuam, criando trajetórias espirais no ar, fazendo de bobo o dono que as tenta alcançar. (*Aponta coisas no ar*) Sapatilhinhas rosas usadas aos dois anos de idade, um urso sem olhos, um avô que usava fraldas e fugia de casa, o sobrinho que não nasceu, um primo assassinado aos 20 anos de idade com tiros no rosto, os amigos que não tive, os amores que não conheci, os sonhos que não chegaram a nascer. Estão todos lá, tecendo suas espirais, escadas infinitas encaracoladas na haste do tempo. (*Pedir para as pessoas do primeiro nível escrever as coisas que procuram, explica, dá papel e lápis*).

A dramática "aerada" de *Arrufos* tem camadas performativas de alguns dos membros da companhia e foram construídas a partir de depoimentos pessoais. Sua estrutura fragmentada e processual levanta uma questão recorrente na cena paulistana contemporânea: escrituras dramatúrgicas engendradas em processo colaborativo devem ser publicadas? Cada caso é um caso, umas menos estilhaçadas do que outras, dependendo da natureza da criação coletiva, que varia muito de acordo com o que é experimentado em determinado processo. O fato é que o texto é a eternidade material do teatro e as dramáticas contemporâneas precisam ser publicadas como memória a ser preservada para as futuras gerações.

Trechos de artigo da atriz Janaina Leite, editado em 2007 em publicação do Grupo XIX de Teatro sobre o processo de criação de *Hysteria* e *Hygiene*, podem nos ajudar a pensar essa questão com mais profundidade. O título é *Nós, os "Impublicáveis"*:

> Outro dia, li num livro de teoria do teatro que o texto, nas peças que nascem de criações coletivas, é "um elemento inseparável da encenação e, por isso mesmo, impublicável". [...]
> Se entendemos que o texto contemporâneo não se resume mais a uma "historinha" a ser lida, ele deve então se tornar o registro de uma experiência complexa. A ideia de "texto de teatro" que, ainda hoje, define-se por sua autonomia em relação à cena e pela assinatura de um único criador, talvez precise ter seus contornos dilatados para abarcar o novo teatro que se vem

fazendo, impensável fora do processo que o concebe. Esse novo texto de teatro, fruto de uma nova concepção de autor, exigirá uma leitura vertical. O que quer dizer que não basta seguir a linha horizontal da fábula. É preciso ter em mente que este texto está intimamente ligado a um novo pensamento sobre o fazer teatral. Fazer este que se quer radicalmente coletivo, polifônico, impuro – já que faz uso de todos os textos, dramáticos ou não, que estão no mundo –, completamente carregado de uma ideologia que des-hierarquiza as funções e destrona os "gênios". Esteticamente, mas também, politicamente, estamos falando de um outro teatro.

Em Busca de Liminaridade

Nada Aconteceu, Tudo Acontece, Tudo Está Acontecendo, que estreou em São Paulo no dia 2 de maio de 2013, é livre adaptação de *Vestido de Noiva*, de Nelson Rodrigues. O grupo contou com a presença de um dramaturgo, Alexandre Dal Farra, no processo de criação coletiva do espetáculo. A encenação parece estilhaçar a narrativa já tão fragmentada da peça, atirando-a no circo de horrores da mídia da sociedade do espetáculo contemporânea.

A relação com a plateia é problematizada em jogo pendular de embaralhamento do "real" com o ficcional, e vice-versa, mantendo o espectador em permanente estado de dúvida, ou melhor, em estado de liminaridade: uma espécie de "limiar" lúdico de linguagens híbridas em que a ficção se mescla e se confunde com o "real" nos labirintos perceptivos da fruição do público.

É interessante comentar que as atmosferas de liminaridade são atravessadas por *fraturas*, por frestas por meio das quais o documental e o ficcional se entreolham de maneira fugidia, se atraem e ao mesmo tempo se esquivam; depois se misturam de forma híbrida, nebulosa, evanescente, como flashes de sinapses no corpo-mente dos espectadores. Essa dúvida constante é a porosidade de uma *fratura liminar*, um jogo de esconde-esconde no lusco-fusco da nossa tela mental, em que podemos enveredar por um estágio pré-lógico e até mesmo nos re-ligar ao assombro dos primatas diante de pinturas rupestres iluminadas pelo fogo.

Nada Aconteceu, Tudo Acontece, Tudo Está Acontecendo é a encenação mais cinematográfica do Grupo XIX de Teatro, com cenas espetaculares envolvendo um carro em alta velocidade nas ruas da Vila Maria Zélia, que passa diante dos olhos do público e depois esmigalha a personagem Alaíde diversas vezes fora de cena. O espetáculo teve como referência o longa-metragem *Aquele Querido Mês*

A RECEPÇÃO DO PÚBLICO COMO DRAMATURGIA "AERADA"
EM ESPETÁCULOS DIRIGIDOS POR LUIZ FERNANDO MARQUES

de *Agosto*. A obra do diretor português Miguel Gomes embaralha o documental com o ficcional e é um exemplo de construção de liminaridade na linguagem do cinema. O filme nos dá a impressão de que o cineasta saiu de casa para rodar uma ficção, não conseguiu e acabou realizando um documentário.

O espetáculo do Grupo XIX começa com anticlímax: a atmosfera anti-ilusionista de uma festa de casamento que está para ser realizada, mas com todos os artifícios expostos. O público é mantido o tempo todo em movimento pendular: ilusionismo e anti-ilusionismo.

Todos se acomodam, bebericam e beliscam salgadinhos, como convidados de uma comemoração matrimonial. Pouco a pouco vai sendo instaurado o espaço ficcional da encenação. No entanto, trata-se de uma narrativa com recorrentes rupturas, misturando a experiência da fábula com momentos de estranhamento, mas sem investir em um dos lados da oscilação permanente. O que está em cena é o jogo, o namoro lúdico do "real" com o ficcional, e vice-versa, a mesma matéria que pulsa nas nossas reminiscências mais sinceras, "reais" porque também inventadas, frutos do desespero em não querer deixar aquelas vivências se perderem no turbilhão fugidio da vida.

A construção dramatúrgica de *Nada Aconteceu, Tudo Acontece, Tudo Está Acontecendo* parece espraiar os últimos estertores do fluxo de consciência da personagem Alaíde em direção à plateia, criando nos espectadores uma espécie de vertigem, estado de dúvida permanente. Por vezes personagens, por vezes atores e atrizes "reais" tentando encontrar em cena o registro adequado para aquele tipo de atuação híbrida em atmosfera pontuada por momentos anti-ilusionistas, mas que, por outro lado, acabam criando outro tipo de ilusionismo a partir do estranhamento que é provocado no público.

Em determinado momento do espetáculo, deliberadamente colocado em xeque o tempo todo, a atriz Janaina Leite, que interpreta Alaíde e também divide a direção com Luiz Fernando Marques, pede a um espectador a indicação de uma música brasileira romântica. Nos bastidores da encenação, logo é feito o *download* da mesma canção, que volta em cena ficcional na qual Alaíde dança para o noivo sem se despir para ele e ele não a esbofeteia, ao contrário do que havia acontecido anteriormente com a mesma Janaina Leite interagindo nua com um espectador na plateia. O espetáculo é conduzido com esse jogo entre "real" e ficcional em atmosfera por vezes anti-ilusionista, por vezes "hiperficcional", de acordo com a intenção dos dois diretores.

Nos outros espetáculos do Grupo XIX de Teatro, o pacto com a plateia é claro e flui com narrativa pontuada por momentos lúdicos. Em *Nada Aconteceu,*

Tudo Acontece, Tudo Está Acontecendo, o pacto é problematizado, estimulado e ao mesmo tempo boicotado, provocando deliberadamente nos espectadores uma fruição caótica, fragmentada e desconfortável, exigindo participação ativa do público, sem a promessa de catarse, mas nem por isso pouco instigante e ainda divertida e prazerosa. Na cena final, elenco e plateia se reúnem na frente da igreja da Vila Maria Zélia para foto no desfecho da cerimônia de casamento.

Um dos momentos mais fortes da dramática fraturada, híbrida e "aerada" do espetáculo é o final da cena 5, na qual a atriz Janaina Leite interage com um espectador e se despe para ele. Um trecho da fala de Alaíde:

> ALAÍDE — É verdade. Esse casamento, esse noivo. Estou com a cabeça tão embaralhada. O curioso é que continuo achando que todos os homens têm a cara do meu noivo. Que eu nem sei quem é direito! O meu noivo, eu vou viver então o resto da minha vida com essa pessoa?!... Que coisa mais bizarra, porque eu nem sei direito de onde eu conheço ele... Olha só (*Ela acende a luz de serviço, querendo ver, entender*) Esse aqui, por exemplo, tem os olhos do meu noivo. Talvez você possa me ajudar. Me dá sua mão. Você pode colocar a sua mão no meu rosto. Não, não pode ser. Não reconheço esse toque. Talvez um pouco mais forte. Um pouco mais. Assim, assim começo a me lembrar de algo sobre esse meu namorado, esse meu noivo. Posso? (*Usa a mão do homem para bater um pouco mais forte*). Não, não pode ser ele. Você. Você poderia me dar um tapa. Não? Não é capaz? Então você não deve ser ele. Eu sei, eu sinto que ele seria capaz. Alguém poderia me dar um tapa? Por favor, é desesperador não lembrar e talvez esse gesto funcione como um... portal!... É uma ajuda que eu peço. Alguém faria essa caridade? (*Consegue tomar um tapa forte*) Faz sentido. Eu me lembro de alguma coisa. Estou me lembrando. Você me ajuda? Talvez, se eu fizer as ações que começam a me vir à lembrança, meu passado inteiro emerja dessa escuridão sem fim. Já ouviu falar de regressão, psicodrama? Dizem que essas coisas funcionam. Me ajuda? Então você é meu namorado ou noivo. Acho que nós estamos num quarto. Sim. Estamos num quarto e eu estou me arrumando para o meu casamento, mamãe bate desesperadamente na porta, eu estou atrasada, você vem me visitar no quarto trazendo um buquê. Eu tenho uma coisa nas mãos, mas não lembro o que é. Eu pego você e sento na minha penteadeira (*Faz a ação e coloca o homem da plateia numa outra posição*). Coloco uma música, alguma coisa sensual. Alguém tem uma música no celular pra me ajudar a reconstituir o mais fielmente possível essa lembrança? Talvez isso ajude! Eu então danço pra ele como que fazendo uma surpresa. Provavelmente eu devo ter escolhido alguma coisa especial, uma roupa provocante. Eu coloco a música e danço pra ele tentando atrair sua atenção (*Toda essa descrição acontece só na palavra*). Ele não reage. Bufa um pouco, ri como se eu fosse uma criança boba tentando

aparecer. Eu não desisto. Danço como nunca antes. Eu começo então a tirar a roupa pra ele (*ela tira a roupa de verdade*).

Documentários Cênicos

Luiz Fernando Marques é um encenador prolífico e vem realizando trabalhos com diversas companhias. Entre os espetáculos que dirigiu fora do Grupo XIX de Teatro, dois documentários cênicos se destacam: *Festa de Separação*, que estreou em São Paulo no dia 13 de outubro de 2009, e *Dizer e Não Pedir Segredo*, no dia 6 de novembro de 2010.

Festa de Separação nasceu da vontade do ex-casal formado pela atriz Janaina Leite e pelo músico e professor de filosofia Fepa de transformar a dor da separação em ato de criação artística e ainda em reflexão sobre o amor na sociedade contemporânea. O encenador foi chamado para dirigir o pioneiro documentário cênico e o processo de criação foi construído em festas de separação na casa de parentes e amigos, até que o espetáculo estreou no Teatro Imprensa, em São Paulo.

Como aconteceu em *Hysteria*, a plateia é dividida na entrada do espaço cênico: de um lado, os convidados do ex-noivo, ou melhor, do ex-casado; de outro, os convidados da ex-casada. A divisão se mantém durante a encenação, assim como se manteve durante o processo de criação. Com a estreia da temporada de *Festa de Separação* em um teatro, não são mais convidados, amigos e parentes, mas espectadores aos quais Janaina Leite e Fepa se dirigem diretamente, cada grupo em um dos dois nichos da plateia. Com a seguinte transformação a ser ressaltada: em cena, Janaina Leite e Fepa não são mais eles mesmos, mas uma espécie de "alteridade" de si mesmo, *alter egos*, personagens a partir deles mesmos que os ajudaram a vencer as dores, as ciladas e as imposturas do processo de separação real para universalizá-las em uma obra de arte que é uma lúdica e profunda reflexão sobre as relações amorosas no mundo em que vivemos.

Durante o espetáculo, vários jogos são propostos à plateia: opiniões sobre o que é um documentário, depoimentos sobre o mito fundador do amor e ainda falas sobre encontros, desencontros e desilusões amorosas. A escritura dramatúrgica foi construída a partir de vivências do ex-casal e inclui canções, poemas, filmes, referências das artes visuais, da performance arte, palestras filosóficas sobre o amor, trechos de crônicas, verbetes de dicionários e relatos de experiências familiares, além de *fraturas* abertas às contribuições dos espectadores para a obra em progresso durante os três anos em que esteve em cartaz em diferentes cidades. Trata-se de um espetáculo construído como um documentário ao vivo, com texto fissurado, sempre em processo, com delicada arquitetura do inesperado perfurada pelas irrupções "reais" do público. Alguns trechos da dramaturgia "aerada" de *Festa de Separação*:

> MOVIMENTO I – Recepção (simultaneidade entre as ações de Fepa e Janaina)
> Fepa recebe metade dos convidados e os conduz para seus assentos:
> (Texto improvisado) Boa noite a todos! Todos os que estão aqui vieram para a festa de separação? Podem me acompanhar.
> Obrigado por terem vindo à nossa "Festa". Sei que o título dessa experiência cênica, "Festa de Separação" é muito sugestivo, mas ele tem uma continuação que é "um documentário cênico". Alguém já participou de um documentário? Já viu um documentário? O que te parece definir a ideia de um documentário? [...]
> Na tela do lado de Fepa vemos imagens sem ordem cronológica com várias chegadas das pessoas nas festas, as pessoas se cumprimentando, chegando, as imagens podem estar aceleradas, com um tratamento caseiro, imagens de almoço em família, de pessoas comendo, conversando. [...]
> Fepa (texto improvisado) Boa noite a todos, meu nome é Fepa. Eu queria antes de mais nada dizer que vocês estão sendo convidados a acompanhar e não só, mas a participar também disso que nós estamos chamando de documentário cênico, um documentário realizado a partir de uma festa de separação. Eu fui casado com a Janaina, ela é atriz e eu não sou ator. Sou músico e professor de filosofia. A gente se separou e resolveu realizar isso que a gente tá chamando de documentário cênico, que é diferente de um documentário no cinema, ele acontece ao vivo e na presença de vocês e da nossa e ele se reatualiza a cada apresentação. [...]
> (Enquanto isso, simultaneamente, Janaina recebe a outra metade dos convidados, os conduz para seus assentos).

O texto improvisado de Janaina Leite segue com as mesmas intenções das falas de Fepa. A narrativa do documentário cênico continua interativa, sempre pontuada por estratégias anti-ilusionistas que acabam criando outro tipo ilusionismo, interrompido de quando em quando por momentos documentais com relação à participação da plateia.[7] Outro trecho da dramaturgia fraturada e interativa do documentário cênico:

---

7 É interessante lembrar que o espaço alternativo no Teatro Imprensa, onde *Festa de Separação* foi encenado, tinha as paredes pretas e o encenador Luiz Fernando Marques pediu para pintar tudo de branco com o intuito de fugir de qualquer semelhança com a "caixa preta" do palco italiano.

A RECEPÇÃO DO PÚBLICO COMO DRAMATURGIA "AERADA"
EM ESPETÁCULOS DIRIGIDOS POR LUIZ FERNANDO MARQUES

>   MOVIMENTO IV — Saga Trágica.
>   Fepa (Volta com mais um DVD. Fala dos filmes *Hedwig: Rock, Amor e Traição*, de John Cameron Mitchell, e *O Céu de Suely*, de Karim Aïnouz. Fala do texto *Casa Comigo*, de Michel Melamed, que só tem graça se for lido por um casal. Pega banco da Janaina, acomoda duas pessoas do público no centro da sala e sopra no ouvido do homem o texto que ele deverá dizer à sua namorada): "Casa comigo. Casa comigo que te faço a pessoa mais feliz do mundo. A mais linda, a mais amada, respeitada, cuidada... A mais bem comida. E a pessoa mais namorada do mundo e a mais casada. E a mais festas, viagens, jantares... Casa comigo que te faço a pessoa mais realizada profissionalmente. E a mais grávida e a mais mãe. E a pessoa mais as primeiras discussões. A pessoa mais novas brigas e as discussões de sempre. Casa comigo que te faço a pessoa mais separada do mundo. Te faço a pessoa mais solitária com um filho pra criar do mundo. A pessoa que mais foi ao fundo do poço e dá a volta por cima de todas. A que mais reconstruiu sua vida. A que mais conheceu uma nova pessoa, a que mais se apaixonou novamente... Casa comigo que te faço a pessoa mais casa comigo que te faço a pessoa mais feliz do mundo".
>   (A música sobe e Fepa devolve o homem e a mulher aos seus lugares. Na tela de Fepa, vemos o vídeo com vários casais das diferentes festas dizendo o "Casa comigo". [...]

Ao longo dos três anos de apresentações de *Festa de Separação*, a história de Janaina Leite e de Fepa foi sendo transformada e o tempo acabou criando novos vínculos para o ex-casal, mas cada um seguindo o próprio caminho. A arte como uma possibilidade de cura para a nossa loucura, sem enveredar pela atmosfera invasiva e promíscua dos *reality shows*.

Radicalização do Desenho de Recepção

Com a companhia Teatro Kunyn[8], no documentário cênico *Dizer e Não Pedir Segredo*, Luiz Fernando Marques radicalizou o desenho de recepção. Há uma inversão total, pois é a própria plateia que convida o grupo para realizar a encenação na sala do apartamento de um anfitrião que deseja descortinar para parentes e amigos questões ligadas ao debate sobre gênero no Brasil.

---

8   O coletivo Teatro Kunyn foi criado em 2008 pelos artistas Ronaldo Serruya, Luiz Fernando Marques, Luiz Gustavo Jahjah, Paulo Arcuri e Ivan Krautz com o objetivo de pesquisar e refletir sobre a questão de gênero no Brasil.

Em *Dizer e Não Pedir Segredo*, o tema da homoafetividade masculina é focalizado de maneira íntima, quase familiar.

Trata-se de uma peça gay no seio das famílias, o que cria tensão artística inovadora na abordagem da temática que continua sendo tabu na sociedade brasileira. Por mais que as questões de gênero sejam assuntos muito debatidos no mundo em que vivemos, a homofobia ainda exibe momentos de truculência em plena avenida Paulista, no coração da maior metrópole do país.

Dizer e Não Pedir Segredo não é um espetáculo panfletário e está distante dos manifestos políticos. Sua dramática está atravessada por *fraturas processuais* e por *fraturas documentárias*, construídas a partir das vivências de todos que participaram da criação colaborativa: Ivan Kraut, Luiz Gustavo Jahjah, Paulo Arcuri, Ronaldo Serruya e Luiz Fernando Marques. O livro *Devassos no Paraíso – A Homossexualidade no Brasil, da Colônia à Atualidade*, de João Silvério Trevisan, foi uma referência forte para o grupo.

O desfecho da dramaturgia é muito tocante e recria poeticamente uma fatalidade que aconteceu durante a criação da dramaturgia do espetáculo: o falecimento do ator Ivan Kraut, um mês antes de completar 32 anos. Foi um baque tremendo e uma perda muito dolorida para todos. O projeto *Dizer e Não Pedir Segredo* quase não prosseguiu. Ao voltar do enterro, uma voz artística, dramatúrgica, talvez a voz do próprio Ivan, sempre muito participante em todas as etapas do processo, ficou ecoando na cabeça de Ronaldo Serruya e foi o ponto de partida da cena 11, *O Menino Que Carrego nas Costas (1977- 2009)*[9], que encerra a encenação. Ivan Kraut está eternizado no texto do espetáculo, além de ter se tornado uma "personagem oculta" sempre muito presente em todas as camadas da encenação. Uma ausência que preencheu vazios a cada nova apresentação de *Dizer e Não Pedir Segredo*:

> Cena 11: o menino que carrego nas costas (1977-2009).
> [...]
> Jahjah: (*Paulo e Ronaldo completam com informações sobre a doença*)
> Hoje pela manhã o menino que eu era e que carrego nas costas amanheceu indisposto. Tossia muito e tinha um pouco de febre. Após uma consulta rápida, o médico que parecia cansado e um pouco curvado embora não carregasse nas costas nenhum menino pediu uma bateria de exames ao menino que eu era e que carregava nas costas.
> Após uma semana foi diagnosticado uma doença rara: o menino que eu era e que carregava nas costas tinha pouco tempo de vida. Algumas

---

9 Datas de nascimento e morte de Ivan Kraut.

A RECEPÇÃO DO PÚBLICO COMO DRAMATURGIA "AERADA"
EM ESPETÁCULOS DIRIGIDOS POR LUIZ FERNANDO MARQUES

>semanas, talvez. Não mais que um mês.
>Paulo: Disse ao pequeno tudo, afinal com uma criança não se negocia a verdade.
>Ronaldo: O menino que eu era e que carrego nas costas pediu-me então que eu lhe contasse, enquanto restasse tempo, todas as histórias que ele não viveria e que eu sabia porque as trazia no meu corpo de adulto.
>Todas as noites, uma por uma, eu as contava... as mais divertidas, as mais difíceis, as mais sofridas, as mais confusas, todas, todas, eu as contava, uma por uma, como se desfiasse um rosário:
>(Paulo e Jahjah contam as suas respectivas histórias)
>(Intercalam suas histórias perguntando as histórias da plateia, com a seguinte pergunta: E vc, o que viveu aos xx anos o menino (a) que vc era e carregava nas costas?) [...]

No que diz respeito à recepção do público, o espetáculo cria uma relação olho no olho dos atores com cada espectador: terna, tátil, simples e delicada. *Dizer e Não Pedir Segredo* traz uma denúncia artística, com tintas documentais, que é quase sussurrada para a plateia. Muitos se perguntam: "Por que fui convidado para ver essa peça?". O anfitrião da casa é colocado em xeque, assim como as relações que envolvem parentes, amigos e convidados. Conversas e debates após o fim da apresentação. O documentário cênico acaba virando festa, encontro raro e marcante. *Dizer e Não Pedir Segredo* é outra obra que descortina a arte como possibilidade de cura para a nossa loucura, não como psicodrama, mas como ato de convívio das diferenças, também de comunhão na diversidade, além de chacoalhada política no seio das famílias quase sempre conservadoras.

O Teatro Kunyn encenou um segundo espetáculo que considero um marco histórico na cena brasileira contemporânea: *Orgia ou De Como os Corpos Podem Substituir as Ideias*, baseado no livro *Orgia: Os Diários de Tulio Carella, Recife 1960*[10]. A encenação é um híbrido de teatro íntimo, áudio tour, performance urbana e arte *site-specific* e estreou em 2015 no parque Trianon, em São Paulo.

Tulio Carella foi um dramaturgo argentino que deixou a mulher em Buenos Aires e veio ao Brasil para passar uma temporada dando aulas na Universidade Federal de Pernambuco. No Recife, viveu experiências sexuais com vários homens e seus textos são relatos apaixonados das descobertas das possibilidades de prazer do próprio corpo.

Orgia começa na calçada do lado direito do Trianon, no meio da Rua Peixoto Gomide, com o encenador Luiz Fernando Marques dando as orientações

---

10 De Tulio Carella, Hermilo Borba Filho e Alvaro Machado, São Paulo: Opera Prima Editorial, 2011.

aos espectadores sobre como e quando usar os iPods, com seus respectivos fones, que são pendurados no pescoço de todos. O público então entra no parque e se dirige à casa amarela que fica um pouco mais à frente à direita.

Lá chegando, são recebidos pelos atores Ronaldo Serruya, Luiz Gustavo Jahjah e Paulo Arcuri. A partir daí, tem início a primeira parte do espetáculo, com uma das características mais fortes e potentes dessa companhia tão singular: a criação de um teatro íntimo, em que elenco e plateia estabelecem um encontro cúmplice, até mesmo confessional. O entrosamento de todos é tocante, simples, lúdico e delicadamente construído sem pressa, até que a respiração de todos se torne uma só.

Em *Orgía*, todos bebem vinho, conversam, contam histórias, até que a primeira "deixa" do pacto cênico que será estabelecido surge como um fiapo de magia dramatúrgica, de maneira quase imperceptível e sempre porosa às contribuições vivenciais da plateia: livros que passamos a habitar. Esse é o mote que vai nos conduzir aos diários de Tulio Carella. Nos bastidores da encenação, pessoas da plateia já foram estrategicamente escolhidas pela sutil direção de Luiz Fernando Marques e também pelo elenco para desempenhar funções no espetáculo e se tornar até mesmo "personagens", como, por exemplo, a esposa do dramaturgo argentino.

A partir daí, a narrativa ficcional propriamente dita vai sendo desenhada de forma simples e impressionante diante do público, como em um passe de mágica, um súbito estalar de dedos que deflagra o imaginário de todos e faz o fascínio da linguagem cênica: estamos subitamente na casa de Tulio Carella, em Buenos Aires, e ele foi fragmentado nos três atores, que dividem o público em três grupos para que três ações simultâneas ocorram na cozinha, em um dos quartos e na sala da construção amarela do Parque Trianon. Há um revezamento dos intérpretes nos três espaços, o que causa surpresa e intensifica o prazer lúdico dos espectadores, que inicialmente têm uma leve sensação de estranhamento e depois mergulham ainda mais no jogo ficcional que está sendo proposto pelo grupo. Uma atmosfera teatral em que ilusionismo e anti-ilusionismo parecem brincar de liminaridade na imaginação da plateia, em rara comunhão lúdica, outra característica marcante e sempre muito emocionante do trabalho do Teatro Kunyn.

Na cozinha, a espectadora-esposa frita linguiça e prepara molho de mostarda com um terço da plateia e um dos Tulios, que não demorará a ser substituído pelos outros dois em momentos diferentes. Em um dos quartos, o revezamento dos Tulios que se arrumam para sair. Na sala, um jogo

A RECEPÇÃO DO PÚBLICO COMO DRAMATURGIA "AERADA"
EM ESPETÁCULOS DIRIGIDOS POR LUIZ FERNANDO MARQUES

de sedução com um dos espectadores já previamente escolhido para o flerte que termina em dança com os corpos colados. Todos de volta à sala, o último brinde e a despedida dos três Tulios que partem para o Brasil.

Do lado de fora, o público novamente se divide em três e cada grupo vai seguir um dos Tulios, que trazem nas costas mochilas de cores diferentes e que estão relacionadas com os iPods que foram distribuídos por Luiz Fernando Marques antes da entrada na casa amarela. Os aparelhos são ligados e o espetáculo se torna então uma mistura de áudio tour com performance urbana, com os três atores caminhando pela calçada da Rua Peixoto Gomide, em direção à avenida Paulista, com plateia itinerante os acompanhando.

Subitamente, novo passe de mágica: com os fones nos ouvidos dos espectadores entoando músicas, editadas com paisagens sonoras, e sussurrando trechos dos diários do dramaturgo argentino, São Paulo se transforma em Buenos Aires e depois a caminhada dos atores pelas veredas do Trianon se torna uma deriva atravessada por incontáveis fraturas liminares, pontuadas por momentos estonteantes de dúvida em que a ficção documentária da história de vida de Tulio Carella, fragmentada em três, se mistura com o movimento real do parque e ainda com cenas do espetáculo camufladas na multidão de transeuntes, construídas de maneira muito sutil por Luiz Fernando Marques com outros dez atores para potencializar ainda mais o entorpecimento de incertezas dos espectadores.

O paroxismo dessa atmosfera de liminaridade irrompe de maneira desconcertante em um dos parquinhos para crianças no coração dessa reserva de mata atlântica nativa em plena avenida Paulista. Trata-se do momento em que as narrações transmitidas pelos fones de ouvido contam poeticamente as orgias apaixonadas de Tulio Carella, a petizada se diverte nos brinquedos e cenas de paqueras entre homens se desenrolam em diversos pontos ao redor, envolvendo todo o elenco e também camufladas na movimentação daquela área populosa do Trianon. Conforme os arroubos de prazer e de êxtase do dramaturgo argentino são sussurrados nos nossos ouvidos, somos tomados por uma cumplicidade com a encenação por vezes apreensiva, até mesmo incômoda, como se estivéssemos sendo desnudados na nossa conivência libidinosa diante de todas aquelas crianças em balanços, gangorras e escorregas. Uma orgia de sinapses no imaginário do público fissurada por fraturas liminares, em que o ilusionismo da ficção documentária nos ouvidos dos espectadores fica sendo fustigado pela realidade do parque, mas, ao mesmo tempo, está sempre sendo repotencializado pelas cenas camufladas por entre os frequentadores que passeiam pela locação.

De repente, barulho de chuva. E o espetáculo se assume como "cena", desafiando todo aquele movimento real do parque, com o elenco erguendo seus guarda-chuvas abertos no meio do parquinho, como uma sequência de um musical coreografado pelas paisagens sonoras de uma tempestade imaginária.

Após vários flertes amorosos, os três Tulios se despem no meio do bosque e em seguida se dirigem para outro ponto do Trianon, que acaba sendo tomado por festa de carnaval no Recife. O público se torna uma multidão de foliões, mas não tarda a ser confinado em cordões de isolamento por policiais ligados à ditadura militar, que prendeu Tulio Carella e o deportou de volta à sua terra natal.

A última parte do espetáculo, o Ato III, que contou com participação do dramaturgo Alexandre Dal Farra na escritura da cena, é uma espécie de namoro do teatro com as artes visuais. O período em que Tulio Carella passou na prisão no Brasil é contado com os três atores nus, envoltos em uma trama de luzes brancas que são manipuladas pelos próprios intérpretes, criando diferentes atmosferas sempre muito plásticas.

As rubricas da primeira parte do texto de *Orgía* revelam objetivos de sua dramática fraturada, completamente escancarada às contribuições da plateia com suas experiências de vida, alegrias, dores, anseios e inquietações lúdicas, que ajudam a criar o envolvente teatro íntimo da companhia:

ATO I
CENA 01
(A recepção)

As cenas do ATO I *se desenrolam no intuito de apresentar* TULIO CARELLA *ao público. A partir de uma situação que mescla realidade e ficção, um jogo cênico entre atores e plateia se instaura a fim de criar um ambiente íntimo e descontraído para, aos poucos, revelar características da personagem, traços de sua personalidade e o ponto de partida de sua trajetória, que será apresentada nos* ATOS II *e* III. *Não existe uma dramaturgia pré-concebida; As ações se estabelecem por meio de "dispositivos dramatúrgicos" que nortearão a cena, ou seja, temas ou assuntos previamente definidos que devem ser introduzidos através de um jogo teatral baseado na escuta do ator, que partirá da conversa com a plateia para conduzir a cena e alcançar seu dispositivo. Os atores recebem o público dentro do contexto da realidade, ou seja, como pessoas que estão ali para assistir uma peça de teatro e, gradativamente, este contexto vai ganhando contornos teatrais e se transformando na história de* TULIO. *De maneira sutil, quase imperceptível, o momento presente e os fatos da vida de* TULIO *se embaralham. Atores e plateia vão assumindo personagens, o espaço vai se revelando como sua casa em Buenos Aires e a plateia se torna os convidados de um encontro de despedida antes de sua viagem ao Brasil. Os textos apresentados a seguir são, na realidade, os "dispositivos dramatúrgicos" e, por isso, nem sempre serão introduzidos ou reproduzidos da mesma forma.*

A RECEPÇÃO DO PÚBLICO COMO DRAMATURGIA "AERADA"
EM ESPETÁCULOS DIRIGIDOS POR LUIZ FERNANDO MARQUES

> Os atores recepcionam o público acomodando-o na sala da casa, em cadeiras, bancos ou almofadas espalhadas pelo chão. Enquanto realizam pequenas tarefas para preparar o espaço, os atores estimulam a plateia a compartilharem opiniões acerca de situações corriqueiras, viagens, hábitos pessoais etc. Até que todos estejam acomodados, uma relação minimamente amistosa e íntima se instaura no ambiente. É neste momento de descontração, conversas paralelas, relatos bem humorados que um dos atores irá propor um brinde.

Uma das narrações que os espectadores ouvem através de seus fones no parquinho do Trianon, onde as crianças brincam, pode dar a dimensão ao leitor da potência do atrito entre realidade e ficção instigado pelo espetáculo para desnortear o público até os limites difusos e nebulosos da liminaridade:

> Cena 4
> (King Kong)
> TULIO – Ele disse que viria hoje. Quero que ele venha e ao mesmo tempo não quero. Exemplar de proporções surpreendentes. Tudo nele se combina com graça e vigor. Ele chega. Se chama king Kong: comedor de vidro, engolidor de fogo. E com falsa modéstia diz: 23 cm por quatro de diâmetro. King Kong me examina. Finge olhar uma árvore e apoia seu corpo no meu suavemente, transmitindo o calor do seu sangue. O contato é uma pergunta e a pergunta demora a ser feita, mas King Kong não entende de preliminares prolongadas: quer trepar sem mais espera. Sem perder tempo, apoia a glande na minha carne indefesa. Tento me separar, nunca poderia aguentar esse caralho. Sofro e me nego, mas já não posso controlar o macho excitado. King Kong agora é um monstro obcecado, possuído por um furor erótico exaltado, implacável. É preciso que entre nesse corpo mesmo que tenha de rasgá-lo e fazê-lo sangrar. Sou invadido. Sinto-me compelido a entregar-me e desfrutar desse instrumento gigantesco. Relaxo e ajudo o macho que, com movimentos que doem e não doem, penetra minhas entranhas. Um último empurrão completa a obra; King Kong é dono do meu corpo. Ponho as mãos para trás, a fim de acariciar esse corpo maravilhoso e então King Kong emite um doce gemido e atinge o orgasmo. Ele retira o membro, que perdeu a dureza, mas não o comprimento. Eu suspiro com alívio e nostalgia. Doeu muito!

Soropositividade Como Sinônimo de Vida

O terceiro espetáculo do Teatro Kunyn, *Desmesura (Delírio em um Ato)*, que estreou no dia 5 de maio de 2017 no Centro Cultural São Paulo, focalizou a soropositividade de maneira original, como potência de vida, ao contrário das visões pessimistas e mórbidas que costumam tomar conta de questões ligadas ao vírus HIV. Inspirada na história de vida do dramaturgo e cartunista argentino Raul Taborda, o Copi, a encenação faz uma acareação histórica dos anos 1980, quando teve início a epidemia da AIDS (Copi faleceu vítima da doença em 1987), e a segunda década do século XXI, já beneficiada pelos avanços científicos no combate ao vírus, que ampliaram a expectativa de vida dos soropositivos e ajudaram a desmistificar estigmas gerados por preconceitos contra as relações homoafetivas masculinas.

Com dramaturgia assinada por Ronaldo Serruya, em processo colaborativo com o Teatro Kunyn, *Desmesura* começa com um jogo com os espectadores antes da entrada no espaço de encenação, marca dos espetáculos "aerados" dirigidos por Luiz Fernando Marques. Todos recebem uma bola de pingue-pongue do encenador e, após se acomodarem na plateia, terão um desafio pela frente: escolher qual dos três atores da companhia (Luiz Gustavo Jahjah, Paulo Arcuri e Ronaldo Serruya) terá o vírus da AIDS naquela noite de apresentação, ou melhor, qual deles irá atuar como o dramaturgo argentino Raul Taborda. Eles estão nus em cena e, diante de seus corpos, baldes de vidro onde serão colocadas as bolinhas de pingue-pongue. Quem receber o maior número de bolinhas será Copi. Trata-se de uma *fratura interativa* incômoda para o público. A seguir o prólogo de *Desmesura*:

> Prólogo
>
> Enquanto a plateia entra, três atores ocupam o espaço da cena. Estão nus. Manipulam objetos como um pequeno projetor e urnas de vidro. Parecem preparar uma espécie de procedimento.
>
> Quando todos estão sentados, cada um coloca em si uma placa de identificação com os respectivos números 1, 2 e 3 e se colocam em frente às respectivas urnas.
>
> Haverá uma votação. A plateia irá decidir um estigma. Uma portabilidade. Não serão questionados pelos seus julgamentos. E isso não é bom nem ruim. É o que é. A votação define quem faz o quê na trama.
>
> A pergunta é simples, e projetada propõe projeções:
> O QUE A PLATEIA LÊ NA PROJEÇÃO:
> PARA QUE A HISTÓRIA ACONTEÇA VOCÊ PRECISA VOTAR.
> O SEU VOTO É A BOLA VERMELHA QUE VOCÊ RECEBEU NA ENTRADA DO TEATRO.
> SIM, ISSO É UM TEATRO. MAS TAMBÉM É A VIDA.
> NA FRENTE DE CADA UM DOS ATORES HÁ UMA URNA.
> O SEU VOTO IRÁ DEFINIR O JOGO.
> VOCÊ IRÁ ESCOLHER UM DOS ATORES.
> VOCÊ PRECISA LEVANTAR E IR EM DIREÇÃO À URNA E DEPOSITAR SEU VOTO A PARTIR DA SUA RESPOSTA A ESTA PERGUNTA:
> PARA VOCÊ, QUAL DESSES TRÊS ATORES É PORTADOR DO VÍRUS HIV?

A RECEPÇÃO DO PÚBLICO COMO DRAMATURGIA "AERADA" EM ESPETÁCULOS DIRIGIDOS POR LUIZ FERNANDO MARQUES

Luiz Fernando Marques conta que, durante os meses de ensaio, os três atores se revezaram em todos os papéis da peça. "Dez dias antes da estreia, e depois de alguns ensaios abertos, percebemos que esse jogo de variar os atores não potencializava o espetáculo e o deixava sempre frágil", revela. "Fizemos a peça oito vezes e, das oito, o Paulo Arcuri foi seis vezes o mais votado e o Ronaldo Serruya, duas. Se mantivéssemos esse jogo, o Luiz Gustavo Jahjah nunca teria feito o Copi. Se no dia seguinte ele fosse escolhido, esta escalação estaria fragilizada, por mais que ensaiássemos. Qual a vantagem da plateia fazer esta escolha? Qual a vantagem deste rodízio? Além disso, queríamos problematizar, provocar ainda mais o público com esta eleição. Então, quando os três atores se embaralham diante dos potes de votação, é uma maneira de todos nós do coletivo provocarmos a plateia com essa ideia de quem tem o vírus HIV", explica.

A eleição foi mantida, o público continuou sendo instigado por esta escolha desconcertante, mas Ronaldo Serruya, autor do texto, passou a ser sempre o escolhido para atuar como o dramaturgo argentino.

A concepção do espaço cênico de *Desmesura* é arrojada, com um buraco no centro do palco, sugerindo a abertura de um ânus, de onde irrompe parte das ações do espetáculo. Um dos momentos mais fortes é marcado por fraturas interativas que se tornam liminares, quando um ou mais espectadores são chamados para preencher o centro da cena com a potência política de sua presença real:

> ATOR QUE INTERPRETA A TRAVESTI ASSASSINADA (pega a peruca, tira o vestido que até esse momento estava usando, os sapatos de salto alto nas mãos e aponta todos esses objetos na direção do ator que interpreta Copi): Isso tudo aqui são muletas para fazer o seu delírio mais convincente.
> (depois de uma pequena pausa)
> Eu peço licença a você Copi, para pedir que se alguém aqui presente possa prescindir desses disfarces para que pelo menos um dos seus delírios seja VIVO e VERDADEIRO, e não um simulacro de si mesmo, que ocupe o centro deste lugar. Não precisa dizer nada, não precisa decorar um texto, precisa apenas ocupar este lugar e SER. Para que diante da sua própria morte, Copi, você possa também, pela última vez, SER.
> (Deixa o tempo para que alguém da plateia possa topar o jogo e adentre o centro do palco)
> Pensar nas duas possibilidades e o que elas podem provocar como cena.
> Depois que essa cena onde o real, a presença viva da plateia penetra na cena, precisamos pensar em algo que retome a história, talvez a própria voz de um delírio que vem de um outro ponto do palco.
> ANJO: Agora que toda essa confusão se deu, que eu não sei mais o que é real ou o que é ficção, será que nós podemos continuar com a história?

COPI: Como?
ANJO: Você é surdo? A história precisa continuar.

Luiz Fernando Marques comenta que esta parte do espetáculo está sempre aberta à imponderabilidade do inesperado: às vezes ninguém se arrisca a entrar no palco, gerando um silêncio que provoca em todo mundo uma reflexão profunda sobre temas como nossos preconceitos mais inconfessáveis diante do medo da morte; em outros momentos, alguém da plateia vai ao centro da cena para reafirmar gêneros e orientações sexuais, o que cria uma espécie de fratura histórica em *Desmesura*, como se as diversas possibilidades de vida, e também de sobrevida, garantidas pelos avanços científicos da medicina e pela mudança de mentalidade da sociedade contemporânea, viessem suturar as chagas do passado enfrentadas pelo dramaturgo argentino na década de 1980, quando "um dos mais perversos movimentos de interdição do corpo", segundo Ronaldo Serruya, encontrou "o álibi perfeito para a normatividade destilar seu veneno contra os homossexuais."

É interessante pensar que todas essas fraturas que caracterizam as dramaturgias contemporâneas são, de diferentes maneiras, aberturas para a história, para que transformações sociais e políticas possam irromper nos espaços de encenação, como queria Erwin Piscator, só que agora não mais apenas por meio de projeções de imagens documentárias, mas com o "real histórico" em suas múltiplas manifestações, potências e presenças invadindo os palcos, dentro ou fora dos edifícios teatrais.

Em *O Teatro e Sua Realidade*, o ensaísta Bernard Dort analisa o legado do encenador alemão, que teve forte influência no pensamento de Bertolt Brecht: "Com Piscator, é o encenador que transforma o privado em História, dotando o palco do poder de dizer *tudo*. Resta ao espectador responder sim ou não. Piscator lhe recusa outra escolha."[11]

O teórico francês reflete sobre a visão política de Brecht, diferente do ponto de vista de Piscator:

> O caminho de Brecht: não instalar a História no palco, mas situar o palco e a plateia na História. Substituir um teatro fechado por um teatro aberto. Um processo de adesão ou de recusa, por um processo de compreensão. E não deixar a ninguém a última palavra: cabe a História pronunciá-la.[12]

---

11 B. Dort, *O Teatro e Sua Realidade*, p. 373.
12 Ibidem, p. 375.

A RECEPÇÃO DO PÚBLICO COMO DRAMATURGIA "AERADA"
EM ESPETÁCULOS DIRIGIDOS POR LUIZ FERNANDO MARQUES

A cena paulistana contemporânea, com suas dramáticas *fraturadas* por estratégias de travessia ao "real", parece ambicionar mudanças urgentes no aqui e agora por meio de seus espetáculos híbridos, que tentam abrir espaço para as irrupções da própria história. Há uma relação direta entre a criação de atmosferas de liminaridade nas encenações e a abertura para as visões heterotópicas, os conflitos políticos e as lutas históricas do mundo em que vivemos. Como se as *fraturas liminares* guardassem em suas frestas mais profundas a efervescência renovadora e insurgente das *fraturas históricas*.

Nos dias de hoje, o conceito de "revolução" foi fragmentado em diferentes tipos de estilhaços de atitudes transformadoras, e encenações como *Desmesura* são exemplos de experimentos artísticos inovadores que poeticamente ampliam uma das lutas políticas mais significativas da sociedade contemporânea: o debate sobre gêneros e a diversidade sexual. A presença real de pessoas entrando em cena para expor o próprio orgulho e autoestima, apesar de todos os preconceitos que ainda persistem, é uma espécie de encarnação de um manifesto histórico que não tarda a contaminar todo mundo com a força política de sua humanidade, olho no olho.

Projetos Cinematográficos

A parceria com Luiz Fernando Marques (e com os integrantes do Grupo XIX de Teatro, Teatro Kunyn, Janaina Leite e Fepa) gerou dramaturgias fílmicas que ampliam e trilham outros caminhos de linguagem a partir dos espetáculos dirigidos pelo encenador.

Em *Hysteria*, não havia processo de criação a ser documentado. A encenação estava em cartaz há muitos anos e fui convidado para fazer um filme sobre a turnê da companhia com o espetáculo em 18 cidades do Estado de Santa Catarina. A companhia sempre escolhe lugares históricos para os espetáculos e procura se apropriar da "dramaturgia" do tempo nos espaços. Ao focalizar com as lentes de aumento do cinema as marcas do tempo nas locações, descobri um universo com estranha e exuberante plasticidade, por vezes quase que imperceptível para o elenco e para o público, que o frequentavam de maneira sensorial. Por meio de um "exercício de alteridade" com o coletivo, ou seja, levar para o cinema a sua apropriação poética dos espaços históricos, construímos planos minimalistas com detalhes arquitetônicos dos prédios que pareciam revelar a passagem do próprio tempo.

Além da decupagem minimalista dos espaços, outro procedimento de linguagem empregado no filme foi tirar as personagens do confinamento do espetáculo, ambientado em hospital psiquiátrico no século XIX. No documentário, procuramos levar as pacientes para locações idílicas com as quais viviam sonhando em momentos de desespero e ânsia de liberdade: praias desertas, dunas, cachoeiras, bosques, pomares e jardins. O objetivo foi ampliar no filme o universo ficcional do espetáculo.

Após conhecer o prédio histórico onde *Hysteria* seria encenado em cada nova cidade, buscávamos afinidades dos detalhes arquitetônicos com o mundo interior das personagens. Em seguida, criávamos imagens, *portraits* das mulheres da peça nos cantinhos destacados e que tinham a ver com suas dores, sonhos e alegrias.

As atrizes e o diretor Luiz Fernando Marques concederam longas entrevistas sobre a trajetória do espetáculo. Durante os deslocamentos entre as cidades catarinenses, fizemos dentro do ônibus planos do rosto das atrizes, já pensando na estrutura dramatúrgica do documentário em ritmo de *road movie*: como se as viagens fossem um fluxo de consciência de todas refletindo sobre o próprio processo de criação e sobre a acareação que a encenação faz de mulheres do século XX e XXI (as espectadoras) com as personagens da peça. Na montagem do filme, inserimos o áudio de trechos dos depoimentos das atrizes e falas do espetáculo sobre os *portraits* em movimento captados nas estradas.

Também fizemos imagens das buscas de Luiz Fernando Marques por locações históricas nas cidades catarinenses. Filmamos os ensaios nos prédios antigos e cada uma das 18 apresentações de *Hysteria*, além da coleta de depoimentos de espectadoras que participaram das encenações.

A dramaturgia fílmica criada com o material captado resultou em documentário sensorial, poético, sempre em ritmo de *road movie*, no qual engendramos a desconstrução do espetáculo fragmentado nas 18 locações.

Na edição criada pela montadora e cantora Ava Rocha, que também assinou como codiretora do filme, tamanha foi a entrega autoral com que se dedicou ao projeto, trabalhamos muito com o conceito de falso *raccord*, ou seja, com a falsa continuidade de movimento dos gestos das atrizes dentro das imagens, só que fragmentados nos diferentes espaços onde filmamos. Tudo encadeado com os planos idílicos que fizemos com as personagens em praias, dunas, cachoeiras, bosques, pomares e jardins.

A montagem é muito musical em função da sensibilidade da editora-cantora. O documentário tem dramática estilhaçada, com o espetáculo pulverizado nas 18 locações, mas tudo encadeado de maneira rítmica, melódica,

A RECEPÇÃO DO PÚBLICO COMO DRAMATURGIA "AERADA"
EM ESPETÁCULOS DIRIGIDOS POR LUIZ FERNANDO MARQUES

por vezes de modo sincopado, na estrutura poética e sinestésica elaborada por Ava Rocha.

Quanto ao DVD com o registro da encenação, editado por Camila Marquez, optamos pela mesma fragmentação nos 18 prédios históricos de Santa Catarina, resultando em espetáculo imaginário recriado pelas possibilidades do cinema, com a íntegra da peça.

A dramaturgia fílmica de *Festa de Separação*, por sua vez, é híbrida no que diz respeito à dupla contaminação do projeto cinematográfico com o processo de criação do documentário cênico por meio do qual a atriz Janaina Leite e o músico e professor de filosofia Fepa, que eram casados, se lançaram ao desafio de fazer da dor da separação um ato de criação teatral, sob a direção de Luiz Fernando Marques.

Fui convidado por Fepa bem no início do processo para interagir artisticamente como documentarista com o ex-casal e com o encenador. Acabei produzindo extenso material bruto que engloba diferentes tipos de filmagem.

Levamos a câmera para o corpo de Janaina Leite e de Fepa e encenamos cinematograficamente atividades cotidianas na cozinha do novo local de moradia da atriz após a separação, como fazer um bolo, e no apartamento de Fepa, onde o ex-casal morava, locação carregada de memórias que também foram investigadas pelos dois com a máquina acoplada a seus corpos.

Usamos dois mecanismos de filmagem: um *body-cam*, que é uma espécie de colete na qual prendemos a câmera, e ainda uma diminuta câmera de segurança, do tipo que encontramos em elevadores, que gerou imagens muito sensoriais em sua aparente precariedade.

Filmamos o ex-casal em situações de separação e em momentos de solidão em diversas locações: avenida Paulista, parque Trianon, feiras de alimentos, calçadas, ruas e também nos apartamentos de Janaina e Fepa.

Em estúdio, criamos imagens minimalistas nas quais a câmera diminuta nos braços e nas mãos dos dois inventariavam paisagens corporais que deixariam saudade com o passar do tempo após a separação. Em contraluz, trabalhamos com silhuetas em planos construídos também com dramaturgia de separação e solidão.

Fizemos diversos retratos dos dois, juntos e apartados, *portraits* encenados em ruas, calçadas, no topo de edifícios, em centros culturais e dentro de instalações em espaços de exposição.

Os dois foram entrevistados em diferentes situações, nas quais evitamos as atmosferas invasivas dos *reality shows*, sempre em busca de reflexões sobre o amor no mundo em que vivemos.

Nas festas de separação que foram realizadas em apartamentos e casas de parentes e amigos, também gravamos depoimentos dos convidados que irromperam espontaneamente durante as encenações íntimas.

Janaina Leite e Fepa ainda disponibilizaram registros audiovisuais que foram feitos durante o período em que estiveram casados.

Por fim, filmamos os ensaios e as apresentações do documentário cênico no Teatro Imprensa e ainda uma encenação no Rio, no Sesc Copacabana.

A dramaturgia do documentário resultou em filme híbrido que mistura a desconstrução processual do espetáculo com o extenso material que captamos especificamente para a obra cinematográfica. Parte das imagens foi utilizada como projeções na encenação. A dramática fílmica transborda para além do processo da encenação e surge na tela como poético e corajoso exercício de autoficção do ex-casal tentando refletir sobre a experiência amorosa na sociedade contemporânea. Fizemos duas versões para o filme *Festa de Separação*: a primeira com 26 minutos, que fez parte da série televisiva *Teatro Sem Fronteiras*, com oito programas e exibida pelo Canal Brasil, e uma segunda em formato de média-metragem. Há ainda o DVD com a íntegra da encenação misturando filmagens de várias apresentações.

Com relação ao espetáculo *Hygiene*, o convite foi para documentar a ida do Grupo XIX de Teatro à Rio Branco, no Estado do Acre, em outubro de 2010. *Hysteria* também foi apresentado na capital acreana, mas o foco do documentário foi *Hygiene*, encenado na Gameleira, região antiga às margens do rio Acre, que corta a cidade. O espetáculo é um híbrido de teatro e intervenção urbana, começando com a caminhada do público pelo Calçadão da Gameleira até chegar à parte final, que aconteceu em um casarão que foi transformado no cortiço onde a peça passa a ser ambientada.

Nas filmagens na área decadente da capital acreana, o minucioso detalhamento da "dramaturgia" da passagem do tempo nos casarios da Gameleira em planos arquitetônicos. Também criamos sequências ficcionais em diversas regiões da cidade onde os personagens da peça interagiram com transeuntes. Filmamos os ensaios, as torrenciais chuvas amazônicas, e documentamos cada uma das etapas para transpor o espetáculo para Rio Branco: a busca de locações, os percalços da produção, a feitura de objetos de cena, como a carroça que conduz a primeira parte da encenação, e ainda as dificuldades de encenar uma peça em espaços reais.

Após o processo de montagem, o resultado da dramaturgia do documentário (codirigido por Luiz Fernando Marques) é em parte processual,

A RECEPÇÃO DO PÚBLICO COMO DRAMATURGIA "AERADA" EM ESPETÁCULOS DIRIGIDOS POR LUIZ FERNANDO MARQUES

com as andanças do grupo pela cidade, ensaios e entrevistas com moradores da capital acreana que colaboraram com a produção; e em parte ficcional, misturando trechos do espetáculo com as incursões que fizemos com os personagens da peça em locações de Rio Branco que tinham a ver com suas histórias de vida. O DVD com a íntegra da peça é outra encenação imaginária em que diferentes dias de apresentação foram editados como se fosse um único espetáculo.

O último documentário que realizei em parceria com Luiz Fernando Marques foi *Dizer e Não Pedir Segredo*, do grupo Teatro Kunyn. Como em *Hysteria* e *Hygiene*, não havia processo de criação a ser documentado. A companhia vinha apresentando a encenação na sala do apartamento de pessoas que queriam levar o tema da homoafetividade masculina para o seio de suas famílias. Filmamos duas apresentações em dois apartamentos, e as encenações foram realizadas especialmente para o nosso documentário, mas com a presença do público.

A dramaturgia do filme *Dizer e Não Pedir Segredo* segue uma linha mais tradicional, conduzida por entrevistas. Nos depoimentos, tentamos recuperar as vivências dos integrantes do Teatro Kunyn que foram recriadas ficcionalmente no documentário cênico. O filme mistura as entrevistas com trechos das duas apresentações e ainda utiliza depoimentos de espectadores nos dois apartamentos. O DVD com a íntegra da peça é mais um espetáculo imaginário recriado na montagem cinematográfica, na qual os dois dias de filmagem foram transformados em uma única apresentação de *Dizer e Não Pedir Segredo*.

Ainda realizei com o Teatro Kunyn um registro audiovisual de *Orgía ou De Como os Corpos Podem Substituir as Ideias*. Tive um impacto muito grande quando vi o espetáculo pela primeira vez. Uma sensação parecida com a que vivenciei ao ver BR-3, do Teatro da Vertigem. Impacto e também uma espécie de fascínio. E não se filma e nem se faz cinema sem o alento de um fascínio prolongado, que passa a nos habitar. Logo pensei: é preciso eternizar *Orgía* na sétima arte.

O registro da íntegra da encenação não foi tarefa nada fácil, sobretudo porque, dentro da casa amarela e também nas veredas do parque Trianon, havia três ações simultâneas que precisavam ser captadas separadamente para depois serem agrupadas na montagem. Cada espectador do espetáculo só teve acesso a uma dessas três ações, mas filmamos três apresentações de *Orgía* e colocamos no DVD a íntegra da encenação graças ao dom de ubiquidade da câmera.

Cena do espetáculo Satyricon, *da companhia Os Satyros.*

3

OS SATYROS
TEXTOS PERFORMATIVOS E NOVAS DRAMÁTICAS PARA (

O encenador e professor Richard Schechner é categórico ao afirmar que a "teoria da performance é uma ciência social, e não um ramo da estética"[1], enfatizando ainda que tem rejeição por essa vertente da filosofia que investiga a beleza e o fenômeno artístico. No campo oposto dos estudos da performance, centrados justamente nas questões estéticas, se destacam as pesquisadoras e também professoras de estudos teatrais Josette Féral[2] e Erika Fischer-Lichte[3]. Schechner, Féral e Fischer-Lichte formam uma espécie de base teórica do grupo Os Satyros, influências assumidas pelo encenador Rodolfo García Vázquez, que, em 1989, fundou a companhia em parceria com o ator, dramaturgo e também diretor Ivam Cabral.

Na trajetória do coletivo, teatro performativo, questões de gênero e semeadura social estão em constante atrito e comunhão. Em primeiro lugar, é preciso lembrar que a atuação dos Satyros foi fundamental no processo de revitalização da Praça Roosevelt, na região central, que já liderou o *ranking* de violência na Grande São Paulo durante muitos anos. Embora constantemente ameaçado pela volta do crime, o local se tornou um *point* cultural da cidade com seus teatros e bares. Também é necessário destacar as Satyrianas, festival organizado pelo grupo, que, durante 78 horas ininterruptas de atividades artísticas, leva milhares de pessoas à região.

1 R. Schechner, *Environmental Theater*, p. vii. (Tradução nossa.)
2 Autora de títulos como *Além dos Limites – Teoria e Prática do Teatro*, São Paulo: Perspectiva, 2015.
3 A pesquisadora alemã escreveu um dos mais profundos estudos sobre a performance: *The Transformative Power of Performance: A New Aesthetics*, New York: Routledge, 2008.

ATOR-CIBORGUE

Os Satyros já tiveram sala de espetáculos no Jardim Pantanal, na zona leste, periferia de São Paulo. Em 2008, durante o Festival de Teatro de Curitiba, realizaram a encenação *A Fauna*, na Vila Verde, bairro que também liderou durante muitos anos o *ranking* de violência na capital paranaense. Reunindo atores e atrizes do grupo com membros da comunidade local, a montagem era itinerante e recriava episódios marcantes das histórias de vida dos moradores da Vila Verde.

Mais recentemente, em 2016, a companhia encenou o espetáculo *Haiti Somos Nós*, que, como sugere o próprio título, construía um lúdico, sensível e político exercício de alteridade com imigrantes do país caribenho que vieram para São Paulo.

O grupo também capitaneou a criação da SP Escola de Teatro – Centro de Formação das Artes do Palco, hoje com sede na Praça Roosevelt. São exemplos de uma atuação artística que não perde de vista jamais uma semeadura social em diferentes comunidades.

Erika Fischer-Lichte, ao analisar as especificidades da performance como linguagem, enfatiza a busca dos criadores para banir da processualidade das obras efêmeras qualquer ranço de pensamento dicotômico: corpo e mente, arte e vida, *performers* e espectadores: "Quando a virada performativa conduziu à transgressão e ao embaralhamento entre arte e não-arte, entre a estética e a política, o debate sobre uma comunidade de atores e espectadores foi reconectada."[4]

---

4   E. Fischer-Lichte, *The Tranformative Power of Performance*, p. 52. (Tradução nossa.)

Os Satyros não apenas misturaram elenco e público em espetáculos como a trilogia encenada em 2012 e composta por *Trincha*, *Satyricon* (do qual participei como dramaturgo, em processo colaborativo com o grupo, a partir da obra de Petrônio) e *Suburra* (essa última uma *rave* que fechava o tríptico em clima de muita festa), ou mesmo em intervenções urbanas como *Édipo na Praça* (2013) e nas multidões das Satyrianas, mas também levaram à cena personagens reais da Praça Roosevelt, como a cubana Phedra de Córdoba, eterna musa da companhia, além de marcantes histórias de vida da região, do Jardim Pantanal, da Vila Verde curitibana, de imigrantes haitianos (que também subiram ao palco) e dos próprios integrantes do grupo.

O conceito de comunidade elenco-público foi ampliado para além dos edifícios teatrais e se capilarizou na Praça Roosevelt e em outras locações por onde a companhia transitou e fez residências artísticas sempre alentadas pela potência da pesquisa documentária.

A trajetória dos Satyros gerou dramaturgias como *A Vida na Praça Roosevelt* (2005), escrita por Dea Loher e atravessada por *fraturas* que são vestígios de episódios vividos por personagens reais como as transexuais Phedra de Córdoba (na peça, rebatizada como Aurora), Bibi e Suzana; também histórias dos membros da companhia, incluindo ainda experiências vivenciadas pela dramaturga alemã na locação na época. O solilóquio abaixo, por exemplo, é a recriação de uma das primeiras experiências sexuais da atriz performativa cubana, que, no palco, foram revividas pelo crítico e também ator Alberto Guzik:

> AURORA O menino de 12 anos, que era eu, saiu correndo do quarto de hotel onde o homem, que consertava carros na garagem do hotel, tinha acabado de meter o pau no cu dele; o menino de 12 anos, que era eu, desceu correndo as escadas, passou pelo saguão, desceu a rua para casa, escondeu-se no seu quarto, limpou o sangue da bunda com as toalhas brancas que a sua avó tinha bordado e que a mãe encontrou no dia seguinte debaixo da cama, mal lavadas, molhadas. Enrique Enrique Enrique, meu irmão se chamava assim, Enrique o que você aprontou com o meu menino, Enrique já tinha estado preso por causa de uma briga. Enrique Enrique Enrique, Enrique deu de ombros mas por acaso o homem, que estuprou o menino de doze anos que era eu, também se chamava Enrique e os gritos da minha mãe ecoaram pela rua, tão alto que eu pensei que o outro Enrique ia ouvir e pensar que eu tivesse dedurado ele e aí ele nunca mais ia pagar 100 cruzeiros pela minha bunda, porque ele deu, ele deu 100 cruzeiros pela minha bunda, e eu, eu pensei que agora que as minhas pregas já tinham se arrebentado mesmo, agora que eu conheço a dor, eu vou morder os dentes e cada dia ele vai ter de dar um pouco mais, esse Enrique,

pelo meu silêncio e pelo prazer dele, e quem sabe o meu também; mas enquanto eu pensava meu tio apareceu e disse, o menino estava no hotel, estava num quarto com o mecânico, e trouxeram o Enrique dos carros; e ele vestia uma calça branca e uma camisa branca e disse com seus dentes brancos, o menino me seduziu, passou dias me rodeando e rodeando o carro e ele queria 150 cruzeiros, para dormir comigo, já pensou, 150 cruzeiros, isso é quase o que a minha irmã ganha no correio, é, eu levei ele pro meu quarto, arrastei ele pelo braço, é verdade, para castigar ele e antes que eu percebesse ele me tirou 150 cruzeiros da gaveta e saiu correndo e agora eu estou querendo o meu dinheiro de volta, e além disso, acaso eu tenho cara de bicha, isso também vai custar extra pela difamação. O menino de 12 anos, que era eu, foi trancado no seu quarto. Pausa. Eu vesti as roupas da minha irmã e fiquei me exibindo pela janela para as pessoas que passavam na rua. [...]

Outro monólogo da peça *A Vida na Praça Roosevelt* narra uma recriação da história dos pais do ator Ivam Cabral:

SR MIRADOR Vou contar essa história para vocês como nunca contei para ninguém. Como eu nunca consegui contar para mim mesmo, como nunca consegui discutir com a minha mulher e muito menos ainda com o meu filho. Posso contar essa história agora que eu mesmo saí dela, agora que eu sou só um vegetal, que sou uma rua sem saída, uma parte passiva dela, agora, em que está definido e determinado, que nossa vida encontrou o seu destino, sem que eu pudesse entendê-la, sem que eu pudesse explicá-la, sem que eu pudesse me defender, porque para isso também já é tarde demais.
 Queria que imaginassem a minha mulher num vestido de noiva. Não precisa ser com sapatos brancos, nem véu, mas deem uma chance dela se mostrar num vestido branco, fora de moda e feliz. A gente nunca se casou na igreja e a gente nem tinha dinheiro para dar uma festa de casamento. Minha mulher já tinha costurado o vestido para ela, em casa de noite, escondida; os pais dela eram católicos ricos, eu vinha duma família evangélica que não tinha nada e que não era nada, e por isso mesmo não deixavam a gente frequentar a igreja deles. Expulsaram a minha mulher de casa, levando uma mala, com o vestido de noiva dentro e não desejaram boa sorte prá ela. Como policial, não dá pra ganhar muito. Então ela começou a fazer o que ela sabia fazer de melhor: costurar vestidos e vestidos de noiva e ficou famosa como costureira de vestidos de noiva. [...] Um dos presentes mais bonitos que consegui dar a ela no natal foi um broche de brocado de vestido de noiva e coloquei no peito dela onde a partir de então o broche de brocado de vestido de noiva brotava como uma joia de broche de tecido de brocado de vestido de noiva. Naquela

noite, nessa noite alucinante da joia de broche de tecido de brocado de vestido de noiva, a gente concebeu o nosso filho, o mais novo dos quatro e o único menino. Entre nós às vezes, a gente chamava ele, de bebê da noite alucinante da joia do broche de tecido de brocado do vestido de noiva. Silêncio. Era assim que a gente chamava ele. Silêncio. Quando ficou mais velho, a minha mulher mostrava o vestido pra ele de vez em quando, o vestido em que ele foi concebido. Um dia ela voltou a experimentar ele. Não servia mais. Ela teve que deixar o zíper aberto nas costas. Silêncio. Quando ele morreu, ela chegou no hospital com o vestido pendurado no braço, ela se sentou na cama dele, como está sentada na minha agora, e cobriu o corpo frio dele com o vestido de noiva dela. O vestido que a gente nunca usou na igreja. O vestido que a gente usou na cama.

As dramaturgias das encenações dos Satyros são profundamente marcadas por *fraturas autobiográficas*, construídas por meio de processos que sempre abrem espaço para exercícios de autoficção. Aliás, uma tendência forte da cena paulistana contemporânea. Os depoimentos pessoais são matéria-prima recorrente das criações colaborativas, mas, de modo geral, acabam se distanciando do resultado final das cenas dos espetáculos, funcionando mais como um ponto de partida para dar uma forma cênica às pesquisas dos grupos. No caso dos Satyros, quando não partem de textos clássicos ou de autores contemporâneos, suas dramáticas são pontuadas por lacunas que guardam histórias de vida dos integrantes da companhia e das personagens reais que participam de determinados projetos e que às vezes acabam se agregando ao coletivo.

No espetáculo *A Fauna*, por exemplo, moradores da Vila Verde performavam nas ruas do bairro as próprias vivências recriadas em processo colaborativo com os atores e atrizes dos Satyros, coordenado pelo diretor Rodolfo García Vázquez. Um dos momentos mais marcantes da intervenção cênica na periferia de Curitiba foi a performance de vários jovens, em ritmo de rap, revisitando, em dispositivo autoficcional, suas experiências com drogas e prostituição. Outra cena muito forte foi a de um rapaz, ex-viciado em crack, performando no escuro, com cachimbo e isqueiro, a fissura incontrolável da antiga dependência. A seguir um trecho da dramaturgia autoficcional do espetáculo:

5 reais...
Isso aqui é uma pedra.
Isso aqui vale tudo aqui na Vila Verde. Vale um tênis roubado, uma roupa que sumiu do varal, um alívio.

Vale um sonho, vale um lugar que não existe, vale uma TV, um DVD, um botijão de gás, um celular.

Vale o esquecimento. Esquecer que ninguém nunca vai te dar um emprego decente nem olhar para tua cara feito gente. Esquecer que em cima da tua cama chove e que teu pai sumiu no mundo e tua irmã de quinze anos tá apanhando do marido ainda com o filho na barriga. Esquecer que você não vale mais do que cincão. Na Vila Verde é assim: tem gente que vale cincão... Mas em todo lugar é assim, na Vila Verde, na roça, na perifa de São Paulo, nesse país inteiro, no mundo todo, diz que até nos Estados Unidos, tem gente que vale cincão...

5 reais...

Na rua, passeando no meio do povo aqui da comunidade, eu olho na cara de todo mundo e penso quem vai comprar esse tênis. Vou vender, foda-se, vou ficar sem sapato mesmo, e daí... vou sair descalço, correr por aí, mas no pique da pedra.

5 reais...

É quanto vale o corpo da Phily, vale isso quando ela tá na noia... e ela tá todo dia na noia. Ela vale cincão todo dia...mas pode ter algum dia que bate o desespero aí que ela vale até dois real, até um real...ou de graça... Uma vez ela fez de graça e nem sabia direito porque tava fazendo, o cara era feio feito o cão. O corpo dela fica de graça quando bate o desespero e ela não sabe prá onde ir nem como fazer prá segurar a fome e o medo.

5 reais é quanto vale o corpo dela. Uma rapidinha. Uma demorada, qualquer coisa, é isso que vale.

Porque ela precisa, porque ela não acredita em nada que vale mais do que cincão.

5 reais...   Um dia minha mãe chorou... chorou mesmo, de verdade. Foi o pior. Ela chegou do trabalho e abriu as porta do armário e não tinha mais panela. Nenhuma panela. Eu tinha amassado tudo, eu tinha amassado tudo com uma marreta. Fiquei a manhã toda amassando as panela dela. Vendi pro ferro velho. Por cincão. E daí comprei dois minutos de alegria.

A moeda da Vila... cincão.

Enquanto a pedra valer cincão, tudo vale cincão na Vila Verde...

O roteiro de Ivam Cabral para *Haiti Somos Nós* é todo pontuado por depoimentos pessoais, que irrompem na encenação por meio de um jogo típico do país caribenho: o Krik Krak. A brincadeira é explicada logo no início do espetáculo: ao ser chamado para contar uma história, o performer haitiano diz "Krik" e a plateia responde "Krak", estimulando-o a dar o seu testemunho. Trata-se de uma *fratura autobiográfica* e também *performativa*, construída com elementos autoficcionais, por mais que os depoimentos tenham sido ensaiados, mas se renovavam a cada nova apresentação. Um dos momentos mais interessantes de *Haiti Somos Nós* é a cena 12, intitulada *Mulheres*, que encadeia, em montagem paralela, falas pessoais, documentárias, da imigrante Riliene Rilchard e da atriz Letícia Sabatella:

RILIENE
Eu tinha 09 anos quando comecei a me interessar por política. A ditadura de Duvalier matava os adultos e não as crianças. Os adultos usaram a nós, crianças, para cantar e protestar contra o governo. Atirei muitas pedras.
LETÍCIA
E eu comecei na política com 13/14 anos. Depois da primeira eleição, quando votei com 16 anos, isso ficou mais forte. Depois, quando comecei a fazer TV aos 19 anos, percebi que minha voz seria ouvida e que eu poderia usar dela para falar daquilo que eu acreditava.
RILIENE
As pessoas eram assassinadas. Elas não podiam falar. Eu sonhava com a liberdade.
LETÍCIA
A luta contra o trabalho escravo, por um país mais justo, era isso o que me provocava.
RILIENE
Há vinte anos comecei a lutar pelo direito das mulheres, em muitas organizações haitianas, até chegar ao Tribunal Haitiano das Mulheres.
LETÍCIA
Em toda minha luta política, sempre entendi que as mulheres eram as mais oprimidas. O patriarcado atinge todos os grupos sociais, índios, MST, sem tetos. E todos acabam fazendo da mulher a mais sobrecarregada.
RILIENE
Fui caluniada simplesmente por defender mulheres. Fui perseguida. Tive medo de morrer. Exilada, vivi longe da família mais de 10 anos.
LETÍCIA
Ser uma pessoa pública exigiu de mim esse posicionamento. Não sentia que tivesse uma escolha, pois eu tinha que ser cidadã. Você tem apoios, mas a violência e a calúnia dão tanto trabalho, que às vezes a gente fica exausto.
RILIENE
Mas o sonho vale a pena, que um dia as mulheres não precisem mais lutar, pois a violência vai acabar.
LETÍCIA
Vale a pena perceber que você faz parte de uma corrente histórica que resiste à opressão, à injustiça, buscando a dignidade do ser humano.

OS SATYROS
TEXTOS PERFORMATIVOS E NOVAS DRAMÁTICAS PARA O ATOR-CIBORGUE

Diferentes Tipos de Fissura

É interessante comentar que o conceito de *fratura dramatúrgica* é parte integrante desde sempre da mais profunda constituição ontológica do texto teatral, com sua trama subterrânea de fissuras e vazios a ser preenchidos e frequentados pela presença de tantos artistas que vão interagir com a obra, estando em cena ou não.

Penso também na pesquisadora Josette Féral, para quem a teoria é uma tentativa de abrir "brechas"[5] nas representações e a própria teatralidade é uma espécie de "clivagem", uma divisão no espaço, que "dá lugar à alteridade dos sujeitos e à emergência da ficção":

> A condição da teatralidade seria, portanto, a identificação (quando é produzida pelo outro) ou a criação (quando o sujeito a projeta sobre as coisas) de um *outro espaço*, espaço diferente do cotidiano, criado pelo olhar do espectador que se mantém fora dele. Essa clivagem no espaço é o espaço do outro, que instaura um fora e um dentro da teatralidade. É um espaço fundador da alteridade da teatralidade.
>
> Percebida dessa forma, a teatralidade não seria apenas a emergência de uma fratura no espaço, uma clivagem no real que faz surgir aí a alteridade, mas a própria constituição desse espaço por meio do olhar do espectador, um olhar ativo que é condição de emergência da teatralidade e realmente produz uma modificação "qualitativa" nas relações entre sujeitos: o outro torna-se ator porque mostra que representa (nesse caso, a iniciativa parte do ator), seja porque o olhar do espectador transforma-o em ator – a despeito dele – e o inscreve na teatralidade (nesse caso, a iniciativa parte do espectador).[6]

Penso ainda nas diferentes estratégias do distanciamento brechtiano como tentativas de *fraturar* a dramaturgia e a encenação, descortinando assim aberturas para a História. No artigo *Distanciamento e Multimídia ou Brecht Invertido*, incluído no mesmo livro, Josette Féral analisa a transmutação do legado do teatro épico na cena contemporânea:

> Completamente diferente é a atitude da performance multimídia apesar dos procedimentos similares ao distanciamento brechtiano. Tais performances multimídia, bem como um autêntico teatro atual do qual nós

---

5   J. Féral, *Além dos Limites*, p. 29.
6   Idibem, p. 86-87.

queremos falar, aqui parecem ter encontrado nas tecnologias diversas (vídeo, televisão, aparelhos fotográficos, sintetizadores) o modo de rever o distanciamento de maneira dialética própria à nossa sensibilidade, mantendo seus principais termos: o real, o ator (aquele que atua), o novo espectador, uma visão da sociedade iluminada pela história.

Entre os procedimentos de distanciamento da obra nas peças de Brecht pudemos notar a fragmentação da narração, a ruptura na ordem da representação, o deslocamento do tema da enunciação, o descentrar do ponto de vista do acontecimento, a passagem do real à ficção e da ficção ao real, a contextualização da parte no todo, cada parte sendo ela própria detentora da história, a renúncia à linearidade da narrativa [...], a rejeição da personagem como entidade, o recurso a outras formas do especular (filme, diapositivos, cabaré).

O teatro atual e, mais ainda, as artes multimídia fizeram da maior parte desses procedimentos uma forma estética que marca doravante a modernidade da representação e não convida mais o espectador a uma distância crítica tanto a fórmula se tornou corrente. A cena perdeu aí a narração e a supremacia do texto ao mesmo tempo que se dissipou toda materialidade de uma personagem mesmo ficcional. O ator aprende aí a se posicionar em cena, a se arriscar, a se comunicar em sua relação com o real.

Mais interessante é o recurso específico às mídias. As performances multidisciplinares recorrem às mídias como material de nosso universo cotidiano que reproduzem nosso ambiente e modelam nossa sensibilidade tanto quanto nosso imaginário. Porque na atuação das performances multimídia, bem como na atuação brechtiana, tudo parte e tudo volta ao real num questionamento que busca analisar-lhe a situação. É portanto sobre a análise do real e sua percepção pelo artista e pelo espectador que resulta o essencial do trabalho de distanciamento.[7]

A análise da pesquisadora pode nos ajudar a entender melhor as especificidades das novas dramaturgias e as encenações do teatro de grupo de São Paulo, que hibridam as narrações brechtianas (não mais ambicionando o distanciamento crítico, mas com o objetivo de potencializar a diegese performativa que é criada em cena, dentro ou fora dos edifícios teatrais) com a processualidade, a materialidade, a exacerbação da efemeridade do aqui e agora, as *fraturas* escancaradas ao risco e ao inesperado que irrompem do legado da arte da performance nas linguagens cênicas.

O teatro paulistano contemporâneo vive um momento vital e efervescente, fortemente marcado por essa semeadura das narrações épicas, hoje transformadas

---

7 Idibem, p. 236-237.

OS SATYROS
TEXTOS PERFORMATIVOS E NOVAS DRAMÁTICAS PARA O ATOR-CIBORGUE

em micronarrações históricas e heterotópicas, performativas e autoficcionais. Aliás, a potência do conceito de performatividade nas encenações das companhias que atuam na cidade descortina essa coralidade de micronarrações documentárias (calcadas nos depoimentos pessoais dos processos colaborativos e em pesquisas e residências artísticas nas mais diferentes locações da urbanidade) atravessada pela teia tentacular da *performance art* que foi se capilarizando em todos os segmentos da criação de ponta do mundo em que vivemos.

A obsessão pelos vestígios e fissuras processuais na dramaturgia do teatro de grupo de São Paulo é herdeira direta, com diferentes níveis de orfandade, do legado da performance na experimentação, ou melhor, na *experienciação* artística contemporânea. A sofreguidão documentária pelo real, com sua miríade de possibilidades de travessias por meio da linguagem, é outra marca no trabalho de muitos criadores. A materialidade brutal dos espaços urbanos, *fraturada* pelas possibilidades do risco e do inesperado; as tentativas de banir o pensamento dicotômico e de construir em cena mentes encarnadas na atuação de performers recriando, de maneira autoficcional, as próprias histórias de vida em ambientes liminares, onde são hibridados os limiares que embaralham as difusas fronteiras que irmanam "real" e ficção, palco e plateia, arte e vida; tudo isso são semeaduras da performance arte que, para o bem e para o mal, colocaram a ficção propriamente dita em xeque, em crise profunda, quase sempre precisando de muletas documentárias para legitimar a "veracidade" de suas construções narrativas.

Todas essas características e contradições estão presentes nas dramáticas *fraturadas*, autobiográficas, performativas e autoficcionais dos espetáculos dos Satyros, que produziram muito em mais de três décadas de trajetória artística.

Féral retoma uma expressão utilizada por Richard Schechner, "texto performativo", para analisar as novas dramaturgias do teatro contemporâneo, destacando que são escrituras deliberadamente esburacadas, até mesmo esfaceladas:

> O texto performativo [...] é um texto indissociável de sua representação cênica. E não existe exceto na e para a representação. É essa última que, não apenas, lhe dá sua ancoragem cênica, sua coerência e sentido, mas que lhe permite muito simplesmente existir. É um componente da representação em meio a outros e não existe senão materializado na cena. Sua existência autônoma sob forma independente da representação é difícil de prever, pois trata-se de um texto esburacado, às vezes muito aberto, múltiplo, esfacelado, que poderia revelar-se incoerente caso se pretendesse

publicá-lo enquanto tal. Trata-se de um texto que muitas vezes não tem autonomia própria e cujo sentido parcelado raramente constitui uma totalidade em si. Ele não adquire a não ser quando inserido na rede múltipla dos diferentes sistemas da cena.[8]

Essas novas dramaturgias performativas *fraturadas*, esburacadas, fissuradas por vestígios processuais, são uma consequência direta da hibridação da arte da performance com o teatro, que, há mais de 2500 anos de trajetória, sempre esteve em busca de alguma forma de coesão, de uma amarração conceitual, de uma organicidade narrativa em histórias com começo, meio e fim, com curvas dramáticas, por mais que fragmentadas, elípticas e deliberadamente sugestivas, mas com algum tipo de unidade dramatúrgica, que foi pouco a pouco sendo implodida pela árdua busca da *performance art* pelo processo, pelas atmosferas processuais como tentativas de se colocar o "real" do aqui agora em cena. O caminho aberto pela performance no teatro para *fraturar* essa coesão dramatúrgica foi dar independência aos elementos cênicos, singularizá-los, apartá-los, até que sua autonomia explicitada desnudasse a processualidade dos espetáculos. E os textos se tornaram uma colcha vazada de rastros processuais, arquitetados para sempre abrir espaço ao risco e ao inesperado. O teatro como arte da presença foi também esgarçado em uma infinidade de possibilidades de encontros com os espectadores.

Transformação e Liminaridade

Erika Fischer-Lichte faz uma profunda dissecação do difuso universo perceptivo que envolve público e performers em diferentes tipos de obras que hibridam a arte da performance com o teatro, filigranando com muita clarividência o estado de liminaridade, de limiar entre "real" e ficção, entre arte e vida, que se tornou uma busca recorrente na cena paulistana contemporânea, inclusive no trabalho dos Satyros:

> Ao isolar os vários elementos teatrais, a performance desde os anos 1960 originou dois tipos muito diferentes de percepção e geração de significado. Em cada caso, a relação entre materialidade, significante e significado é diferente. No primeiro caso, o fenômeno é percebido como ele aparece, isto é, no seu ser fenomenológico, então materialidade, significante

8   Ibidem, p. 247.

e significado coincidem. No segundo caso, eles marcadamente divergem um do outro. O fenômeno é percebido como um significante que pode ser conectado com um conjunto diverso de significados. Os significados atribuídos ao fenômeno não são dependentes da vontade do sujeito, mas aparecem em consciência espontaneamente – mesmo se, retrospectivamente, eles possam frequentemente ser explicados racionalmente.[9]

A pesquisadora alemã discorre sobre "o fenômeno da multiestabilidade perceptiva", que ela define como uma espécie de "foco oscilante entre a corporalidade específica do ator e a personagem retratada":

> O momento de transição é acompanhado por um profundo sentido de desestabilização. Os sujeitos que percebem permanecem suspensos entre duas ordens de percepção, arrebatados em um estado de "nem um nem outro". Os sujeitos que percebem se encontram eles mesmos no limiar que constitui a transição de uma ordem para outra; eles experimentam um estado liminar. [...]
>
> Se, no curso de uma performance, a percepção permanece em um estado de fluxo, deixando os espectadores suspensos entre duas ordens de percepção, a diferença entre as duas perde a sua significação. Em vez disso, a atenção do sujeito que percebe foca nas próprias transições e nota a disrupção da estabilidade, o estado de instabilidade, e finalmente o estabelecimento de uma nova estabilidade. Quanto mais frequentemente as trocas ocorrem, mais frequentemente os sujeitos que percebem se tornam viajantes vagando entre dois mundos, entre duas ordens de percepção. Através disso, os espectadores se tornam de forma crescente conscientes de que eles são incapazes de controlar essas transições.[10]

Ao trazer essas reflexões para os espetáculos dos Satyros e para a cena paulistana contemporânea, em escrituras e dispositivos teatrais deliberadamente autoficcionais, a "multiestabilidade perceptiva" dos espectadores, ou melhor, "o foco oscilante entre a corporalidade específica do ator e a personagem retratada", recebe uma dose ainda maior do que poderíamos chamar de "efeito documentarizante", pedindo emprestada a expressão criada pelo teórico francês Roger Odin[11].

Antes de aprofundar um pouco mais em questões performativas relacionadas a dramaturgias autoficcionais, vale a pena resgatar uma nota de pé de página no já citado livro de Josette Féral:

---

9   E. Ficher-Lichte, *The Transfomative Power of Performance*, p. 144.
10 Ibidem, p. 148-149.
11 R. Odin, Filme Documentário, Leitura Documentarizante, *Significação*, n. 37, p. 10-30.

> Observamos que o conceito de *performance text*, tal como utilizado por Schechner e retomado por Barba, apoia-se na noção de "performatividade", que evoca aquilo que está na própria base do trabalho do ator. Ilumina aquilo que é evidente para qualquer ator, a saber, que todo signo teatral permite uma leitura dupla: uma leitura no plano do sentido e outro no plano da performatividade, ou seja, no plano do dispêndio exigido pela atuação. É a construção desta relação entre os dois planos que constitui a arte do ator. É desse duplo plano de percepção que se origina também o prazer do espectador.[12]

Em dramaturgias e encenações autoficcionais, calcadas em pesquisas documentárias nas histórias de vida dos próprios atuantes e "encarnadas" por eles, o duplo ator-personagem, tão potencializado pelas narrações brechtianas, se transmuta em uma nova modalidade de cisão em cena, outra clivagem, um novo duplo: o performer e uma alteridade dele mesmo que também é levada ao palco. Uma "personagem" construída a partir das próprias vivências, da própria história de vida, mas que se torna uma alteridade autoficcional que vai adensando a própria ficcionalização documentária conforme os espetáculos permanecem em cartaz ao longo dos meses e anos.

Cabaret Stravaganza (2011) é talvez o espetáculo mais performativo dos Satyros, com dramaturgia assinada por Maria Shu, que trabalhou em processo colaborativo com o grupo. A estrutura narrativa é toda esfacelada e o texto atravessado por *fraturas liminares, processuais, autobiográficas e performativas*, através das quais atores e atrizes revisitam em cena depoimentos pessoais em dispositivos dramatúrgicos autoficcionais: uma enlouquecedora desilusão amorosa do ator Henrique Mello, a perda momentânea da visão de Ivam Cabral, agressões sofridas pela atriz Marta Baião nas redes sociais, reminiscências de Phedra de Córdoba quando vivia em Havana, confissões ligadas aos próprios corpos dos atores Fábio Penna e Cléo de Páris, que viviam juntos na época; momentos autoficcionais da atriz Julia Bobrow com textos da mãe, da avó e da bisavó; o tabagismo do ator Robson Catalunha, suicídios na Praça Roosevelt e uma cena que, segundo o próprio diretor Rodolfo García Vázquez, é "a mais performativa e expandida que fizemos".

Trata-se da participação do iluminador Leo Moreira Sá no espetáculo. Ele nasceu mulher e queria fazer a cirurgia de mastectomia, ou seja, retirada das mamas. Leo dava em cena um testemunho impactante e pedia ao público

---

12   J. Féral, op. cit., p. 251.

para depositar dinheiro em uma conta bancária para que ele pudesse fazer a operação de readequação de gênero. A campanha vingou, várias contribuições foram feitas e, com o dinheiro que Leo também ganhou com o Prêmio Shell 2012 de Melhor Iluminação, a cirurgia foi então viabilizada.

Com suas fissuras autoficcionais esgarçadas aos depoimentos pessoais que sempre se renovavam à mercê do inesperado a cada nova apresentação de *Cabaret Stravaganza*, a dramaturgia do espetáculo foi mais uma vez modificada após a cirurgia do iluminador-performer: a cena foi reescrita para que Leo pudesse falar sobre o impacto da operação em seu corpo e os novos rumos da sua vida pessoal. É interessante comentar que Leo Moreira Sá fez em 2013 um novo espetáculo, intitulado *Lou&Leo*, com encenação de Nelson Baskerville, e participou do documentário *De Gravata e Unha Vermelha*, dirigido por Miriam Chnaiderman, lançado em 2014. A seguir a cena encabeçada por Leo Moreira Sá em *Cabaret Stravaganza*:

> CENA XIX
>
> LOU LEO
>
> LEO: Desde aquele momento em que a sociedade, através da minha mãe, me informou que eu era "uma menina", o meu mundo se dividiu em dois: de um lado quem eu sou e do outro quem eu deveria ser. Passei a minha vida inteira tentando em vão me enquadrar e só consegui trilhar uma trajetória suicida.
>
> AND: Será que esse corpo é meu?
>
> JUL: Esse corpo não é meu.
>
> AND: Esse corpo não sou eu.
>
> JUL: Você já pensou alguma vez porque somos o que somos.
>
> AND: O feminino e o masculino se confundem.
>
> O meu sexo não é meu.
>
> JUL: A divisão homem e mulher.
>
> A divisão da minha história.
>
> AND: A divisão entre meu corpo e minha identidade.
>
> LEO: Até q, há 7 anos, eu finalmente tive a coragem de ressuscitar aquele menino que fora de forma violenta, socialmente assassinado. Resolvi dar de presente a ele um novo corpo, para que pudesse crescer e se tornar um homem! A minha decisão pela cirurgia tem um custo: A DOR! Essa é a condição para que eu tenha uma vida melhor.
>
> AND: Leo Moreira Sá, nascido Lourdes vai se submeter a uma mudança radical através de uma cirurgia que o permitirá ir além do binômio homem mulher.
>
> Ju: Uma experiência REAL E VIRTUAL ONDE SUA EXPRESSÃO MÁXIMA SE DARÁ ATRAVÉS DO CORPO DE LEO. UM CORPO CONSTRUÍDO COM ATRIBUTOS FEMININOS E MASCULINOS.

> And: Um corpo que se desloca entre estes dois pólos numa profunda mutação de si mesmo. Vislumbrando um novo conceito de humanidade.
> Leo: (abre o colete) Eu vou correr pela praia, sentindo o vento e o sol no meu peito nu e depois eu vou me lançar ao mar pra lavar minha alma de todos os meus dissabores! Então num mergulho doce e profundo o meu corpo e a minha mente farão as pazes com o mundo.
> And: Cena x do Projeto Lou Leo – a cirurgia será realizada através de financiamento colaborativo. Acesse o site www.cabaretstravaganza.com.br, e participe.
> Jul: Ao final do espetáculo, Leo Moreira Sá estará à disposição para maiores esclarecimentos.
> LEO MOREIRA SÁ
> A vida só é suportável como experiência estética.

Se a busca principal da arte da performance é a transformação visceral de todos os envolvidos, atuantes e espectadores, a experiência de Leo Moreira Sá em *Cabaret Stravaganza* é um exemplo radical e incontestável. Em *The Transformative Power of Performance*. Erika Fischer-Lichte analisa diversas obras, algumas provenientes da *performance art* e outras do que poderíamos chamar de teatro performativo, com linguagens híbridas. A pesquisadora alemã utiliza fartamente um termo criado nos anos 1970 pelos biólogos e filósofos chilenos Francisco Varela e Humberto Maturama: *autopoiese* ou *autopoiesis*, que é uma espécie de potência atávica que os seres vivos possuem em seus organismos para poder se autoproduzir, se autorregular e se autorregenerar.

Ao assumir a materialidade e a processualidade dos próprios dispositivos artísticos, potencializados no aqui e agora de sua execução, a arte da performance e diversas tendências de um teatro que pode ser chamado de performativo dão independência aos elementos de composição da obra, fragmentam e *fraturam* a coesão de uma ilusão cênica pretensamente "realista", tentam dissipar os conceitos binários de um pensamento dicotômico e procuram envolver performers e espectadores em uma atmosfera de liminaridade, de um limiar pré-lógico no qual "real" e ficção possam comungar e também se atritar em um mesmo veio de linguagens híbridas e de onde talvez possa irromper a potência transformadora de uma pulsão de *autopoiesis*, afetando e contaminando tanto o público quanto o elenco de atuantes.

Erika Fischer-Lichte lembra que o termo "liminaridade" foi criado por Victor Turner, colaborador de Richard Schechner, e que não vem nem da teoria da arte nem da filosofia, mas de pesquisas de rituais:

OS SATYROS
TEXTOS PERFORMATIVOS E NOVAS DRAMÁTICAS PARA O ATOR-CIBORGUE   **129**

> Victor Turner se inspirou nos estudos de Arnold van Gennep e no livro *The Rites of Passage*, no qual van Gennep compila material etnológico demonstrando que rituais estão ligados com experiências liminares e transitórias com a mais alta medida de significado simbólico.[13]

A pesquisadora alemã detalha em seu livro as três fases de rituais que criam atmosferas de liminaridade e destaca o seguinte do segundo momento:

> (2) a fase liminar e transformadora, na qual os sujeitos participantes no ritual são colocados em um estado extraordinário, permitindo experiências inteiramente novas e parcialmente perturbadoras.[14]

No entanto, ao analisar obras performativas em seu livro, ela ressalta que a qualidade de presença criada, tanto no público quanto nos performers, "não faz alguma coisa extraordinária surgir":

> Em vez disso, ela marca a emergência de algo muito comum e desenvolve isso em um evento: a natureza do homem como uma mente encarnada. Para experimentar o outro e a si mesmo como presença significa experimentá-los como mente encarnada; assim, a existência comum é experimentada como extraordinária – como transformada e mesmo transfigurada.[15]

Fico pensando na experiência vivenciada pelo iluminador e performer Leo Moreira Sá em *Cabaret Stravaganza*, revelando em cena uma "mente encarnada" que encontra nas profundezas das próprias células uma coragem que irradia a potência transformadora de uma *autopoiesis* que nos habita e que pode a qualquer momento dar novos rumos à nossa vida, como o imponderável do risco e do inesperado que arfa latente na cadência da nossa respiração[16].

A possibilidade de irrupção transformadora de *autopoiesis* está sempre pulsando nas nossas peles, nas nossas células, e talvez seja mesmo essa a matéria-prima da arte da performance e do teatro performativo, sobretudo em dispositivos tão explicitamente autoficcionais como a cena encarnada em *Cabaret Stravaganza* por Leo Moreira Sá, que transmutou o seu corpo-mente

---

13 E. Ficher-Lichte, *The Transformative Power of Performance*, p. 174. (Tradução nossa.)
14 Ibidem, p. 175. (Tradução nossa.)
15 Ibidem, p. 99. (Tradução nossa.)
16 Talvez seja por isso que a cantora Nana Caymmi diga que morre a cada verso de uma única canção. Ela se disciplina a interpretar a íntegra de cada frase poética em uma única respiração, até sufocar.

alentado pelas inquietações mais sinceras e viscerais que palpitavam no seu ser mais profundo.

A cena XVI de *Cabaret Stravaganza* é outro exemplo de um depoimento pessoal que foi recriado ficcionalmente, mas sem perder de vista a potência documentária do testemunho real do ator Henrique Mello, para que ele pudesse performar em cena a própria história de vida, marcada por uma desilusão amorosa que o fez encarar a loucura:

>CENA XVI
>>CENA REVOLVER
>
>Apresentação
>Oi.
>Meu nome é Henrique.
>Na verdade, Carlos Henrique Ribeiro de Mello.
>Eu sou ator dos Satyros há sete anos.
>Meu DRT é 25242. [...]
>
>>HISTÓRIA FAMILIAR
>
>Essa é minha mãe, esse meu irmão e esse sou eu.
>Eu não tive uma infância muito feliz.
>Imagine se seu pai fosse um assaltante, ou trabalhasse numa UTI de madrugada, ou cheirador de cocaína, ou tentasse cortar os pulsos com frequência. Ele me traiu. [...]
>
>>FESTA NA CASA DO RODOLFO
>
>Essa foto é mais recente. Eu, com alguns amigos numa festa dos Satyros, há uns três anos. Acho que foi nesse dia. [...] foi aqui que o meu coração acelerou pela primeira vez. Quando eu a vi pela primeira vez. Quando a beijei pela primeira vez. Eu me apaixonei pela primeira vez. (*mostra Chaplin*).
>
>Namoramos uns dois anos, fizemos planos como um casal qualquer, pensamos em filhos, comprar um apartamento.
>
>>VIAGEM FEITA
>
>Ela planejou tudo. Passagem, hospedagem, passeios. Acho que foi a viagem mais bonita da minha vida. Não, eu tenho certeza. Foi a viagem mais bonita que fiz. (*sequência de fotos, fala brevemente dos lugares visitados*)
>
>>RETORNO E FIM
>
>Depois de tanta coisa que a gente viveu juntos, ela terminou o nosso namoro. Dois meses depois que voltamos.

SURTO
Eu tive um surto. Fiquei dias pelos cantos da casa chorando como um louco. Tentando não chegar perto da janela.

Então a minha mãe... Eu mostrei uma foto dela?
A minha mãe veio lá de Sorocaba me buscar e me levou a um psiquiatra.

Bupropiona 2 vezes ao dia, Rivotril 2mg por dia e outro se tivesse uma crise. Hoje Lioram. Tudo isso me faz pensar como é tênue o fio que separa a sanidade da loucura.

E se agora eu tivesse outro surto, bem aqui, e confundisse o que é teatro e o que é vida real?

REVÓLVER
(mostra a imagem do revólver)
Até que ponto a gente pode confiar em alguém?

A dramática documentária de *Cabaret Stravaganza* recria situações reais como tentativas de suicídio na Praça Rooosevelt e as sequelas de um acidente vascular cerebral (AVC) que o ator e dramaturgo Ivam Cabral enfrentou, deixando o público em permanente estado de dúvida com relação ao que é ficção e o que é realidade no espetáculo:

CENA XVII
CENA A MORTE NA PRAÇA ROOSEVELT
A Praça Roosevelt não tem apenas o brilho dos teatros e dos bares vivos durante a noite. Ela fica no meio de um turbilhão de pistas subterrâneas, onde passam carros, ao lado de ruas cheias de gente. Na Praça Roosevelt pulsam bares, nutrem teatros num espaço que sempre começa e termina no coração. Ocorre que, nesse trajeto, vez ou outra, apareça na frente da gente uma poça de sangue. Que é só percebida nas manhãs seguintes, no horário de Sarah Kane.

No horário de Sarah Kane, às 4:48, alguns dos moradores desta Praça alucinada decidem ser super-heróis. Então voam, voam para o vazio numa espécie de piscina sem água.

Foi assim com a Camila há uns sete, oito anos. Enquanto buscava propostas de amores televisivas — na época ela participava de um quadro num programa de tevê —, um dia ela chegou em casa bem tarde, se despiu... Na minha fantasia eu penso que Camila deve ter se olhado no espelho. É fato que ela colocou um batom aquoso. Então voou. Voou para o vazio.

Imediatamente um fractal de travestis se formou ali, ao lado do corpo da Camila e lá, no Satyros, nós ficamos perguntando por quê?

Um pouco mais de um ano, enquanto ensaiávamos este "Cabaret Stravaganza", o porteiro de um prédio onde fica o Espaço dos Parlapatões, um dos teatros parceiros do Satyros, na Praça Roosevelt, um dia... Um dia, no horário de Sarah Kane, ele acordou o filho que dormia. O garoto, seis, sete anos, não entendeu o que estava acontecendo e começou a chorar. O pai pegou o garoto pelas mãos e foram subindo em direção ao terraço do prédio. Lá em cima, quando, enfim, atingiram o topo, o homem resolveu soltar a mão do garoto que desceu escadaria a baixo gritando. Encontrou o corpo do pai estatelado no meio da rua. Era uma sexta-feira. No Satyros, mais uma vez ficamos engasgados com a pergunta sem resposta: por quê?

No ano passado eu tive um AVC. Hoje eu não enxergo mais do olho direito. Eu moro no 17o. Andar. No horário de Sarah Kane, muitas vezes, eu me pego olhando pela minha janela me questionando: por quê?

Mas tem também o caso do casal de velhinhos que viviam lá na rua João Guimarães Rosa. Ironicamente a rua tem o nome do autor que era mestre em inventar histórias, palavras. Os dois pularam abraçados. No horário de Sarah Kane, o casal de velhinhos pulou abraçado.

E eu fico me perguntando o porquê. Por que, Henrique?

Outra encenação explicitamente performativa foi *Inferno na Paisagem Belga* (2012), com dramaturgia assinada pelo diretor Rodolfo García Vázquez. Trata-se de uma "palestra-espetáculo" sobre a obra e a relação amorosa dos poetas franceses Arthur Rimbaud e Paul Verlaine. O texto engendra narrações dos atores dos Satyros como eles mesmos e tem fraturas processuais e interativas, terminando com uma abertura para a participação ativa do público: um vaso de planta é incendiado para incitar os espectadores a apagar o fogo. Abaixo, a cena de abertura de *Inferno na Paisagem Belga*:

>CENA I
>>APRESENTAÇÃO
>>Ivam
>>Boa noite! Essa palestra-espetáculo, esse evento, ou qualquer outro nome que seja dado a este encontro terá como tema a relação e a arte de dois poetas, dois franceses que viveram no século XIX.
>>Apaixonados que se conheceram em uma Paris revolucionária e cheia de ideais: Arthur Rimbaud e Paul Verlaine.

OS SATYROS
TEXTOS PERFORMATIVOS E NOVAS DRAMÁTICAS PARA O ATOR-CIBORGUE

Ambos provaram os limites do amor, da vida e da arte, borraram as fronteiras entre elas de forma radical. Viveram e produziram arte com seus corpos e mentes, entre bebedeiras, poemas e beijos. Influenciaram gerações e gerações de artistas, da literatura ao rock, do cinema ao teatro.

Buscaremos provocar em vocês sensações, reflexões, estados alterados, enfim parte do que aquela Arte e aquelas vidas causam até hoje. Os estados de paixão que moveram Rimbaud e Verlaine naquela Paris que acabara de experimentar o sonho de um mundo melhor, em uma Londres cheia de fuligem e anonimatos e numa Bruxelas palco de um espetáculo em que vida, sangue e arte se encontraram.

Não será uma tarefa fácil, pois não vamos contar uma história com começo, meio e fim. Ao contrário, exigirá de nós e de vocês uma entrega imensa a um objetivo impossível de se atingir: viver as mesmas sensações juntos.

Na verdade, é melhor ser honesto. Já sabemos de antemão, que esse objetivo não será alcançado, de forma alguma, em momento algum.

O desespero do teatro é que raramente ele é arte e vida para quem faz e para quem assiste. E quando chega a esse momento mágico, nos pequenos lampejos em que isso acontece, os presentes devem agradecer por ter vivido uma iluminação.

O teatro é um fenômeno. Eu não sou. Você não é. Eu finjo que sou. Você finge que acredita que eu sou. E nesse jogo de fingimentos se institui o fenômeno do teatro.

Assim sendo, já começamos esta palestra-espetáculo, evento, ou qualquer coisa assim, conscientes do nosso fracasso mais absoluto.

Portanto, bem-vindos ao nosso fracasso.

Diversidade Sexual

Questões de gênero são temas recorrentes na trajetória dos Satyros, como se a busca artística da companhia estivesse sempre descortinando uma camada de performatividade mais profunda que são os labirintos sinuosos e os vetores múltiplos que envolvem as orientações e ambiguidades da nossa identidade mais sincera como seres desejantes. Mas antes vejamos uma citação do pensamento da filósofa Judith Butler feita por Josette Féral em seu livro que pode nos ajudar a frequentar um dos veios mais potentes da dramaturgia dos Satyros:

> Se o sexo do indivíduo é sem dúvida um dado biológico, o *gender*, pelo contrário, é o resultado de uma construção simbólica, provém do "performativo". A identidade para ela emerge como um componente fluido que é desempenhado e redefinido cotidianamente pelo próprio sujeito

em cada uma de suas ações. Não é, portanto, um dado fixo, definido de uma vez para sempre; está em evolução, em criação. Redefine-se em cada uma das ações do indivíduo.[17]

O pensamento de Judith Butler também é resgatado por Erika Fischer-Lichte. À maneira da filósofa norte-americana, a pesquisadora alemã também vê gênero como performatividade, como "uma identidade instituída por meio de uma estilizada repetição de atos"[18]:

> [...] o corpo não é meramente matéria, mas uma contínua e incessante *materialização* de possibilidades. Um corpo não é simplesmente um corpo, em algum tipo de sentido-chave, um corpo faz o corpo de alguém...[19]

Erika Fischer-Lichte ressalta que "a materialidade específica do corpo emerge da repetição de certos gestos e movimentos" e que "esses atos geram o corpo individualmente, sexualmente, eticamente e culturalmente marcado": "Atos performativos são dessa maneira de importância crucial na constituição corpórea assim como na identidade social."

A filósofa norte-americana Judith Butler procura despojar gêneros e identidades sexuais de qualquer tipo de "status ontológico" dissociado dos vários atos sociais que engendram a constituição de suas realidades:

> Se os atributos e atos do gênero, as várias maneiras como o corpo mostra ou produz sua significação cultural, são *performativos*, então não há identidade preexistente pela qual um ato ou atributo possa ser medido; não haveria atos de gênero verdadeiros ou falsos, reais ou distorcidos, e a postulação de uma identidade de gênero verdadeira se revelaria uma ficção reguladora. O fato de a realidade do gênero ser criada mediante *performances sociais* contínuas significa que as próprias noções de sexo essencial e de masculinidade ou feminilidade verdadeiras ou permanentes também são constituídas, como parte da estratégia que oculta o caráter *performativo* do gênero e as possibilidades *performativas* de proliferação das configurações de gênero fora das estruturas restritivas da dominação masculinista e da heterossexualidade compulsória.[20]

---

17 J. Feral, *Além dos Limites*, p.296-297n10.
18 E. Ficher-Lichte, *The Transfomative Power of Performance*, p. 27.
19 J. Butler, Performative Acts and Gender Constitution: An Essay in Phenomenology and Feminist Theory, em S.-E. Case (ed.), *Performing Feminism, Feminist Critical Theory and Theater*, Baltimore/London: Johns Hopkins University Press, 1990, p. 270-282, apud E. Fischer-Lichte, *The Transformative Power of Perfomance*, p. 27. (Tradução nossa).
20 *Problemas de Gênero*, p. 243-244.

OS SATYROS
TEXTOS PERFORMATIVOS E NOVAS DRAMÁTICAS PARA O ATOR-CIBORGUE

Próteses Tecnológicas e o Ator-Ciborgue

Ao lado das questões de gênero, o impacto da tecnologia sobre as relações humanas é outro tema recorrente e sempre muito urgente na trajetória dos Satyros: como levar à cena a performatividade de corpos atravessados, atordoados e ampliados por próteses tecnológicas nesses novos tempos digitais? A abertura do espetáculo Hipóteses para o Amor e a Verdade (2010), que foi transformado em longa-metragem lançado em circuito comercial em 2015, tem dramaturgia com *fraturas tecnológicas* escancaradas ao inesperado nas chamadas que podiam irromper a qualquer momento nos celulares dos espectadores durante a encenação:

> 1 - ENTRADA DO PÚBLICO
> 2 — CELULARES (Leo)
> *O Homem-bomba aparece na janelinha de sua cela. Com um espelho, tenta visualizar a plateia. Começa a pedir ajuda.*
> Homem-bomba – Ei, ei... Abre essa porta! Verme! (*verme na cadeia é polícia, qualquer coisa que seja contra os irmãos.*) Vou tomar seu sangue! Abre a porta aí. Por favor. Ei... mano, abre aí. (pausa) Mano, abre logo esse bagulho!
> *Alguém abre a porta para o homem-bomba. Ele entra na sala de espetáculo, carregando uma metralhadora e uma série de granadas fica pendurada no seu corpo. Usa óculos escuros.*
> Homem-bomba – Boa noite! Sejam todos bem-vindos. Eu só gostaria de pedir um favor: NÃO desliguem seus celulares. É isso mesmo: Mantenham seus celulares ligados, porra. Celular ligado, porra! (*ameaça com a metralhadora*) Afinal, o celular é um instrumento fundamental do dia-a-dia. Aprendi isso aqui... onde fiquei guardado por cinco anos. Onde tive que aprender a ter sangue nos olhos, a ter atitude, a ter a disciplina de um guerreiro. Lá é um mundo à parte, com suas próprias regras, um universo paralelo. É onde o filho chora e a mãe não vê. Mas o mais importante que eu aprendi por lá é que quando se tira tudo de um ser humano, não fica nada. Apenas uma coisa: O Mal. (Pausa. *Faz o som de bang e ameaça com a metralhadora.*) O Mal. O Mal e o celular. Duas coisas essenciais no ser humano. Por isso, mantenham seus bebês acordados e tenham um ótimo espetáculo. (*Joga outra bomba e sai.*)

A cena 9 do espetáculo focaliza a dependência, o vício tecnológico e a angústia de se viver em um mundo completamente esquadrinhado por satélites e que parece ter perdido o mistério:

> SOLIDÕES I
> Oi tudo, bom? Quem fala? Oi fulano. Você tá com um tempinho? Que bom...

Sabia que eu já quis um monte de coisa? Não consegui todas. Mas a maioria até que deu certo. O mundo é cheio de oportunidades. É, não é?

Eu tive quase tudo o que um homem na minha idade pode querer: uma mulher linda, dinheiro, muita grana. Mas tem uma coisa que eu nunca consegui. E eu nunca fui um cara bom pra fazer isso: dizer NÃO. Você sabe dizer não?

A questão toda é essa: eu não conseguia mais olhar nos olhos das pessoas, porque eu tinha medo de que elas me pedissem alguma coisa inconveniente e eu não ia conseguir dizer: Não.

Então só conseguia falar por telefone. O meu mundo ficou do tamanho desse celular aqui...

Você consegue olhar no olho de quem você conversa?

Eu não conseguia.

Falar por telefone me aliviava um pouco, sabe?! Mesmo assim, o celular me trazia uma outra angústia, ainda maior, ainda mais insuportável. Foi essa angústia que me carregou até o meu voo solitário.

Eu explico: você já parou pra pensar a quantidade de mecanismos e de pessoas que a gente acionou pra poder tá falando agora nesse aparelho?!

E as nossas vozes tão passeando pelo mundo agora, pelo céu, entende?!

A gente tá se falando agora através de ondas eletromagnéticas, transmitidas pelo espaço tecnológico da cidade. O nosso papo sai da tua voz, da minha voz, e percorre circuitos telefônicos através da cidade, até chegar no aparelho um do outro e a gente consegue se ouvir. Nosso papo está ocupando um espaço inusitado, que nem eu, nem você, nem ninguém sabe exatamente qual é. E o pior: a gente está pagando pra alguma empresa a cada minuto de papo. O nosso papo é altamente lucrativo.

Mas o pior é que um monte de gente pode estar ouvindo o que a gente tá falando também...

Em algum lugar, está sendo registrado este papo. Como nas câmeras de vídeo nas ruas, nos prédios de apartamentos, no metrô, nas movimentações bancárias, nos sites acessados do teu laptop, nos registros telefônicos da tua conta bancária, no teu site de relacionamento. Tudo é controlado o tempo todo. Então nada mais é secreto. Entende a minha angústia?: Todo mundo tá deixando rastros por aí o tempo todo. Acabaram-se os segredos do mundo! Acho que foi por isso que eu resolvi que já tinha vivido o suficiente: eu não conseguia mais viver sem os segredos do mundo. Eu precisava encontrar um espaço onde o mistério ainda existisse.

Sabe a guia turística? Sabe? Pois ela estava falando de mim. Era eu quem ficava na janela do apartamento olhando lá prá baixo, horas e horas pensando: ainda falta um mistério, ainda falta o último mistério. Era eu que olhava lá pra baixo e ficava imaginando como eu ficaria se o meu corpo voasse livre e solto pelo ar até se confrontar com a parede de concreto horizontal.

OS SATYROS
TEXTOS PERFORMATIVOS E NOVAS DRAMÁTICAS PARA O ATOR-CIBORGUE

> Você já pensou alguma vez nisso, em quanto pode ser prazeroso voar por uma janela? Se esse prazer não pode ser maior do que o de viver constantemente vigiado?
> Acho que alguma câmera deve ter acompanhado o meu voo solitário, de repente algum helicóptero que controla o trânsito da cidade. Mas isso já não me incomoda mais. Porque eu vivo agora feliz no mistério.
> Sabe...
> Não posso mais olhar no olho das pessoas. Mas eu gosto de ouvir de vez em quando. Você tem alguma história pra me contar? Pode falar. Tô aqui pra te ouvir....
> Só te peço o favor de não desligar. Eu não ia conseguir falar com você sem isso aqui. Eu preciso ter a segurança dessas ondas eletromagnéticas flutuando pela cidade, entende?
> (*Vai saindo de cena*)

Com o intuito de levar ao palco esse ser humano tecnológico em meio à virtualidade crescente da sociedade do espetáculo contemporânea, o grupo criou o conceito do "ator-ciborgue". O encenador Rodolfo García Vázquez explica em entrevista para este projeto de pesquisa:

> O ator-ciborgue é qualquer ator que, no momento do ato teatral, disponha de extensões tecnológicas próprias que afetem diretamente sua performance. Se eu entro com meu celular em cena e uso o celular (ilumino uma cena, emito sonoridades, projeto imagens etc.), estou na condição ciborgue do ator. Se entro em cena com meu celular, mas ele não é utilizado em cena, não estou na condição ciborgue. Se fiz uma cirurgia de alteração de sexo e meu corpo adquiriu uma forma anatômica próxima a um sexo que não o do meu nascimento, e isto se manifesta na cena de alguma forma, estou na condição ciborgue.

A cena II, logo na abertura de *Cabaret Stravaganza*, expressa bem a busca artística da companhia por uma dramaturgia atravessada por questionamentos relacionados à tecnologia e construída para o "ator-ciborgue":

> CENA II
> CORIFEU CIBORGUE
> MONTO E REMONTO O MEU CORPO, COMO MÁQUINA.
> Passo a vida substituindo as minhas peças, de olho nas engrenagens, no nível de óleo que corre em minhas veias, como um rapaz com uma estopa nas mãos, dedicando seus finais de semana inteiros a cuidar de uma moto podre de velha.
> Essa dedicação não me torna mais forte, ao contrário só me enfraquece porque eu me torno prisioneiro de minha obsessão.

O meu corpo-máquina é parte da minha humanidade: sou eu mesmo com minhas próteses, numa união indivisível. (*Pausa*) Sabe o que acho mais fascinante? Não ter ideia do que o próximo acessório vai fazer comigo. Não há definições. Sou um indivíduo sequelado. Não sou capaz de armazenar na cabeça tantos números que se referem a mim. Mando muitas mensagens de textos e falo o mínimo possível. Fibras óticas colorem o meu corpo.
PROVAR A MINHA EXISTÊNCIA É UMA NECESSIDADE CONSTANTE,
POR ISSO EU MASTIGO UMA NOVIDADE A CADA PORÇÃO DE MINUTOS.
O que foi feito da minha sensibilidade?
Um dia, vão me desligar quando eu menos esperar.
Você já pensou alguma vez por que somos o que somos?
E você, possui próteses? Órgãos artificiais? Marcapassos? Chips? Fios elétricos? Algum dos seus cinco sentidos é aperfeiçoado? As suas características fisiológicas são naturais? Já fez cirurgias estéticas como transplante de rosto, de couro cabeludo ou terceiro seio?
(Blecaute)

Cabaret Stravaganza é também um marco na trajetória da companhia no que diz respeito à busca de Ivam Cabral e de Rodolfo García Vázquez por um "teatro expandido" aberto às possibilidades do "ator-ciborgue". Rodolfo sempre parte da luz para conceber os espetáculos que vai dirigir. O processo de criação de *Cabaret Stravaganza* foi também uma reviravolta no pensamento do encenador sobre o desenho de luz de suas encenações. Na montagem, foram utilizadas canetas de raio laser verde para recortar o espaço e criar uma atmosfera futurista. Rodolfo conta a experiência em artigo publicado na revista *Sala Preta*, da Universidade de São Paulo:

> Surge aqui um novo paradigma em nosso trabalho de iluminação: a extensão ciborgue (o celular) do ator como fonte de iluminação. Não se trata apenas de mais uma fonte de luz elétrica para a cena, manipulada pelo operador de luz. No caso, é o próprio ator que usa sua extensão ciborgue como fonte de luz em cena, pois cada celular tem um tipo específico de lanterna, capaz de produzir determinado efeito. O ator tinha também a opção de baixar um aplicativo de lanterna para celular que criasse o efeito que desejasse propor para a cena. Essa perspectiva é fundamental para a compreensão do conceito do ator-ciborgue e do pontencial de iluminação advindo dessa nova condição.
>
> Outras fontes de iluminação ciborgue têm sido exploradas nessa pesquisa, o que abre um leque infinito de possibilidades luminotécnicas para nosso trabalho.[21]

---

21 R.G. Váquez, *Sala Preta*, p. 43-44.

OS SATYROS
TEXTOS PERFORMATIVOS E NOVAS DRAMÁTICAS PARA O ATOR-CIBORGUE   **139**

No mesmo texto, o diretor diz que, "ao trabalhar com a ideia do teatro expandido, o ator-ciborgue e suas possibilidades luminotécnicas tornam-se incontornáveis". Tudo isso ampliou ainda mais as *fraturas tecnológicas* e *processuais* dos espetáculos do grupo, que passaram a ser obras em progresso a cada nova apresentação:

> As extensões ciborgue, os aplicativos e as possibilidades de jogos de luz nos levaram a uma iluminação participativa e processual. Na busca de uma iluminação menos rígida e estruturada, permitimos movimentos luminotécnicos fluidos e permeáveis. Ao invés de um único operador determinando todas as sequências de luzes cênicas, passamos a contar com vários criadores de ambientações de luz, que se entrecruzavam aos recursos que tradicionalmente utilizamos nos Satyros. Numa atitude assumidamente relacional, os atores ciborgues colocaram-se em jogo performativo na realização de sequências luminotécnicas, em um processo criativo contínuo.[22]

Josette Féral e Erika Fischer-Lichte têm visões diferentes sobre a utilização de artefatos tecnológicos na arte da performance e em espetáculos teatrais performativos, sendo que a última é bem mais radical, talvez purista, ao analisar esse procedimento de linguagem, encarando a tecnologia como "aparência" capaz de ofuscar a potência da presença na cena: "uma estética do performativo é para ser vista como uma estética da presença mais do que efeitos de presença, e como a estética da 'aparição' mais do que da aparência"[23].

Embora também cética com relação à "máquina cibernética", que pode transformar tudo em "simulacro", Josette Féral é mais receptiva às possibilidades de utilização de tecnologia na estética do performativo:

> A imagem importada ao palco através das mídias permite aqui ruptura e distância crítica perante a cena e introduz tal deslocamento do tema de enunciação, trazendo um ponto de vista no palco em relação ao real: o da câmera. As mídias: monitor de vídeo, televisão, filme, introduzem assim um tema não polarizado, difuso, um novo tema da enunciação que desarma o processo da representação em curso. […]
>
> […] O real das performances multimídia é de preferência o do tema na sua relação com o real, um real de que participa o social mas somente como um de seus componentes.
>
> O processo não é contudo puramente formalista. Ele não é unicamente dirigido contra os modos de representação artísticos habituais. Ele

---

22 Ibidem, p. 44-45.
23 E. Fischer-Lichte, *The Transformative Power of Perfomance*, p.101. (Tradução nossa.)

vai além de uma retomada de questionamento da sintaxe da representação. Ele não pretende instituir um discurso puramente estético sem incidência sobre o real. Ele aspira revelar os automatismos que aprisionam o espectador em relação ao real e leva-o também à necessidade de um espectador formado que saiba decifrar nisso um discurso crítico de denúncia.[24]

A entrada da câmera em cena, com seu dom de ubiquidade, estilhaçou o palco em uma miríade de fragmentações, dentro ou fora dos edifícios teatrais. A lente de aumento do cinema, ou melhor, da linguagem audiovisual, nos oferece a possibilidade de duplicação, de multiplicação da presença ao vivo e em tempo real, descortinando caminhos de linguagens híbridas que vão bem mais além do que um simples jogo de aparências.

Além disso, a arte cinematográfica não se resume apenas à imagem, tendo o som como um elemento de linguagem muito potente. As experimentações sonoras do cinema influenciaram e foram incorporadas às artes cênicas. Prática recorrente nos espetáculos contemporâneos, os *áudio tours* são um exemplo de como a edição de som dessa nova modalidade de encenação pode deflagrar uma performatividade na presença do espectador, que, estimulado por paisagens sonoras, texto e música, constrói uma *experiência* sensorial e profunda nas telas mentais da própria psique. Para Erika Fischer-Lichte[25], o espaço auricular, auditivo, pode ser *experienciado* "como um espaço liminar de transições permanentes, passagens e transformações".

No texto *Teatro e Cinema*, o crítico francês[26] analisa a questão da presença nas duas linguagens que dão nome ao ensaio: "O cinema realiza o estranho paradoxo de se moldar sobre o tempo do objeto e de ganhar, ainda por cima, a marca da sua duração".

Bazin focaliza no mesmo artigo as possibilidades do olhar da câmera, que cria proximidades com suas lentes de aumento através da fragmentação da decupagem, potencializando os vestígios da presença captados nos planos e logicamente a fruição do espectador.

No ensaio *Sob o Risco do Real*, o crítico e cineasta Jean-Louis Comolli fala de uma "potência de convicção" e de uma "beleza" que somente o corpo filmado é capaz de conhecer, o que de algum modo aprofunda a questão da presença e nos faz pensar sobre como o cinema pode ampliar a força corpórea das artes performativas:

24   J. Féral, *Além dos Limites*, p. 238.
25   E. Ficher-Lichte, *The Transfomative Power of Performance*, p.128. (Tradução nossa.)
26   A. Bazin, *O Que É o Cinema?*, p. 174.

> Esses homens e essas mulheres, seres reais tomados na relação filmada, nela irão manifestar (é o que convém esperar) toda sua singularidade: o que faz que um corpo, uma palavra, uma subjetividade se tornem em relação ao cinema (e talvez apenas a ele) únicos, insubstituíveis, não reproduzíveis (a não ser pelos meios mecânicos, laboratórios, cópias, projeções). O milagre terá acontecido: filmado, o corpo atinge uma potência de convicção, uma beleza que o corpo não filmado não conhece. Melhor que o teatro e a pintura, o cinema expõe o corpo humano em todos os seus estados: verdade (crueldade) da tomada cinematográfica, como não filmar a passagem do tempo nos corpos?[27]

Em seu livro *Notas Sobre o Cinematógrafo*, o cineasta Robert Bresson escreveu o seguinte: "O cinema sonoro inventou o silêncio". Buscando inspiração na atmosfera clarividente dos aforismos do grande diretor francês, que gostava de trabalhar com paradoxos, poderíamos dizer que o cinema, com seus vestígios de aparições, reinventou a presença nas artes cênicas[28].

A linguagem audiovisual, impulsionada pelas novas tecnologias digitais, virou uma revolução de costumes no mundo em que vivemos, descortinando, para as artes performativas, uma infinidade de recortes minimalistas e de camadas de rastros de presença real nos espetáculos. Nem tudo é simulacro. Todas essas questões reverberam na trajetória dos Satyros, que vêm recriando, repensando e problematizando os desdobramentos da tecnologia na arte e na sociedade contemporânea.

Parcerias Artísticas

Como cineasta, realizei três documentários com a companhia: *Cuba Livre*, *Vila Verde* e *Os Satyros*. Como dramaturgo, em processo colaborativo com o grupo, escrevi o texto do espetáculo *Satyricon*, baseado na obra homônima de Petrônio, que estreou no Festival de Teatro de Curitiba em 2012 e que formava uma trilogia batizada de *Satyros' Satyricon* com a instalação performativa *Trincha* e a rave cênica *Suburra*. As três encenações ficaram em cartaz em horários alternados.

A construção da dramaturgia do espetáculo *Satyricon*, como em todo processo colaborativo, foi marcada por improvisações e *workshops* que guardam em suas entranhas uma matéria-prima performativa, deflagrada por vivências,

---

27 J.-L. Comolli, *Ver e Poder – A Inocência Perdida: Cinema, Televisão, Ficção, Documentário*, p. 175-176.
28 R. Bresson, *Notas Sobre o Cinematógrafo*, p. 42.

inquietações, reminiscências, romantismos, militâncias e depoimentos pessoais. O elenco era numeroso, com vinte pessoas em cena. Como é frequente em criações coletivas a partir de obras já existentes, sobretudo literárias, o grupo acabou deixando Petrônio um pouco de lado e uma das minhas preocupações como dramaturgo foi não perder de vista jamais as ações e o espírito picaresco desse clássico do século 60 d. C. que exerceu forte influência sobre a literatura ocidental. Não necessariamente por fidelidade a Petrônio, mas porque estávamos fazendo um espetáculo chamado *Satyricon* e isso precisava ser levado em consideração. No início do processo, havia no elenco três atrizes transexuais e por isso criei na adaptação três "parcas transexuais" para nos ajudar a conduzir a história no palco. As atrizes, no entanto, declinaram das personagens.

A escritura dramatúrgica é toda atravessada por *fraturas performativas* que foram decantando nos personagens de Petrônio. A irreverência e o humor do escritor romano, que foi conselheiro de Nero, acabaram roubando a cena, instigados pela pulsão lúdica e também sexual do elenco jovem. A abertura da adaptação, embora não tenha vingado no espetáculo como foi escrita, como é bastante comum nas criações colaborativas, é um roteiro de ações com fissuras para improvisações performativas:

PRIMEIRA PARTE

O público está concentrado na entrada do Teatro Satyros II e começa a entrar. BILHETEIRO, caracterizado como uma espécie de mestre-de-cerimônias do banquete de Trimalquião, recebe os ingressos dos espectadores, que mais parecem cartões de crédito, cravejados de logomarcas de grandes empresas.

Bilheteiro (*recebendo os ingressos dos espectadores*): Essas feridas... Eu as recebi pela liberdade do povo.

Bilheteiro pega um dos ingressos que acaba de receber e corta os pulsos. Geme de dor e de revolta. Sangue escorre dos seus pulsos.

OBSERVAÇÃO: Essa frase, "Essas feridas... Eu as recebi pela liberdade do povo", foi extraída do fragmentado "romance" de Petrônio e será a primeira fala de TRIMALQUIÃO quando começa a receber seus "convidados", ou melhor, o público que está entrando no teatro. Essa mesma frase será o mote para que os atores e as atrizes do espetáculo "Satyricon" criem momentos performativos nos mais diferentes espaços do Satyros II: figuras cênicas, imagens, misturando as próprias vivências e sensações ao se deixarem levar pela frase.

O público termina de passar por Bilheteiro e ainda está concentrado no saguão do teatro. Subitamente, MULHER vem subindo as escadas que conduzem para a parte de baixo do espaço. Ela se dirige ao público.

OS SATYROS
TEXTOS PERFORMATIVOS E NOVAS DRAMÁTICAS PARA O ATOR-CIBORGUE

> Mulher (*ao público, irônica*): Nossa terra está tão entulhada com a abundância de divindades que é mais fácil encontrar um deus do que um homem. Venham e façam uma doação do próprio brilho. Pra me ajudar a encontrar um ser humano... Um ser humano de verdade... No meio de todos vocês. Celebridades desesperadas. Com fome de mídia. Vocês vieram ao lugar certo. Aqui tudo é festa. Glamour. Perversidade e devassidão. Os olhos de todos vocês estão cegos de deslumbramento. (*Tom, visionária*) Posso ver. Posso radiografar a alma de todos vocês. (*Tom, entediada e ao mesmo tempo sufocada, desesperada*) Estrelas fugazes... Dessa mídia que não tem mais fim. Em tempo real. Ao infinito. Para sempre e além da morte. (*Tom, cruel e devassa*) Mas eu vou revirar as entranhas de todos vocês. Principalmente as genitálias. (*Tom, debochada*) Para encontrar um ser humano de verdade por trás de todos esses rostinhos alienados. Cheirando a mofo dos estúdios de televisão.
>
> Mulher rasga a própria blusa e mostra os seios ao público.
>
> Mulher (*mostrando os seios ao público*): Essas feridas... Eu as recebi pela liberdade do povo. Venham. Não tenham medo. Me acompanhem.
>
> Mulher desce as escadas e o público a acompanha.

No que diz respeito aos documentários realizados em parceria com a companhia, os filmes foram se desenrolando sempre à mercê dos rumos inesperados trazidos pelo acaso. Inicialmente, a ideia era fazer uma série de entrevistas para um documentário sobre a trajetória de mais de vinte anos dos Satyros. Criei o seguinte dispositivo: pedi ao encenador Rodolfo García Vázquez para "desnudar" a personalidade dos principais atores e atrizes da companhia por meio da luz. No palco do Teatro Satyros I, o diretor construía um set com texturas de cores e luzes que tivessem a ver com a alma artística daquele determinado integrante do coletivo, ao mesmo tempo em que eu o entrevistava sobre o ator, ou a atriz, durante a ação do trabalho. Quando a iluminação estava pronta, o fotógrafo Fabiano Pierri e eu colocávamos dois espelhos no set, um de frente para o outro, com o intuito de fragmentar ao infinito a imagem do membro do grupo que seria entrevistado. Uma tentativa de estilhaçar rostos e gestos em uma miríade labiríntica de imagens que deixavam rastros a cada novo movimento durante as falas. Em seguida, a entrevista era realizada.

No entanto, a filmagem dessa série de depoimentos foi interrompida diversas vezes por causa de surpresas do inesperado, ou melhor, em função de convites que o grupo recebeu para encenar a peça *Liz*, de Reinaldo Montero, em Havana, em 2008, e também no mesmo ano para fazer uma intervenção cênica na Vila Verde, bairro da periferia da capital paranaense, durante o Festival de Teatro de Curitiba. O primeiro documentário, batizado de *Os Satyros*, acabou se tornando uma trilogia: *Cuba Libre* (sobre a viagem do grupo à Cuba) e *Vila Verde* (que focalizou o processo de criação do espetáculo *A Fauna* em Curitiba).

A documentação do grupo gerou diferentes dramaturgias fílmicas. *Os Satyros* é um filme de entrevistas, antecedidas pela análise e desnudamento da personalidade dos atores e das atrizes da companhia por meio da luz. Rodolfo García Vázquéz também fez uma espécie de "autorretrato luminoso" antes do próprio depoimento. O documentário é ainda pontuado por imagens da Praça Roosevelt e por trechos de espetáculos da companhia.

Cuba Libre, por sua vez, é um filme sobre a volta de Phedra de Córdoba à Havana após mais de cinquenta anos sem pisar no seu país de nascimento. A atriz transexual rouba a cena no documentário em busca das próprias raízes. A construção narrativa do filme mistura as andanças de Phedra por locações na capital cubana com trechos dos ensaios e do espetáculo *Liz*, além de várias entrevistas, entre elas, com o dramaturgo cubano Reinaldo Montero.

É interessante lembrar que, quando chegamos à ilha caribenha, Mariela Castro, filha do presidente Raúl Castro, diretora do Centro Nacional Cubano de Educação Sexual e grande ativista dos direitos da comunidade LGBT, havia recentemente liderado a implementação de um decreto para aceitação dos homossexuais naquele país. É importante ressaltar que, nos tempos do "triunfo da revolução", os gays eram confinados em campos de concentração e obrigados a cortar cana como punição por causa de sua orientação sexual. Apesar do decreto, tudo ainda acontecia meio às escondidas, mas os homossexuais já começavam a lutar de uma maneira muito mais contundente pelos próprios direitos. E Phedra de Córdoba, à frente dos Satyros, chega justamente nesse momento à Havana.

Filmamos na periferia da capital cubana uma homenagem até certo ponto clandestina à chamada "Rebelião de Stonewall", que aconteceu em Nova York em 1969 e é um marco na luta dos direitos dos homossexuais em diversos países. Começamos a entrevistar pessoas: um casal de lésbicas, um homem que foi humilhado por ser gay ao tentar prestar o serviço militar, também um tenente-coronel que participou da revolução e lembrou, somente áudio (não pôde mostrar o rosto, pois não haviam autorizado o seu depoimento), a perseguição aos homossexuais nos primeiros anos que Fidel Castro chegou ao poder.

O filme foi se fazendo meio à mercê do inesperado, como convém ao documentário, estranha estrutura de linguagem que tem o acaso como permanente elemento de composição. Filmamos shows de travestis em cabarés clandestinos na periferia de Havana. E também entrevistamos Rodolfo García Vázquez e Ivam Cabral com atores cubanos debatendo todas essas questões que sempre foram um tabu na ilha caribenha. Ainda filmamos as palavras de ordem revolucionárias espalhadas pelas principais ruas da cidade e por fim decupamos, com planos-detalhe, a "dramaturgia do tempo" na decadência de La Habana Vieja.

A estrutura narrativa do documentário *Cuba Libre* encadeia todas essas vivências do grupo e da equipe de filmagem, conduzida pela presença carismática, sempre performativa e histriônica de Phedra de Córdoba. É importante lembrar que o filme registrou e eternizou um momento raro, um presente do acaso guardado por mais de cinquenta anos: o reencontro súbito, completamente inesperado, da septuagenária atriz cubana com o teatro do Clube Galícia, onde havia estreado profissionalmente aos 13 anos.

Vila Verde é o que costumo chamar de "documentário processual", cuja dramaturgia é a desconstrução de um espetáculo a partir de tudo que foi sendo experimentado em cada uma das etapas do processo de criação coletiva. O filme foi exibido no Itaú Cultural em 2012 durante a mostra *Teatro SP: Novas Dramaturgias em Tempos Digitais*, em que fiz a curadoria e que englobou mesas de debates e exibição de documentários.

Rodolfo García Vázquez chegou à periferia da capital paranaense como um documentarista. Ouviu moradores, se emocionou e ficou chocado com diversas histórias de vida dos membros da comunidade. Os grupos de trabalho foram formados e, com a ajuda de parte do elenco da companhia, a dramaturgia documentária da encenação, fraturada pela potência dos depoimentos pessoais dos habitantes da Vila Verde, começou a ser escrita em processo colaborativo com a participação de todos. Como cineasta, tudo que fiz foi observar com o rigor de uma câmera discreta e, de quando em quando, participativa.

Os ensaios foram impactantes, mas, ao mesmo tempo, lúdicos, o que sempre confirma a minha convicção de que arte é cura para a nossa loucura. Ao criarmos uma alteridade de nós mesmos em um dispositivo dramatúrgico, mesclando as possibilidades da ficção propriamente dita com a força documentária das histórias de vida, não tardamos a exorcizar chagas profundas com o auxílio da ludicidade da fabulação, até que "personagens" irrompem como alteridades de nós mesmos e eles são a travessia para a cura. Uma espécie de catarse artística não tarda a nos purgar de mazelas, dores, mas também a potencializar superações, humor e alegrias, descortinando assim os múltiplos estados do ser da natureza humana.

A Fauna é um espetáculo que hibrida as possibilidades de linguagem da intervenção urbana e da arte *site-specific* com os caminhos dramatúrgicos, não menos híbridos, dessa nova vertente do teatro que vem sendo chamada de "documentário cênico".

Já o filme *Vila Verde* é a desconstrução processual dessa criação coletiva tão singular, conduzida com tanta delicadeza e sensibilidade pelo encenador Rodolfo García Vázquez. A dramaturgia do documentário fílmico começa com a encenação *A Fauna* e, a partir daí, sua estrutura narrativa vai sendo atravessada por *fraturas* que nos conduzem às diversas fases de construção do espetáculo.

Talvez o principal legado dos Satyros na minha trajetória como artista e como ser humano tenha sido um impulso que é nevrálgico e estratégico na arte da performance e no teatro performativo: o fazer.

Em *Além dos Limites*, Josette Féral resgata a gênese do termo "performativo" em verbos e expressões orais que *executam uma ação*, e depois analisa os desdobramentos do conceito na prática artística:

> Trata-se de ideia que valoriza a ação em si, mais que seu valor de representação, no sentido mimético do termo. [...] quando Schechner menciona a importância da "execução de uma ação" na ideia de *performer*, ele, na realidade, não faz senão insistir neste ponto nevrálgico de toda performance cênica, do "fazer". É evidente que tal fazer está presente em toda forma teatral que se dá em cena. A diferença aqui – no teatro performativo – vem do fato de que esse "fazer" se torna primordial e um dos aspectos fundamentais pressupostos na performance.[29]

Aprendi com os Satyros a coragem, o despudor, os riscos, as imperfeições, a indigência, a precariedade, mas também as epifanias do inesperado e a irrupção de beleza e potência cênica que envolvem a máxima do movimento punk: *Do it yourself!*, ou seja, faça você mesmo! Independentemente das condições de produção, dos entraves orçamentários e do respaldo de patrocínios abastados ou inexistentes, o mais importante é fazer, se arriscar, se expressar artisticamente com as limitações e as potencialidades do próprio corpo.

---

29 J. Féral, *Além dos Limites*, p. 118-119.

Cena do espetáculo A Travessia da Calunga Grande, *da Cia. Livre.*

CIA. LIVRE
DRAMATURGIAS COLABORA
DE UM TEATRO ÉPICO-RITU

Com o despudor lúdico, a ousadia da experimentação e os riscos da independência impressos no próprio nome, a Cia. Livre não tem medo da tradição. Muito pelo contrário. Os integrantes do coletivo buscam as *convenções* da linguagem cênica e procuram aproximar diferentes gerações do teatro brasileiro e mundial, fertilizando assim a produção contemporânea com o halo de possibilidades artísticas que os ciclos históricos do passado jamais conseguem esgotar. Permanece sempre algo precioso ainda latente, inexplorado, que novas pesquisas conseguem imantar, reacender a sua cíclica potência revolucionária.

O escritor, roteirista, cineasta, montador e crítico Inácio Araújo costuma dizer que o futuro do cinema está no seu passado, em que novos mundos estavam sendo inventados e quando havia muito mais espaço para o risco e para a experimentação. O mesmo talvez possa ser dito sobre as artes do palco, principalmente sob a ótica da Cia. Livre. O grupo é um dos expoentes da cena paulistana contemporânea na recriação de um passado potente e eternamente vivo, sempre inspirador para as futuras gerações.

Como em outros capítulos, a análise da trajetória do coletivo foi dividida em duas etapas. Na primeira, o objetivo foi fazer uma espécie de *acareação* crítica da companhia com a própria base teórica: um exercício de *alteridade* no qual tentei investigar como as principais influências estão capilarizadas nos espetáculos do grupo. Na segunda etapa, procurei analisar como tudo decantou no texto, a eternidade material do teatro, quase sempre atravessado por diferentes tipos de fraturas, sobretudo processuais.

Aplicar essa abordagem ao percurso artístico da Cia. Livre não foi tarefa fácil, tamanha é a abrangência do seu leque de influências. A polifonia da base teórica do grupo é muito ampla e diversificada: Nelson Rodrigues, Constantin Stanislávski, Bertolt Brecht, Antonin Artaud, José Celso Martinez Corrêa e o Teatro Oficina, Augusto Boal e o Teatro de Arena de São Paulo, além dos principais pensadores do teatro moderno, como Adolphe Appia, Gordon Craig, Erwin Piscator e Vsévolod Meierhold, entre outros. Escolhas foram feitas. Embora toda análise seja um recorte, por vezes muito tendencioso, procurei não perder de vista a dimensão da riqueza de referências que caracterizam a trajetória da Cia. Livre, que assumidamente bebe na tradição, aliás, como todo coletivo de criadores. No entanto, alguns mascaram as próprias influências, talvez movidos pela sofreguidão em busca do "novo".

Não é o caso do grupo dirigido pela encenadora Cibele Forjaz, que carinhosamente vai tecendo um diálogo com gerações marcantes do passado, sempre tentando semear novas interlocuções com futuros criadores que estão em formação ou que ainda virão. Parafraseando a encenadora e pesquisadora Maria Thais Lima Santos em suas aulas no Departamento de Artes Cênicas da Escola de Comunicações e Artes (ECA) da Universidade de São Paulo (USP), ao se referir a Meierhold, Cibele Forjaz também deu "um passo atrás" na tradição. A diretora da Cia. Livre foi em busca de um teatro da "convenção consciente"[30], pedindo emprestadas as palavras de Béatrice Picon-Vallin, professora do Conservatório Nacional Superior de Arte Dramática de Paris, também ao se referir a Meierhold, no prefácio do livro *Do Teatro*, do ator e diretor russo.

30 B. Picon-Vallin, *Meierhold*, p. 39.

Antes de enveredarmos pela trajetória da Cia. Livre, vale a pena resgatar uma clarividente reflexão de Bertolt Brecht sobre a "cópia" e a "imitação livre", que pode aprofundar ainda mais essa busca artística do grupo dirigido por Cibele Forjaz pela combustão revolucionária da própria tradição. O pensamento e a obra do dramaturgo e teórico alemão também são fortes influências do coletivo:

> É necessário libertarmo-nos desse desprezo tão frequente pela cópia. Copiar não é o "caminho mais fácil". Não é uma vergonha, é uma arte. Ou seja, é preciso tornar a cópia uma arte, precisamente para que não se verifique nem uma redução a fórmulas, nem rigidez alguma. Olhe, para citar a minha experiência pessoal desse processo, como dramaturgo copiei a dramática nipônica, helênica e elisabetana, e, como encenador, os arranjos cênicos do cômico popular Karl Valentin e os esboços de Caspar Neher, e não me senti, nunca, menos livre. [...] A cópia artística, tal como a elaboração de modelos, exige primeiro, naturalmente, aprendizagem. Os modelos, para poderem ser imitados, têm de ser suscetíveis de imitação. Deve-se saber distinguir tudo o que não for suscetível de ser imitado de tudo o que é exemplar. Além disso, há imitação servil e imitação livre.[31]

Liberdade de pesquisa. Liberdade de experimentação. Liberdade de avançar recuando, para que o passo seguinte consiga descortinar um futuro próximo que traga em seu bojo a efervescência histórica de várias gerações.

A Cia. Livre começou a sua trajetória em busca de uma dramaturgia brasileira, que culminou no *Estudo Público das Tragédias Cariocas de Nelson Rodrigues* (1999) e que se desdobrou em dois espetáculos: *Toda Nudez Será Castigada* (direção de Cibele Forjaz) e *Os 7 Gatinhos* (direção de Vadim Nikitin). Ambas as encenações estrearam em 2000. O projeto inicial do coletivo englobava um revezamento de funções, o que aconteceu nos primeiros anos, mas pouco a pouco Cibele Forjaz foi se tornando a encenadora da companhia. O grupo sempre foi um celeiro de grandes atores e atrizes, como Isabel Teixeira, Lúcia Romano, Leona Cavalli, Edgar Castro, Gustavo Machado e Eucir de Souza, entre tantos outros. Trata-se, na verdade, de um "matriarcado" artístico que se estruturou como uma espécie de "triunvirato" de criadoras, no qual se destacam, além de Cibele Forjaz, a diretora de arte, cenógrafa e figurinista Simone Mina e a iluminadora Alessandra Domingues.

---

31 B. Brecht,. *A Utilização de um Modelo Restringe a Liberdade Artística?*, entrevista concedida a E.A. Winds, diretor do teatro de Wuppertal, *Estudos Sobre Teatro*, p. 220-221.

CIA. LIVRE
DRAMATURGIAS COLABORATIVAS EM BUSCA DE UM TEATRO ÉPICO-RITUAL

Após a premiada temporada de *Toda Nudez Será Castigada*, a Cia. Livre fez imersão no pensamento e na obra de Constantin Stanislávski com o objetivo de encenar *Um Bonde Chamado Desejo*, de Tennessee Williams, que estreou em 2002. A partir daí, a trajetória do grupo vai se cruzar com os percursos do Teatro Oficina e do Teatro de Arena de São Paulo, que, por sua vez, também se encontram entrelaçados no final dos anos 1950 e início da década de 1960. À sua maneira, a Cia. Livre vai reescrever os caminhos do Oficina e do Arena, com o intuito de aproximar gerações, talvez "copiando" as pesquisas dos grupos liderados por José Celso Martinez Corrêa e Augusto Boal com essa acepção libertária que emana do conceito brechtiano de "imitação livre". É importante ressaltar ainda que Cibele Forjaz atuou dez anos como iluminadora e assistente de direção no Teatro Oficina, onde foi aprender parte da História viva do teatro brasileiro justamente para dar um revolucionário "passo atrás" na tradição; onde foi beber direto na fonte das *convenções* das artes cênicas do nosso país, justamente para que a Cia. Livre fizesse uma travessia profunda até os caminhos colaborativos das criações contemporâneas.

Vamos relembrar um pouco da gênese do Teatro Oficina e a sua estreita relação inicial com o Teatro de Arena para que possamos entender melhor a releitura, ou melhor, a reescritura histórica que foi sendo engendrada pela Cia. Livre. Armando Sérgio da Silva avalia assim a trajetória do coletivo liderado por José Celso Martinez Corrêa:

> Foi no ano de 1958 que um grupo de teatro nasceu dentro da Faculdade de Direito do Largo São Francisco. O nome ainda não era Teatro Oficina. Tudo aconteceu quando um grupo de estudantes de direito, dentre os quais, José Celso Martinez Corrêa, Carlos Queiroz Telles e Amir Haddad, resolveu encenar duas peças: *Vento Forte Para o Papagaio Subir*, de José Celso Martinez Corrêa, e *A Ponte*, de Carlos Queiroz Telles. O local conseguido para a estreia foi uma casa ocupada por um grupo teatral de espíritas, chamado "Teatro dos Novos Comediantes".[32]

No ano seguinte, *A Incubadeira*, com texto de José Celso e direção de Amir Haddad, conquista vários prêmios no II Festival de Teatro Amador de Santos e acaba abrindo as portas do coletivo para o Teatro de Arena de São Paulo, onde o espetáculo foi encenado durante dois meses. A partir daí, é inaugurada uma relação de "paternidade" do Arena com o Oficina, nas palavras da

---

[32] A.S. da Silva, *Oficina: Do Teatro ao Te-Ato*, p. 17.

própria atriz Etty Fraser, segundo o pesquisador Armando Sérgio da Silva: "Nós somos filhos do Teatro de Arena"[33]. Nesses primeiros anos, houve até mesmo um impasse entre os integrantes do Oficina: se o grupo deveria ou não se integrar ao Arena. Acabou prevalecendo a segunda opção, como é notório.

José Celso Martinez Corrêa e sua trupe ainda amadora fizeram curso de interpretação com Augusto Boal, que havia estudado no Actors Studio, em Nova York. O primeiro contato mais profundo que o Oficina teve com o pensamento e a obra de Constantin Stanislávski foi por meio desse método norte-americano que por vezes tende a interpretações intensas e até mesmo exageradas, como pode ser conferido em alguns filmes do cineasta Elia Kazan, um dos fundadores do Actors Studio. Nova imersão no sistema do ator e encenador russo foi feita por meio de Eugênio Kusnet, que, segundo Armando Sérgio da Silva[34], representou "o primeiro passo" após a profissionalização do Oficina: "Kusnet estudara na Rússia com alguns seguidores de Stanislávski os princípios do 'Método'. A presença de Kusnet não foi somente importante, mas decisiva para a própria existência do Oficina".

Talvez por ironia do destino, a montagem de *Um Bonde Chamado Desejo*, de Tennessee Williams, que a Cia. Livre encenou em 2002, foi justamente o motivo do grupo para mergulhar no sistema de Stanislávski, ao passo que, para o Oficina, o espetáculo sobre o mesmo texto do dramaturgo norte-americano, realizado em 1962, com direção de Augusto Boal, também marcou um aprofundamento, mas, ao mesmo tempo, um primeiro esgotamento da influência do pensamento do encenador russo e uma posterior abertura às estratégias de distanciamento do teatro épico de Bertolt Brecht, que começam a ser experimentadas em *Andorra*, de Max Frisch (1964). A encenação do célebre texto de Tennessee Williams no Oficina também sinalizou um afastamento da influência do Arena sobre a trupe liderada por José Celso. No que diz respeito à Cia. Livre, por outro lado, a montagem de *Um Bonde Chamado Desejo* foi justamente a passagem e posterior abertura para o "Sistema do Coringa", de Augusto Boal, pesquisado e experimentado na partitura épica do espetáculo seguinte do coletivo: *Arena Conta Danton*, de 2004, que fez parte do projeto *Arena Conta Arena 50 anos* e que, com coordenação geral de Isabel Teixeira, resgatou a história e a memória do Teatro de Arena, "nascedouro do teatro de grupo paulista", nas palavras da atriz, dramaturga e encenadora,

---

33 Ibidem, p. 19.
34 Ibidem, p. 24.

por meio de depoimentos, palestras, leituras dramáticas, exposição, CD-ROM e *website* com uma série documentária.

Armando Sérgio da Silva lembra a montagem do texto de Tenneesse Williams em 1962:

> A próxima montagem seria *Um Bonde Chamado Desejo* (A Street Car Named Desire), de Tenneesse Williams, o grande sonho de todos os componentes, na época. Tennessee Williams era um dos grandes dramaturgos do momento e, de certo modo, refletia as inquietações sociais e, principalmente, existenciais, da juventude intelectualizada de então. O prato era perfeito para o Oficina: um texto *up to-date* (para se ter uma ideia da badalação, basta dizer que a própria Vivian Leigh, intérprete de Blanche no cinema, veio assistir à estreia), com um conteúdo bastante próximo de seu universo de vivência e a necessidade de um aprofundamento dos estudos de Stanislávski. O processo de trabalho, nessa montagem, viria ainda reforçar e ampliar a ligação com os processos do Actors Studio e do Group Theater.[35]

Enquanto o Oficina aprofundou as relações com o pensamento de Stanislávski por meio das releituras do Actors Studio e do Group Theater em *Um Bonde Chamado Desejo*, a encenação da mesma peça para a Cia. Livre foi um modo de mergulhar no realismo, recriando as ideias do ator e diretor russo à sua maneira, ou melhor, "à brasileira", como costuma dizer Cibele Forjaz, com o objetivo de desenvolver processos de análise de texto para realizar exercícios de direção de atrizes e atores.

Além do trabalho marcante do elenco, encabeçado por Leona Cavalli (Blanche), Isabel Teixeira (Stella) e que teve Milhem Cortaz e Eucir de Souza se revezando no papel de Stanley Kowalski, a montagem dirigida por Cibele Forjaz colocava em cena uma exuberante teia que ia sendo urdida por Blanche Dubois, tentando enredar todos à sua volta na sofreguidão do seu desalento, desespero e indigência. O trabalho da diretora de arte Simone Mina permanece indelével na memória, uma artista que, com elementos mínimos, como tiras de elástico, consegue "o extraordinário no ordinário", como ela mesma costuma dizer.

Constantin Stanislávski escreveu o seguinte sobre a sua busca como encenador pelos múltiplos estados do ser das personagens de Tchecov:

> Todos esses estados de alma, pressentimentos, insinuações, cheiros e sombras dos sentimentos intraduzíveis em palavras partem do recôndito da nossa alma e ali entram em contato com as nossas vivências: as sensações

---

35 Ibidem, p. 30.

religiosas, a consciência social, o sentido supremo da verdade e da justiça, a tendência curiosa da nossa razão para os mistérios do ser. É como se esta região estivesse impregnada de substâncias explosivas, bastando apenas que a nossa impressão ou lembrança toquem como uma fagulha essa profundidade para a nossa alma arder em sentimentos vivos.[36]

O ator e diretor russo define o próprio sistema artístico em sua autobiografia: "o método de trabalho do ator que sondei e permite ao ator criar a imagem do papel, revelar neste a vida do espírito humano e personificá-la com naturalidade no palco numa forma artística bela"[37].

Em Um Bonde Chamado Desejo, Cibele Forjaz queria uma direção quase "invisível" para que o elenco pudesse construir grandes interpretações com todas as sutilezas e paradoxos da natureza humana que pulsam nas camadas da peça de Tennessee Williams: atração e repulsa, conflitos e afetos entre os quatro personagens principais. "No fio da navalha entre a sanidade e a loucura", nas palavras da encenadora. A imersão nas ideias de Stanislávski foi uma experiência que marcou para sempre a Cia. Livre: o aprendizado com o processo de análise do texto do dramaturgo norte-americano foi novamente utilizado nas diferentes versões das escrituras dramatúrgicas das outras criações colaborativas do coletivo. Tanto para o Oficina quanto para a grupo dirigido por Cibele Forjaz, a montagem de Um Bonde Chamado Desejo fez a passagem para o pensamento de Bertolt Brecht.

Distanciamento e "Sistema do Coringa"

Arena Conta Danton foi uma guinada radical na trajetória da Cia. Livre. O aprendizado com o método stanislavskiano foi recriado e *fraturado* pelas estratégias de distanciamento do teatro épico de Bertolt Brecht (aliás, como também aconteceu com o Teatro Oficina). Mas, no caso específico do grupo dirigido por Cibele Forjaz, essa influência do pensamento do dramaturgo e pensador alemão foi filtrada pelo sistema do *Coringa*, de Augusto Boal. Na verdade, a Cia. Livre se apropriou das ideias de Brecht por meio do que havia sido experimentado pelo Oficina e pelo Arena.

---

36 C. Stanislávski, Minha Vida na Arte, p. 305.
37 Ibidem, p. 538.

CIA. LIVRE
DRAMATURGIAS COLABORATIVAS EM BUSCA DE UM TEATRO ÉPICO-RITUAL

Em *Notas Sobre a Peça A mãe*, Brecht é categórico ao afirmar que "a atitude que a encenação deverá assumir identifica-se com a de um cronista de costumes e a de um historiador"[38]. Com dramaturgia assinada pelo escritor Fernando Bonassi em processo colaborativo com a Cia. Livre, *Arena Conta Danton* é livremente inspirado em *A Morte de Danton*, de Georg Büchner, e é um espetáculo todo pontuado por fraturas interativas, escancaradas à participação do público. A investigação apaixonada e ao mesmo tempo pessimista que o autor de *Woyzeck* faz da Revolução Francesa foi o mote para o grupo dirigido por Cibele Forjaz criar uma reflexão sobre o Brasil e o mundo no início do século XXI, abrindo espaço para que os espectadores pudessem guilhotinar tiranos, políticos, empresas e corruptos em cena aberta. Havia uma camada permanente de "cronista de costumes" e de "historiador" na atuação irreverente do coletivo.

No espetáculo, havia uma profusão de planos históricos superpostos se atritando: a Revolução Francesa, o mesmo período filtrado pela visão de Büchner, o golpe de 1964, os anos da ditadura militar enfrentados pelo Arena e pelo Oficina, o Brasil de 2004, com o Partido dos Trabalhadores (PT) se digladiando com o PSDB, e ainda os EUA e o resto do mundo em plena era nefasta de George W. Bush. Todo esse complexo palimpsesto de épocas foi repensado à maneira de Brecht, ou melhor, por meio do ponto de vista e dos objetivos que o Teatro de Arena lançou sobre o pensamento do dramaturgo alemão: explicitar as relações de classe e suas contradições no Brasil.

Arena Conta Danton foi conceitualmente construído sobre as bases de um "pensamento histórico" e com técnicas de distanciamento que permitiram ao grupo sublinhar e acentuar "o caráter histórico de uma determinada situação social", pedindo emprestadas palavras de Brecht, mas sem perder de vista os conflitos políticos e as lutas de classe no nosso país:

> A concepção do homem como uma variável do meio ambiente e do meio ambiente como uma variável do homem, ou seja, a redução do ambiente às relações entre os homens, é fruto de um pensamento novo, o pensamento histórico.[39]

Em cena, o elenco da Cia. Livre se transmutava em uma trupe de "narradores" na acepção brechtiana do termo:

---

38 B. Brecht, *Estudo Sobre Teatro*, p. 49.
39 Ibidem, p. 85.

> O narrador, no teatro, isto é, o ator, terá de empregar uma técnica que lhe possibilite reproduzir a entoação da personagem por si descrita com uma determinada reserva, com certa distância [...]. Em suma, o ator não deve jamais abandonar a atitude do narrador; tem de nos apresentar a pessoa que estiver descrevendo como alguém que lhe é estranho; no seu desempenho não deverá nunca faltar a sugestão de uma terceira pessoa: "Ele fez isto, ele disse isto". Não deve transformar-se completamente na personagem descrita.[40]

O narrador brechtiano se irmana com um de seus rebentos mais potentes no Brasil e no mundo: o Coringa do sistema criado por Augusto Boal. Um encontro, ou melhor, uma simbiose poética e política engendrada pela combustão criativa dos processos colaborativos que passaram a ser adotados pelos grupos de teatro de São Paulo a partir dos anos 1990 e que já estavam sendo experimentados na década anterior pelos alunos da Escola de Comunicações e Artes (ECA), onde Cibele Forjaz estudou, e da Escola de Arte Dramática (EAD), ambas da Universidade de São Paulo (USP).

Com as técnicas que criou para o *Teatro do Oprimido*, Boal reescreve as estratégias de distanciamento de Brecht e amplia as possibilidades de participação do espectador, que passa também a ser pensado como ator, dramaturgo e encenador. O Sistema do Coringa é uma espécie de depuração cênica de tudo que Boal experimentou no Teatro de Arena e em diversas partes do mundo, onde trabalhou durante os 15 anos de exílio em função do regime militar.

Boal explica que a primeira estratégica do Sistema do Coringa era desvincular o ator da personagem, principalmente por meio do revezamento dos integrantes do elenco nos papéis. Ele lembra que, desde os tempos da tragédia grega, havia uma alternância de dois e depois de três atores para interpretar todos os personagens constantes do texto. Eles usavam máscaras para evitar confusão nos espectadores. Assim como Brecht, Boal também rejeita à sua maneira a lógica aristotélica da tragédia grega, que ele chama de "coercitiva", calcada no terror, na compaixão e na catarse, e foi em busca de uma "interpretação social" para os atores e atrizes com os quais trabalhou:

> Os atores passaram a construir suas personagens a partir de suas relações com os demais, e não a partir de uma essência. Isto é, os personagens passaram a ser criados de fora para dentro. Percebemos que a personagem é uma redução do ator, e não uma figura que paira distante e flutua a ser alcançada por um instante de inspiração.[41]

---

40 Ibidem.
41 A. Boal, *Teatro do Oprimido e Outras Poéticas Políticas*, p.251.

CIA. LIVRE
DRAMATURGIAS COLABORATIVAS EM BUSCA DE UM TEATRO ÉPICO-RITUAL

Alternância dos atores e atrizes nos papéis e a tentativa de uma criação coletiva na qual uma história era contada por todos. O Sistema do Coringa tem afinidades com o processo colaborativo, que também busca uma participação autoral, dramatúrgica, de todos os envolvidos, principalmente do elenco por meio de improvisações e *workshops* frequentemente calcados em depoimentos pessoais. Em seu livro, Boal explica o Sistema do Coringa:

> [...] o importante, nesse novo procedimento do Arena, referia-se principalmente à necessidade de extinguirmos a influência que sobre o elenco tivera a fase realista anterior, na qual cada ator procurava exaurir as minúcias psicológicas de cada personagem, e ao qual se dedicava com exclusividade. Em Zumbi, cada ator foi obrigado a interpretar a totalidade da peça e não apenas um dos participantes dos conflitos expostos.
> Fazendo-se com que todos os atores representassem todos os personagens, conseguia-se o segundo objetivo técnico dessa primeira experiência: todos os atores agrupavam-se em uma única perspectiva de narradores. O espetáculo deixava de ser realizado segundo o ponto de vista de cada personagem e passava, narrativamente, a ser contado por toda uma equipe, segundo critérios coletivos: "Nós somos o Teatro de Arena" e "nós, todos, juntos, vamos contar uma história, naquilo que semelhantemente pensamos sobre ela". Conseguiu-se assim um nível de "interpretação coletiva".[42]

A Cia. Livre recriou as ideias de Boal à sua maneira. O sistema do encenador carioca ajudou o coletivo a se libertar das pesquisas sobre o realismo que foram feitas para o espetáculo *Um Bonde Chamado Desejo* e talvez tenha aberto para o grupo novos caminhos de realização, no que diz respeito a questões orçamentárias. Boal ressalta que seu sistema é também uma forma de se adequar aos problemas financeiros que o Teatro de Arena enfrentou há décadas:

> Nesse panorama hostil, a montagem obediente ao sistema do *Coringa* torna-se capaz de apresentar qualquer texto com número fixo de atores, independentemente do número de personagens, já que cada ator de cada coro multiplica suas possibilidades de interpretação. Reduzindo-se o ônus de cada montagem, todos os textos são viáveis.[43]

Em *Arena Conta Danton*, Edgar Castro atuava como o Coringa e havia um revezamento de papéis entre os outros integrantes do elenco. Eucir de Souza e Luciano Chirolli se alternavam como Danton, Robespierre e Libertê. Luah

---
42 Ibidem, p. 258-259.
43 Ibidem, p. 272-273.

Guimarãez e Tatiana Thomé se revezavam nos seguintes personagens: Camille Desmoulins, Saint-Just e Igalitê. E Flávio Rocha e Maurício de Barros compartilhavam os papéis de Legendre, Bilô e Fraternitê. O espetáculo envolvia o público em uma atmosfera de julgamento, como em um tribunal, aliás, como recomenda o sistema de Augusto Boal e também de Bertolt Brecht:

> Pretende-se escrever obras que sejam fundamentalmente julgamentos. Como num tribunal, os fragmentos de cada intervenção podem ter a sua própria forma, sem prejuízo da forma especial de julgamento, também assim no Coringa cada capítulo ou cada episódio pode ser tratado da maneira que melhor lhe convier sem prejuízo da unidade que será dada, não pela permanência limitadora de uma forma, mas pela pletora estilística referida à mesma perspectiva.
>
> Deve-se ainda observar que a possibilidade de extrema variação formal é oferecida pela simples presença, dentro do sistema, de duas funções extremamente opostas: a função *protagônica* que é a realidade mais concreta e a função coringa, que é a abstração mais conceitual. Entre o naturalismo fotográfico de um, singular, e a abstração universalizante do outro, todos os estilos estão incluídos e são possíveis. [44]

Imbatível em qualquer partitura épica, Edgar Castro é um dos maiores atores brechtianos do nosso país e, em *Arena Conta Danton*, entrava em cena como uma das mais fiéis traduções do Coringa concebido por Augusto Boal e recriado por Cibele Forjaz. Lúdico, seguro, com raciocínio rápido e sempre afiado na interação com os espectadores, o ator deixou rastros dessa complexa "personagem" paradigmática também em outros espetáculos da Cia. Livre, sempre em momentos de interatividade com o público. Mas vamos voltar às palavras de Augusto Boal para entender melhor as possibilidades do Coringa:

> A consciência do ator-coringa deve ser a de autor ou adaptador que se supõe acima e além, no espaço e no tempo, da das personagens. [...] Conhece portanto o desenvolvimento da trama e a finalidade da obra. [...]
>
> Assim, todas as possibilidades teatrais são conferidas à função *Coringa*: é mágico, onisciente, polimorfo, ubíquo. Em cena, funciona como *menneur du jeu, raisonneur*, mestre-de-cerimônias, dono do circo, conferencista, juiz, explicador, exegeta, contra-regra, diretor de cena, *regisseur, kurogo* etc. Todas as "explicações" constantes da estrutura do espetáculo são feitas por ele, que, quando necessário, pode ser ajudado pelos Corifeus ou pela Orquestra Coral.[45]

---

44 Ibidem, p. 269.
45 Ibidem, p. 277.

CIA. LIVRE
DRAMATURGIAS COLABORATIVAS EM BUSCA DE UM TEATRO ÉPICO-RITUAL

A dramaturgia de *Arena Conta Danton* é pontuada por fraturas processuais, rastros da criação coletiva; por fissuras interativas, abertas à participação do público, e ainda por brechas performativas, principalmente no que diz respeito à atuação do Coringa, que improvisava a partir das sugestões dos espectadores no que diz respeito a quem deveria ser guilhotinado no prólogo do espetáculo, que mostra explicitamente a influência de Augusto Boal no processo de criação do coletivo:

> PRIMEIRO ATO
> SEGUNDO SINAL - Prólogo
> CORINGA surge em cena. Relaciona-se com os espectadores que já se encontram no teatro e com os que chegam. Sugere os melhores locais para ver a peça dentre os assentos vagos; ajuda idosas e grávidas a ocupar cadeiras; cumprimenta os cavalheiros.
>
> CORINGA Boa noite... Boa noite... Boa noite...
>
> CORINGA distribui bonequinhos de papel vermelho para os espectadores.
>
> CORINGA XX/XX/2006! Hoje é um dia especial pra todos nós. Essa peça fala sobre revolução e nós precisamos sentir chacoalhar as nossas vidas... Neste palco todos são verdadeiramente livres e iguais em direitos... e a partir de agora, você vai poder matar o que você quiser pra fazer a sua revolução. Não é bom? Tirar da frente tudo o que atrapalha. Estamos propondo uma espécie de vudu. Vamos lançar nossas pragas nesta guilhotina! Pra isso, basta escrever o nome da sua vítima no peito do bonequinho vermelho que está sobre o seu assento. Então vamos lá, vamos começar o jogo da guilhotina. Pegue seu bonequinho, saque a sua caneta, e escreva no peito dele o nome da sua vítima. Pode ser qualquer coisa: uma pessoa, uma ideia, um comportamento... qualquer coisa. Vamos lá! O importante é a gente se livrar de tudo o que é ultrapassado...
>
> ATENÇÃO AGORA PARA AS REGRAS DO JOGO: NÓS VAMOS LER O NOME DAS VÍTIMAS QUE VOCÊS INDICARAM, E VOCÊS DECIDEM SE CORTAMOS OU NÃO A CABEÇA. QUEM FOR A FAVOR BASTA GRITAR "MATA! MATA!", E O SEU DESEJO SERÁ REALIZADO! VAMOS VER SE FUNCIONA? ATENÇÃO PARA NOSSA PRIMEIRA VÍTIMA: ....
>
> IMPROVISAÇÃO DO CORINGA.
>
> PLATEIA: Mata! Mata! Mata
>
> CORINGA (*pegando um novo bonequinho da mesa*): É, o jogo parece que funciona. Mas precisamos de mais vítimas pra coisa pegar ritmo... Deixa eu ver... Ah! O Poderoso! Sabe aquela pessoa que se acha o dono do mundo? Que decide invadir o quintal dos outros e não admite que ninguém discuta suas ideias... Pois no tempo do Danton a coisa funcionava do mesmo jeito: o Monarca Absoluto gastando com a guerra, o Estado

se endividando e a burguesia pagando a conta. Qualquer coincidência com o presente é mera semelhança. Mas o povo se perguntou e eu pergunto a vocês: o que é que a gente faz com esses poderosos que acham que o mundo gira em torno deles?

IMPROVISAÇÃO DO CORINGA.

PLATEIA: Mata! Mata! Mata!

CORINGA (*guilhotina o bonequinho*)

A primeira cena do espetáculo revela mais uma modalidade de fratura em sua dramaturgia: uma abertura ao inesperado no revezamento das personagens por meio do jogo que é feito com a roleta para se decidir, em cena, quem vai atuar como Danton e como Robespierre:

Cena Hum (A Roleta)
Os atores, no centro da cena, entreolham-se.
ATOR 2: E então?
ATOR 1: Então o quê? Sobramos nós! Os verdadeiros revolucionários!
ATOR 3: Já acabou a peça?
ATOR 4: Eu sabia, teatro de vanguarda é assim mesmo...
ATOR 5: E agora? Acabou a revolução? É o fim?
ATOR 1: Acabou nada. Ainda tem muito o que fazer!
[...]
ATOR 1: Matar!
ATOR 5: Morrer!
ATOR 6: Matar!
ATOR 4: É matar ou morrer! Esta é a questão!
ATOR 1 (*estendendo a mão para um "par ou impar"*): Matar!
ATOR 2 (*estendendo a mão, respondendo ao "par ou ímpar"*): Morrer!
CORINGA (APRESENTANDO A ROLETA): Stop! A partir de agora esta será a roda da nossa história e o acaso definirá, publicamente, a formação de dois times: o time preto e o time branco... um lado escuro e um lado puro... um lado que é um beijo... um lado que é um murro...
ATOR 1: Ganhei. (*Gira a roleta*)
ATORES 1 E 2 SEGUNDO RESULTADO DA ROLETA: Branco! Robespierre!
Preto! Danton!
O ator diz seu nome enquanto veste seu uniforme branco, apresentando-se:
ROBESPIERRE (NOME DO ATOR: EDGAR CASTRO OU EUCIR DE SOUZA): vive Maximiliane Robespierre! Advogado das causas dos desacorçoados. Vim de baixo e me tornei revolucionário por convicção. Terminar a construção de uma nova França, garantir a eliminação dos velhos inimigos do nosso projeto é uma questão moral! Por essas e outras a virtude deve

CIA. LIVRE
DRAMATURGIAS COLABORATIVAS EM BUSCA DE UM TEATRO ÉPICO-RITUAL

> dominar pelo terror! Deus é grande, Alah é forte, mas eu comando os julgamentos!
>
> DANTON: Muito prazer! Eu sou Georges Jacques Danton. Comprei o meu diploma, mas isso não me faz menos revolucionário do que ele (aponta Robespierre). Acredito no homem! E na mulher, é claro... Sempre odiei essa nobreza afetada mas... que ela sabe viver, ah, isso sabe... essas charretes com amortecedores, essas marquesas perfumadas... esses faisões à menuière com herbes de provence... Do que adianta uma revolução se ela não consegue deter a guilhotina e pôr comida nos pratos dos pobres? Boa comida, é claro! Luxo para todos!

Deglutições Cênicas

Após a imersão na trajetória do Teatro de Arena que foi o projeto *Arena Conta Arena 50 Anos*, a influência do pensamento antropofágico do Oficina retorna com mais força no novo espetáculo da Cia. Livre: *VemVai – O Caminho dos Mortos* (2007), com dramaturgia de Newton Moreno em processo colaborativo com o coletivo.

José Celso Martinez Corrêa jamais deixou de ser uma referência marcante e recorrente para o processo de criação da Cia. Livre, principalmente para Cibele Forjaz. O legado antropofágico do Oficina no coletivo se manifesta, por exemplo, na maneira como foi batizada uma das fases iniciais de sua metodologia de trabalho: "deglutições cênicas". Os processos colaborativos da Cia. Livre sempre têm como ponto de partida uma pesquisa profunda sobre o tema que seus integrantes querem investigar: aulas, palestras, debates, extensa bibliografia, leituras coletivas e exibições de filmes, entre outros caminhos investigativos. Todas essas informações são "deglutidas", reprocessadas e depois "regurgitadas" em forma de cena: improvisações individuais e *workshops* coletivos. Essas "deglutições cênicas" são a matéria-prima da dramaturgia que ainda será escrita para o espetáculo. É interessante ressaltar que, nos processos colaborativos do grupo, todos criam, não apenas os atores e as atrizes. Trata-se de uma singularidade da Cia. Livre: a encenadora Cibele Forjaz, a diretora de arte Simone Mina e a iluminadora Alessandra Domingues também elaboram com os próprios corpos a fruição das pesquisas por meio de "deglutições cênicas".

VemVai está para a Cia. Livre assim como *O Rei da Vela* representou uma descoberta de uma brasilidade profunda para o Teatro Oficina. Vejamos como o pesquisador Armando Sérgio da Silva contextualiza o impacto da descoberta da obra de Oswald de Andrade em 1967, ou melhor, trata-se de um reencontro, pois José Celso já conhecia o texto, mas antes não havia se entusiasmado:

> Havia ali uma nova maneira, formal e ideológica, de mostrar a realidade nacional. Uma agressividade que acachapava certos mitos brasileiros e que, por sua estrutura, dava ensejo a uma pesquisa teatral das mais interessantes. Oswald de Andrade passou então a servir de estímulo básico para o grupo lançar o seu espetáculo-manifesto, que iria provocar reações das mais contraditórias e polêmicas, bem como influenciar, diretamente, todo um movimento de artistas em outros gêneros, que recebeu o nome de "Tropicalismo".
> O espetáculo deveria ser um devorador, estético e ideológico, de todos os obstáculos encontrados. Seria o desvencilhamento das influências que marcaram o grupo: Stanislávski, Brecht, Brecht via Berliner Ensemble, todas, enfim, deveriam ser deglutidas.[46]

O Rei da Vela, segundo Armando Sérgio da Silva, marcou o afastamento definitivo do Oficina da influência do Teatro de Arena:

> Até o início da década de sessenta, os grandes pilares do teatro ocidental eram Stanislávski e Brecht. O Teatro Oficina, em meados da mesma década, já experimentara, em suas realizações, os dois estilos. Como já frisamos, *O Rei da Vela* inovou principalmente porque glosou comportamentos cênicos, até então assimilados pelo conjunto paulista. No mais, foram acrescentadas algumas tradições antiliterárias (circo, revista, literatura onírica, carnaval, a chanchada cinematográfica etc.). Tendo o deboche, a anarquia e uma certa irracionalidade como temas centrais de suas propostas, o Oficina se afastava, agora totalmente, do estilo e ideologia do Teatro de Arena. Por sua vez, Augusto Boal cristalizava uma concepção original de encenação, o "Sistema Coringa", que justamente meditava sobre os dois mestres internacionais citados. A reflexão de Boal, todavia, era profundamente racional e política.[47]

Não se pode afirmar que a Cia. Livre rompeu definitivamente com o Sistema do Coringa em *VemVai*. Acredito que essa figura cênica brechtiana e brasileiríssima permaneceu e permanece na trajetória do grupo transmutada em novas maneiras de narrar e de interagir com o público, sobretudo

---

46 A.S. da Silva, *Oficina: Do Teatro ao Te-Ato*, p. 48.
47 Ibidem, p. 158.

CIA. LIVRE
DRAMATURGIAS COLABORATIVAS EM BUSCA DE UM TEATRO ÉPICO-RITUAL 165

conduzida pela qualidade de presença de Edgar Castro, com sua lúdica e lúcida desenvoltura em transitar por híbridas atmosferas ilusionistas pontuadas por momentos anti-ilusionistas. Com sua sólida formação brechtiana, o ator sabe como poucos brincar com a "denegação" dos espectadores, ou seja, com a suspensão da própria descrença para poder entrar no mundo ficcional que é descortinado no palco, por mais que fraturado por situações anti-ilusionistas. Híbrido de narrador brechtiano com a miríade de possibilidades do Coringa de Boal, Edgar Castro ilude e distancia, emociona e faz pensar. Cria um jogo cênico com o público que é muito raro de engendrar. Quando o ator entra em cena, as seguintes palavras de Meierhold sempre ficam ecoando na minha mente:

> Cabotino é o comediante nômade. Cabotino é o irmão do mímico, do histrião, do malabarista. Cabotino é aquele que domina a milagrosa técnica do ator. Cabotino é o portador das tradições da verdadeira arte do teatro. E é aquele com a ajuda do qual o teatro ocidental alcançou seu desabrochar (ao menos os teatros espanhol e italiano do século XVII).[48]

Na peça, Edgar Castro não "encarna" propriamente Pai Penacho, uma de suas personagens no espetáculo. Ele atua por vezes explicitamente performando, e a encenação não tem a pretensão da mimese: são atores e atrizes que assumem uma investigação artística nos mitos de morte e renascimento de povos ameríndios. Em seus desempenhos estão camadas de narradores brechtianos, das múltiplas funções do Sistema do Coringa de Augusto Boal e, agora, principalmente, aprofundada à milésima potência, a formação antropofágica oswaldiana proveniente da influência do Teatro Oficina sobre a Cia. Livre. *O Rei da Vela* reverbera e é ampliado, de forma telúrica, no processo de criação de *VemVai*, cuja orientação de estudos, pesquisa e traduções foram conduzidas pelo antropólogo Pedro Cesarino. Mais algumas palavras de Armando Sérgio da Silva sobre o pensamento de Oswald de Andrade que deu novos rumos ao Teatro Oficina com a montagem de *O Rei da Vela*: "Oswald entendia que o impasse ideológico, no Brasil, poderia ser resolvido pelo exemplo radical do próprio índio brasileiro, que devorou os representantes da cultura ocidental."[49]

No processo de pesquisa e criação do premiado espetáculo *VemVai – O Caminho dos Mortos*, a Cia. Livre viveu um novo despertar de consciência

---

48 V. Meierhold, *Do Teatro*, p. 190.
49 A.S. Da Silva, *Oficina: Do Teatro ao Te-Ato*, p.144.

mítica para outras concepções do universo dos povos ameríndios. Foi como deglutir e devorar a própria visão etnocêntrica para acordar inebriado para uma infinidade de fábulas cósmicas, sinestésicas, que revelavam um Brasil profundo antes nunca avistado, sobretudo *experienciado*. Mitos Kalapalo e Araweté (alto Xingu), Wayãpi (Amapá e Guianas), Marubo (Amazonas), Amuesha (Amazônia peruana), Yekuana (Amazônia venezuelana); povos falantes de línguas Tukano, escatologia Desana, funeral, escatologia e ciclos vitais entre os Barasana; povos falantes de línguas Arawak, povos falantes de Tupi-Guarani, homicídio e escatologia Araweté, povos falantes de línguas Gê, mito Xikrin, povos falantes de línguas Pano, mito Sharanawa, escatologia Kaxinawá, xamanismo Marubo, canibalismo guerreiro e canibalismo funerário, entre outras linhas de pesquisa.

Não é meu objetivo analisar cada um desses mitos de morte e renascimento de povos ameríndios que foram estudados durante o processo de criação de *VemVai – O Caminho dos Mortos*. Apenas os estou listando para que o leitor tenha uma dimensão da abrangência, da profundidade e do rigor antropológico da pesquisa capitaneada por Pedro Cesarino e depois "deglutida" e reprocessada cenicamente pelos integrantes da Cia. Livre.

Embora o grupo tenha uma tradição antropofágica, proveniente do modo como o Oficina filtrou o modernismo brasileiro, sobretudo as ideias de Oswald de Andrade, o processo de criação de *VemVai* fez com que o coletivo relesse o conceito de antropofagia por meio da antropologia contemporânea brasileira, mais especificamente pela maneira com a qual Pedro Cesarino trabalhou com a Cia. Livre o pensamento e a obra do pesquisador Eduardo Viveiros de Castro, tendo como foco central o conceito de "perspectivismo ameríndio"[50]. "Na visão antropofágica de Oswald de Andrade, devora-se o outro para se apropriar da sua força", diz Cibele Forjaz. "Já para a cultura ameríndia, não se toma o poder do outro. Matador e vítima se aproximam enquanto dura a putrefação do corpo do inimigo, e a vítima canta no ouvido do matador os futuros cantos e nomes daquela aldeia. Não é uma incorporação direta. Na visão de Eduardo Viveiros de Castro, a cultura não vem do eu, vem do outro que é devorado", explica.

---

50 O perspectivismo ameríndio resgata ideias das cosmologias amazônicas relacionadas à maneira como humanos, animais e espíritos percebem o mundo que os rodeia. Essas visões rompem com o pensamento dicotômico ocidental e apontam novas perspectivas para se pensar a vida, a morte, a natureza e a cultura.

CIA. LIVRE
DRAMATURGIAS COLABORATIVAS EM BUSCA DE UM TEATRO ÉPICO-RITUAL **167**

As primeiras páginas da dramaturgia de Newton Moreno (em colaboração com o grupo) explicitam as referências e os estudos "regurgitados" por todos, que são fraturas processuais da criação coletiva, além de trazer rastros brechtianos do elenco assumindo a própria encenação e ainda vestígios do pensamento de Augusto Boal (a personagem "disfarçada" no meio do público nos remete de algum modo ao "Teatro Invisível", uma das técnicas do Teatro do Oprimido). Em *VemVai*, a influência de Brecht sobre o grupo já filtrada por Boal é fraturada pela profusão de pontos de vista da cultura ameríndia. Como a montagem estreou no antigo Sesc Paulista, o público precisava subir de elevador para o espaço cênico. Por este motivo, a rubrica: "Público sobe pelo elevador":

> VEMVAI — O CAMINHO DOS MORTOS
> O texto é uma livre adaptação e recriação de fragmentos de cantos e narrativas de povos ameríndios e outros, a partir das seguintes referências:
> Movimento 1
> Versão acádia de "A descida de Ishtar ao Inframundo" (in Dalley, S, *Myths from Mesopotamia*, Oxford, Oxford University Press).
> Movimento 2
> História de Hans Staden (in Staden, H, *Hans Staden, Primeiros Registros Escritos e Ilustrados sobre o Brasil e seus Habitantes*, São Paulo, Terceiro Nome, 1999); narrativa Kalapalo (alto Xingu) "História de Wakagepundaka" (in Basso, E, *The Last Cannibals*, Austin, University of Texas Press, 1995.).
> Movimento 3
> Narrativa Wayãpi (Amapá e Guiana Frances) "O Pente e o Escorpião" (in Grenand, F, *Et L'Homme Devint Jaguar*, Collection Amérindienne, l'Harmattan, Paris, 1982).
> Movimento 4
> Cantos funerários Marubo (Vale do Javari, Amazonas) "Vëi-Vai, O Caminho dos Mortos" e "Vaká Yonoa, canto de condução dos duplos dos mortos" (traduções de Pedro Cesarino, acervo de pesquisa).
> Movimento 5
> Araweté (médio Xingu), cenas do canibalismo celeste (a partir de Viveiros de Castro, E, *Araweté, os Deuses Canibais*, Rio de Janeiro, Zahar/Anpocs, 1986); narrativa de Wanadi (Yekuana, Amazônia venezuelana, in De Civrieux, M, *Watunna: na Orinoco Creation Cycle*, São Francisco, North Point Press, 1980.).
> PORTAL 1
> Público sobe pelo elevador. Executivo está entre eles disfarçado. Chegada do público a um pré-espaço. Vestiário onde o público se "desprepara", guarda bolsas, casacos etc. Armários com chaves, bancos no centro.
> Movimento 1.
> EXECUTIVO no meio do público observa a avenida Paulista. Tempo. O celular toca três vezes.
> EXECUTIVO (no celular)

Mãe, eu não posso falar agora, eu estou numa peça de teatro. Eu não vou voltar para casa hoje. Eu vou fazer uma viagem.

Desliga. Batidas na porta. Tribo de atores da Cia. Livre cerca o público, brincando de índio de penacho. Sua "fantasia" é composta por duas fitas crepes na cara e um "penacho" na cabeça.

TRANSEUNTE PAULISTA-ATOR EDGAR

Quando chegar a hora de enfrentar o caminho para o lado de lá, será que você está preparado/a? E você? E você? E você?

(Quebra com improviso, time de atores tira a "fantasia de índio de penacho").

Eu tenho feito essa pergunta há muito tempo. Os Povos das florestas contam estórias para ensinar a morrer, amaciando a passagem com estes causos. Venham *ver e ouvir* estórias de vivos e mortos dos Povos das Florestas, comidas pelo Povo das Paulistas. *(Bate com o bastão no chão)*

A CIA LIVRE CONTA: VEMVAI, O CAMINHO DOS MORTOS!

TRANSEUNTES PAULISTAS-ATORES

Merda!

Tribo de atores sai.

Um dos momentos mais belos da encenação é a parte final do Movimento 3, nos remetendo ao canibalismo funerário, o consumo ritual dos parentes mortos, que era praticado por povos como os Kaxinawá, Wari' e Yanomami. Lúcia Romano, grande atriz dramática, conduz esse momento com muito talento e sabedoria, sem enveredar pelo grotesco, imantada pela poesia da trilha sonora original, composta por Luiz Gayotto, também responsável pela direção musical do espetáculo. A cena é um risco: como caminhar pelo fio da navalha entre o sublime e o ridículo. E a atriz consegue nos levar para outra dimensão mítica, ritualística, que talvez só a magia do palco, com sua força presencial, possa nos transportar. A seguir o trecho final do Movimento 3 da dramaturgia do espetáculo:

O coro entra cantando. Monta o enterro: um corpo composto por cabeça coco, membros de mandioca, coração de boi, pulmão e um longo fio de linguiça embebido em corante vermelho.

Mãe *(canta e realiza uma dança afetiva com as carnes)*

Se eu pudesse cortar você em partes, Com uma faca fina;

Esfregar-me em seu corpo pra que nenhuma gota sua, nenhuma gota sua fosse ao chão;

Refrão – coro – coração - forno

Tirar seus órgãos, separar seus membros; com a boca coberta, pra não morrer em seu sangue;

Refrão – coro - costela - tampa

Tirar seus órgãos, separar seus membros; com a boca coberta, pra não morrer em seu sangue;

CIA. LIVRE
DRAMATURGIAS COLABORATIVAS EM BUSCA DE UM TEATRO ÉPICO-RITUAL

> Refrão – coro mandiocas – desarruma tripas - veste
> Cortar em menores, menores, ainda menores cada naco de carne; tripas, fígado, coração assados;
> Eu comeria as partes e beberia os ossos triturados em mel. Doce.
> Eu comeria as partes e beberia os ossos triturados em mel. Se eu pudesse.
> Refrão – coro - Dança com as tripas.
> Eu comeria as partes e beberia os ossos triturados em mel. Se eu pudesse…
> Mãe quebra a cabeça-coco. Deposita linguiças na churrasqueira para tostar.
> Mãe
> Chamo os pássaros para te devorar e te levar para o alto. Filho meu vai passear no lado do avesso. Vai conhecer o dentro da nuvem. Eu queimo os pedaços e coisas de filho meu para ele não voltar. Hora de voo, hora de ser nuvem de fumaça, hora de ser ave e atravessar esta nuvem.

Vem Vai – O Caminho dos Mortos é uma espécie de encontro improvável de Brecht com Artaud nos trópicos. Aliás, nem tão improvável assim. *Roda Viva*, um dos mais agressivos espetáculos do Teatro Oficina, encenado em 1968, experimentava o que José Celso Martinez Corrêa chamava de "teatro da crueldade brasileiro"[51]. O pesquisador Armando Sérgio da Silva contextualiza *Roda Viva* em seu livro e a entrada do pensamento de Antonin Artaud no processo de criação do Teatro Oficina:

> A agressão indireta e a anarquia da forma de *O Rei da Vela* em *Roda Viva* atingiram o limite de um dos espetáculos mais violentos e desconcertantes que o teatro brasileiro pôde testemunhar. José Celso, após a experiência com o texto de Oswald, adquiriu a segurança de que necessitava para, com todo o rigor, mergulhar de corpo e alma numa experiência artística, onde prevalecia uma anarquia total, a coragem provocativa que rompia totalmente com o espaço tradicionalmente destinado à ficção e invadia a plateia para agredi-la, de um modo contundente, no seu comodismo mental e, por vezes, em sua segurança física.
>
> Assim como a Europa reencontrou Antonin Artaud no início da década de sessenta, o Teatro Oficina o descobria em 1968, juntamente com outros estilos paralelos como o Dadaísmo e o Surrealismo. Estava formado na Europa, e agora no Brasil, o triângulo que iria nortear o teatro experimental dos últimos anos – o humanismo de Stanislávski, o elemento sociopolítico de Brecht, o irracionalismo anárquico de Artaud.[52]

---

51 "A guinada de José Celso", entrevista a Tite Lemos, *Revista da Civilização Brasileira*, Rio de Janeiro, 1968, apud A.S. da Silva, Oficina, p. 160. (Caderno Especial número 2 – "Teatro e Realidade Brasileira").
52 Ibidem.

VemVai não é de modo algum uma encenação violenta com relação ao público, embora em alguns momentos acabe revolvendo as nossas entranhas com cenas dilacerantes como a do canibalismo funerário, por mais que tudo esteja sempre sendo desconstruído com inspiração brechtiana no desnudamento do jogo do próprio espetáculo. A influência de Artaud parece irromper em cena no que diz respeito ao ritual, à potência do rito teatral que a companhia deflagra diante dos sentidos do público com a beleza poética também por vezes "cruel" dos mitos ameríndios. Talvez o improvável encontro de Brecht com Artaud em *VemVai* tenha se dado nesse território de prazer do exercício do culto dessa arte do encontro que é o teatro, cerimônia lúdica ao mesmo tempo sagrada e profana. De maneira telúrica e não menos política, o espetáculo também focalizou questões sociais genocidas, como o extermínio de culturas milenares dizimadas pela ganância do lucro a qualquer preço. Em *Pequeno Órganon Para o Teatro*, o dramaturgo alemão discorre sobre cerimônias, cultos e rituais:

> O objetivo que os Antigos, segundo Aristóteles, seguem em suas tragédias não pode classificar-se nem como superior nem como inferior ao simples objetivo de divertir. Dizer que o teatro surgiu de cerimônias de culto não é diferente do que dizer que o teatro surgiu precisamente por ter se desprendido destas; não adotou a missão dos mistérios, adotou, sim, o prazer do exercício do culto, pura e simplesmente. E a catarse aristotélica, a purificação pelo terror e pela piedade, não é uma ablução realizada simplesmente de forma recreativa, é, sim, uma ablução que tem por objetivo o prazer. Quaisquer exigências ou concessões que façamos ao teatro para além disto significam apenas que estamos menosprezando seu objetivo específico. [53]

A apologia que Brecht faz do prazer proporcionado pela linguagem teatral de algum modo se aproxima da defesa de Artaud pela volta de uma vida apaixonada aos palcos, principalmente se pensarmos em um espetáculo como *VemVai*, em que convivem lado a lado, ou melhor, em que se alternam cenas lúdicas, desconstruídas de maneira anti-ilusionista, com forte inspiração brechtiana, e momentos que beiram o sagrado, impregnados de uma potência ritualística que poderiam ser chamados de artaudianos, imantados por perspectivas cosmológicas dos povos ameríndios. Um "teatro épico-ritual", definição da própria Cia. Livre.

---

53   B. Brecht, *As Cenas de Rua*, p. 128.

CIA. LIVRE
DRAMATURGIAS COLABORATIVAS EM BUSCA DE UM TEATRO ÉPICO-RITUAL

Tentando se defender dos ataques que recebeu após lançar o primeiro manifesto do Teatro da Crueldade, Antonin Artaud escreveu um segundo texto no qual explica que seu objetivo foi devolver à cena "a noção de uma vida apaixonada":

> O Teatro da Crueldade foi criado para devolver ao teatro a noção de uma vida apaixonada e convulsa; é neste sentido de rigor violento, de condensação extrema dos elementos cênicos, que se deve entender a crueldade sobre a qual ele pretende se apoiar.[54]

Na dramaturgia de *VemVai*, há uma rubrica que vale mais do que mil imagens, ou melhor, que guarda uma profusão de imagens belíssimas, um dos momentos mais marcantes do teatro brasileiro nas últimas décadas. Trata-se do final do espetáculo, com uma rubrica que é um rastro precioso do processo de criação coletiva da Cia. Livre, uma fratura interativa com os espectadores, que são convidados a queimar seus mortos (escritos em pequenos pedaços de papel) no fogo que arde em uma pira no centro da cena:

"(Pássaro-Condutor acende a Pira. Atores e Público queimam seus duplos.)".

No glossário que o grupo elaborou durante o processo de criação de *VemVai*, "duplo" tem a seguinte definição: "Projeção visual do corpo. O que costumamos chamar de 'alma'". A sensação que tive como espectador, nas duas vezes em que assisti ao espetáculo, foi que estava cremando meus mortos, pessoas muito queridas que haviam feito a tão temida travessia para uma outra dimensão. Depois, o silêncio. Um silêncio coletivo, teatral, que, por sua vez, também vale mais do que mil palavras. O público ao redor da pira, o fogo esmorecendo sob as cinzas dos "duplos" dos espectadores, à espera do blecaute final, provocado pela lenta extinção das chamas.

Por mais que a Cia. Livre tenha se aprofundado no pensamento e na obra de Antonin Artaud no processo de criação do espetáculo seguinte, *Raptada Pelo Raio* (2008), durante o projeto "Teatro e Ritual – Três Estudos Cênicos de Amor e Morte", as ideias do ator francês, também poeta, escritor, dramaturgo, roteirista e encenador, fazem parte do inconsciente coletivo do universo teatral, são uma referência para Cibele Forjaz e reverberam irrompendo como uma forma de cura para a nossa loucura em *VemVai*. Palavras de Antonin Artaud:

---

54   A. Artaud, *O Teatro e Seu Duplo*, p. 143.

> O teatro, como a peste, é uma crise que se resolve pela morte ou pela cura. E a peste é um mal superior porque é uma crise completa após a qual resta apenas a morte ou uma extrema purificação. Também o teatro é um mal porque é o equilíbrio supremo que não se adquire sem destruição. Ele convida o espírito a um delírio que exalta suas energias; e para terminar pode-se observar que, do ponto de vista humano, a ação do teatro, como a da peste, é benfazeja pois, levando os homens a se verem como são, faz cair a máscara, põe a descoberto a mentira, a tibieza, a baixeza, o engodo; sacode a inércia asfixiante da matéria que atinge os dados mais claros dos sentimentos; e, revelando para coletividades o poder obscuro delas, sua força oculta, convida-as a assumir diante do destino uma atitude heroica e superior que, sem isso, nunca assumiriam.[55]

O Projeto Teatro e Ritual – Três Estudos Cênicos de Amor e Morte gerou três estudos cênicos: *Relicário de Gilgamesh*, com direção de Edgar Castro; *Mito Kana Kawã (Raptada Pelo Raio)*, com direção de Lucia Gayotto; e *O Idiota (Improvisos Sobre o Romance)*, com dramaturgia de Vadim Nikitin. A Cia. Livre estreou Raptada pelo Rio em 2009 e, dois anos depois, lançou uma nova versão do espetáculo: Raptada pelo Rio 2.0.

VemVai – O Caminhos dos Mortos e *Raptada Pelo Raio* formam uma espécie de díptico. Os primeiros estudos sobre os povos ameríndios para o primeiro espetáculo trouxeram a narrativa mítica do povo Marubo que se transformou na segunda encenação, com tradução e dramaturgia do antropólogo Pedro Cesarino, em processo colaborativo com a Cia. Livre. *Raptada Pelo Raio* é um desdobramento mais sinestésico, com mais fraturas interativas com elementos sensoriais para potencializar a fruição do público. Os espectadores se sentam e se deitam em redes e esteiras. Têm os olhos fechados com "óculos-almofada" e são estimulados com cheiros, músicas e efeitos sonoros. Sentidos à flor da pele em uma experiência cênica rara, poética e muito prazerosa. A seguir um trecho da dramaturgia do espetáculo que aprofunda a busca do grupo por um teatro "épico-ritual":

> CENA 1
> Segundo sinal.
> O público entra. 4 atores de costas flertam com o público através de espelhos.
> Os 4 atores viram para a plateia.
> Mulher e Homem se vestem para o jogo. Apresentam-se por dentro e por fora:
> HOMEM E MULHER *(em ação comum e conectada)*

---

55 Ibidem, p. 28-29.

Mulher (*Mulher vai vestindo seus órgãos*)
Fígado, bexiga, intestino, estômago, pâncreas, vesícula, pulmão, útero, pele.
Homem (*Homem vai vestindo o seu corpo*)
Tronco, pés, pernas, braços, mãos, ombros, peito, unhas, dentes, couro-couraça.
Colocam o colar de coração. *Um para o outro em comunhão de corações:*
Mulher: *Coração.*
Homem: *Coração.*
Colocam as máscaras no alto das cabeças como coroas e apresentam as personagens:
Terceiro sinal.
Narrador-Homem (*narrando-se*)
Velho homem, velho mais forte, vivia mesmo ali.
Narrador-Mulher (*narrando-se*)
Com sua mulher Maya, a estrela da tarde.
Homem e Mulher andam um para o outro e instauram o espaço da casa-oca:
Narrador / Homem e Mulher:
Como em outro tempo, eles viviam juntos, suspensos em outro tempo. [...]
Narrador (Mulher)
Maya, a mulher, dorme deitada no meio da casa. (*mostra a barriga*) Está grávida.
Dorme. (*deita e dorme*)
Narrador (Raio) (*ligando seu estúdio-nave*)
E lá de longe o rápido raio espia a mulher, a bela mulher deseja. Vem correndo pra casa dos humanos. Trovão e Imagem.
Clone do chefe-raio projeta a imagem de si mesmo na parede do fundo, tem um colar de leds nas mãos. Mulher acorda. Vê a imagem projetada. Fica fascinada.
Imagem do Chefe-Raio
Moça bonita... O que acontece nessa sua vida? O mundo é grande, tem tanta coisa por aí, tanta gente interessante... Você não pensa em mais nada?
Mulher
Penso...
Imagem do clone do chefe-Raio:
Então você pensa... (*provocação sedutora*)
Mulher-Narradora (*Fascinada pela imagem, que sabe ser imagem*)
Ela pensa na miragem surgindo no canto do pensamento.
Mulher (*tentando resistir à cantada do clone do chefe-raio, cada vez mais desejosa do perigo*).
Na vida vejo graça. (*Risos*) Aqui tenho casa e calmaria, um corpo que me acolhe, uma carne que me abriga. (*Para imagem do chefe-raio*) Não vivo nos limites, conheço o corpo que tenho. (*Cada vez mais seduzida pela imagem do*

chefe-raio.) Longe dos olhares das árvores e das nuvens, dos olhares ávidos dos pássaros e das plantas. Longe, longe, longe mesmo estou. Não quero estar em outra parte. (*Pausa*)
Não quero? (*Suspira pela imagem*) Não? Quero!
Para sua casa, começa a recolher o lençol com os pés: Este lugar já não me cabe.
Chefe-Raio
Então vem!"

Cia.Livre 10 Anos

Com o objetivo de repensar a própria trajetória, o coletivo criou um estudo público que foi batizado de Cia.Livre 10 Anos. O projeto ocupou o Teatro da Universidade de São Paulo (TUSP) durante seis semanas ininterruptas, de segunda a domingo, no segundo semestre de 2010 e englobou a montagem, através de leituras encenadas, de todos os espetáculos do grupo dirigidos por Cibele Forjaz, além de exposição com objetos de cena e rastros processuais das criações coletivas da companhia: diários, anotações, fotos, textos, registros audiovisuais das montagens e desenhos e esboços de cenários, figurinos e concepção de iluminação, entre outros vestígios aos quais o público teve acesso.

Cia.Livre 10 Anos também promoveu debates históricos sobre processo colaborativo, entre outros temas, que contaram com a presença dos dramaturgos Luis Alberto de Abreu e Fernando Bonassi, e dos encenadores Antonio Araújo e Cibele Forjaz. O projeto foi ainda pontuado por encontros chamados de "Objeto-Conferência Para Inventário Inacabado": palestra-espetáculo a partir do texto *Depois do Expediente*, de Franz Xavier Kroetz, com Isabel Teixeira (espetáculo que havia sido encenado uma única vez para ser filmado pelo cineasta Sérgio Roizemblit, que fez vários registros importantes da companhia); e palestras de Luz e Direção (com Cibele Forjaz), Direção de Arte (com Simone Mina), Dramaturgia (com Isabel Teixeira) e Sonoplastia (com Miguel Caldas). A pesquisadora Cecilia Salles foi responsável pela orientação sobre os estudos de processo e pela mediação nas mesas de debate.

A filosofia gregária e carinhosa da Cia. Livre resgatava naquelas seis semanas todas as atrizes e atores e colaboradores que haviam trabalhado com o grupo e que jamais haviam perdido os laços afetivos: Leona Cavalli, Hélio Cícero, Vadim Nikitin, Mila Moreira, Tatiana Thomé, Eucir de Souza, Milhem Cortaz, Luciano Chirolli, Paula Cohen, Maurício de Barros, Christian Amêndola, Vanessa Poitena, Eduardo Gomes, Henrique Guimarães, Luiz Gayotto,

CIA. LIVRE
DRAMATURGIAS COLABORATIVAS EM BUSCA DE UM TEATRO ÉPICO-RITUAL **175**

Sylvia Prado, Paulo Azevedo, Lucia Gayotto, Lu Favoreto e ainda os dramaturgos Fernando Bonassi, Pedro Cesarino e Newton Moreno, entre tantos outros parceiros, que, em cena ou de passagem pelos labirintos de memória da exposição que foi montada no TUSP, reabasteceram o sonho coletivo, a militância artística, o árduo sacerdócio, a eterna luta contra a indigência financeira, a alegria da liberdade de experimentação, a união por vezes insana, porque utópica, mas sempre possível, que caracterizam o dia a dia de um coletivo teatral, pedra fundamental da vitalidade e da efervescência da cena paulistana contemporânea.

Fui chamado pela companhia para documentar essa imersão do grupo na própria história. Como cineasta, inicialmente fiz a seguinte opção de linguagem: observar, com olhar arisco e sensível, essa carpintaria do passado e secretamente esperar o inesperado em irrupções de memória nos ensaios e nas leituras encenadas. No primeiro dia de filmagem, também primeiro dia de montagem da exposição Cia.Livre 10 Anos, Cibele Forjaz me colocou no centro da cena do TUSP, deitado ao lado do diretor de fotografia André Chesini, e nos fotografou com um plano zenital, ou seja, com a câmera da fotógrafa Cacá Bernardes no alto do cenário, apontando para baixo. A encenadora argumentou que nos queria como criadores dentro do projeto e que a nossa observação poderia e deveria ser livre e participativa.

Foi um período de trabalho incansável, em que dez anos de trajetória artística foram comprimidos em apenas seis semanas. A cada nova segunda-feira, tudo era remontado pela diretora de arte Simone Mina, pela iluminadora Alessandra Domingues e pela encenadora Cibele Forjaz, destacando-se ainda os esforços hercúleos de Edgar Castro e de Lúcia Romano, que marcaram presença em praticamente todas as montagens. Teatro de resistência, feito com paixão e pouco dinheiro, que gerou uma reflexão profunda e necessária no grupo. Jamais me esquecerei da imagem de Cibele Forjaz testando a luz da leitura encenada de *VemVai – O Caminho dos Mortos*: com problema nos olhos, de óculos escuros, ela argumentava que a potência daquele espetáculo, revolvendo camadas telúricas do nosso país, exorcizando e ao mesmo tempo atiçando forças que escapam à nossa razão e que também fazem a magia do teatro; tudo isso exigia algum tipo de sacrifício de todos aqueles que participavam daquela fogueira mítica de ritos ameríndios, retrabalhados com certo distanciamento brechtiano e ainda de algum modo potencializados pelos "duplos teatrais" de Antonin Artaud (que, aliás, também bebeu na fonte dos índios mexicanos): a peste, a alquimia e a crueldade.

No TUSP, a cena final da pira de fogo no centro do palco foi mais uma vez uma espécie de epifania, como se aquele momento cênico tão belo e tão potente jamais se extinguisse, como se estivesse eternamente vivo e inflamado nas profundezas do teatro, que nasce das trevas, e só precisasse de uma carpintaria de magia para novamente irromper diante de todos, atores, atrizes, técnicos e espectadores, queimando seus duplos, suas almas, seus mortos, seus entes queridos que já partiram. O teatro é uma espécie de duplo da própria vida: transcendência, imanência e também um espelho histórico atemporal onde podemos contemplar e interagir com a nossa contemporaneidade mais emergencial e talvez por isso mais política.

O documentário que realizei em parceria com a Cia. Livre, também batizado de *Cia.Livre 10 Anos*, levou quatro anos para ser montado. Tínhamos em torno de 600 horas de material bruto, somando o material captado no TUSP e os registros audiovisuais dos espetáculos que foram feitos pelo cineasta Sérgio Roizenblit. Fiz várias experimentações cinematográficas durante as seis semanas de filmagem. Como havia um camarim na exposição que foi montada no teatro, procurei promover uma espécie de "acareação" das atrizes e dos atores com os próprios personagens, ou melhor, estimulei um "diálogo" improvisado do elenco com suas criações diante do espelho. Um exemplo: Leona Cavalli encarnou Geni em *Toda Nudez Será Castigada* e Blanche Dubois em *Um Bonde Chamado Desejo*. A atriz conversou longamente com as duas personagens no camarim, por vezes entrevistando-as.

Filmei todos os ensaios, as leituras encenadas, os debates, encontros, conferências, palestras, montagem e desmontagem de cada um dos cenários, além de ter entrevistado praticamente todos os principais participantes do projeto Cia.Livre 10 Anos. Registramos tudo quase que em tempo real. Trouxe o fotógrafo André Chesini de Curitiba para a empreitada e ele ficou morando na casa de Cibele Forjaz, ou seja, estava o tempo todo a postos para as filmagens. Detalhei cada pedacinho expressivo da exposição, os cadernos, as anotações nos textos e ainda fizemos outras experimentações, como, por exemplo, acoplar a câmera aos corpos dos atores e das atrizes para que depois eles improvisassem como eles mesmos ou na pele das personagens nos cenários e nos diversos ambientes da exposição, sempre ambicionando, como documentarista, uma espécie de "exercício de alteridade" no qual o intérprete, ou melhor, o performer se transforma em fotógrafo de si mesmo e do entorno, com o visor da câmera em determinada posição por meio da qual ele possa atuar e ao mesmo tempo enquadrar a imagem.

CIA. LIVRE
DRAMATURGIAS COLABORATIVAS EM BUSCA DE UM TEATRO ÉPICO-RITUAL

Tudo isso e muito mais fazem parte dessas 600 horas de filmagem. O documentário ficou com duas horas e três minutos de duração. Após quatro anos de imersão na riqueza de todo esse material, a montadora Guta Pacheco conseguiu construir a dramaturgia fílmica que eu tanto buscava: a desconstrução processual de cada uma das leituras encenadas mesclada às imagens do passado que foram captadas por Sérgio Roizenblit. Como primeira estrutura narrativa, pensei em trabalhar com as filmagens com câmera na mão que fizemos pelos labirintos da exposição montada no TUSP e, a partir desse percurso, trazer a memória do grupo por meio dos seus espetáculos mais importantes, recriados no projeto Cia.Livre 10 Anos. No entanto, esse arcabouço dramatúrgico não se revelou possível e a solução encontrada foi engendrar uma narrativa cronológica da trajetória do coletivo, mas sempre mantendo o conceito da desconstrução processual e da montagem paralela com a filmagem do passado.

Uma pergunta que não queria e não quer calar: o que fazer com as 598 horas de material bruto que não entraram no documentário? Trata-se de inúmeros registros preciosos, como o histórico debate sobre processo colaborativo já mencionado, que precisam ser preservados e disponibilizados para futuros pesquisadores, encenadores, cineastas, professores e demais interessados na memória do teatro de grupo de São Paulo. Decidi fazer uma série para televisão de oito programas de 26 minutos e a montadora Guta Pacheco chegou a fazer um piloto sobre a primeira leitura encenada, *Toda Nudez Será Castigada*, mas infelizmente o projeto não vingou.

Essas seis semanas de confinamento voluntário no TUSP, na companhia de tantos criadores tão talentosos, foi um grande aprendizado como cineasta e como dramaturgo. Na minha memória, a palavra "jogo", tão cara às artes do palco, se funde com as lembranças do meu deslumbramento diante dos ensaios e das leituras encenadas de tantos dramaturgos tão diferentes entre si e suscitando outras tantas linhas de correntes teatrais não menos distintas e tão singulares em suas especificidades, por vezes harmônicas, por vezes conflitantes, mas sempre potentes e exuberantes nas "deglutições cênicas" da Cia. Livre. Palavras do ator, encenador e pensador do teatro, também cineasta, Vsévolod Meierhold, influência tardia do coletivo, principalmente por meio dos estudos da pesquisadora Maria Thais Lima Santos, talvez possam iluminar os jogos cênicos do grupo e as reminiscências que permanecem indeléveis na minha formação como artista:

> O prólogo e o subsequente cortejo, a falação direta com o público, tão amada pelos italianos e espanhóis do século XVII e pelos vaudevillistas franceses,

todos esses elementos do Antigo teatro obrigam o espectador a olhar para a apresentação como se estivessem olhando para um jogo. E quando o espectador estiver envolvido pelo ator no país do pensamento demasiado profundamente, então o ator tentará o mais rapidamente possível (através de alguma réplica inesperada ou algum longo *aparte*) lembrar o espectador do que é que acontece diante de si, de que tudo não passa de um "jogo".[56]

Escravidão e Mestiçagem

Minha segunda parceria cinematográfica com a Cia. Livre aconteceu durante o processo de criação do espetáculo *A Travessia da Calunga Grande* (2012). O projeto nasceu com o título Mestiçagem África-Brasil, mais uma incursão do grupo pelas camadas telúricas de um Brasil profundo, tendo como um dos temas centrais uma matéria espinhosa e sanguinolenta: a escravidão.

Nessa nova jornada colaborativa do coletivo, realizava o que, no fundo, sempre ambicionei como documentarista da cena paulistana contemporânea e que até então já havia feito com o grupo Os Fofos Encenam em *Memória da Cana*: filmar passo a passo a criação coletiva da companhia, desde a sua gênese, até a estreia do espetáculo, para então depois desconstruí-lo na ilha de edição por meio de tudo que havia sido experimentado no período de pesquisa, estudos, aulas, palestras, improvisações, *workshops* e ensaios, ao longo de quase três anos de processo. O projeto também se tornou um díptico cinematográfico: *A Travessia da Calunga Grande* (O Documentário) e *A Travessia da Calunga Grande* (A Peça), o registro do espetáculo.

Tudo começou com os primeiros estudos do projeto Mestiçagem África-Brasil. Em 2011 foram realizadas diversas aulas públicas, com coordenação do historiador Rodrigo Bonciani e do antropólogo Pedro Cesarino, em que se tentou estabelecer relações entre Arte, História, Antropologia e ainda com o mito de Édipo Rei, com o objetivo de hibridá-lo, na dramaturgia do espetáculo, com os principais temas do projeto, sobretudo a escravidão. A série de encontros englobou ainda uma aula de dramaturgia com Luis Alberto de Abreu e palestras sobre os seguintes temas: *Arte Africana* (Lise Salum), *Entre a Inclusão e a Exclusão: Novos Projetos da República Velha* (Lilia Moritz Schwarcz), *O Complexo de Édipo e Outras Apropriações* (Miriam Chnaiderman) e *Intelectuais Negros, Modernidade Negra e Políticas de Ação Afirmativa* (António Sérgio Guimarães), entre outras.

---

56 V. Meierhold, *Do Teatro*, p. 196.

Também foram realizadas leituras dramáticas dos seguintes textos: *A Missão*, de Heiner Müller; *Aruanda*, de Joaquim Ribeiro; *O Anjo Negro*, de Nelson Rodrigues; e *Os Negros*, de Jean Genet. Ainda foram exibidos os seguintes filmes: *O Atlântico Negro: Na Rota dos Orixás*, de Renato Barbieri; *Pedra da Memória*, de Renata Amaral; *Cobra Verde*, de Werner Herzog; *Aruanda*, de Linduarte Noronha; *Barravento*, de Glauber Rocha; *Os Mestres Loucos*, de Jean Rouch; e *Terra Deu, Terra Come*, de Rodrigo Siqueira.

Conforme todos esses conteúdos eram estudados, o grupo fazia "deglutições cênicas", ou seja, reprocessava tudo em forma de improvisações e *workshops*, e também realizou inúmeros "experimentos cênicos" a partir dos temas aprofundados nas aulas públicas.

É importante listar e detalhar a abrangência da pesquisa da Cia. Livre porque o rigor e a profundidade dos estudos e a interface com o meio acadêmico são alicerces da vitalidade e da efervescência da cena paulistana contemporânea, além da Lei Municipal de Fomento ao Teatro para a Cidade de São Paulo (elaborada pelos próprios artistas em 2002, após a mobilização do movimento Arte Contra a Barbárie), que aposta na pesquisa e na experimentação e que possibilitou aos coletivos teatrais a manutenção de suas sedes.

Após a imersão dessa fase inicial, a Cia. Livre começou uma nova série de improvisações e *workshops*, agora mais direcionada para a construção da dramaturgia do espetáculo, escrita pela roteirista e cineasta Gabriela Amaral Almeida, em processo colaborativo com o grupo. Foram feitas várias versões do texto até mesmo após a estreia da encenação em março de 2012 no Galpão do Sesc Pompeia.

Fui documentando cada uma das etapas desse precioso e profundo processo colaborativo com a convicção de desconstruir o espetáculo na ilha de edição após a estreia. Foi um novo aprendizado acompanhar com rigor cinematográfico, de forma observacional, mas sempre participativa, as camadas processuais se adensando e a maneira com a qual a encenadora Cibele Forjaz orquestrava a participação de todos, buscando permanentemente uma organicidade dramatúrgica em tudo que era ensaiado. Por exemplo: o belíssimo trabalho de direção corporal de Lu Favoreto, engendrando nas peles, músculos, nervos, ossos e tendões de cada integrante do elenco uma sintonia fina com a história que iria ser contada. Também a beleza do trabalho de direção vocal de Lucia Gayotto, buscando a mesma organicidade com a dramaturgia e criando momentos corais emocionantes, que, confesso, me dava um prazer muito grande nas filmagens.

Há um esplendor utópico no coletivo, na reunião de pessoas em torno de objetivos comuns: a pesquisa, a experimentação, a investigação arquetípica de um Brasil profundo e logicamente o espetáculo. Filmar esses corpos e registrar a musicalidade dessa preparação vocal me provocava uma crença, ou melhor, uma convicção na coletividade, no agrupamento de pessoas batalhando de forma lúdica por uma militância artística, por mais que em tantos momentos pontuada por conflitos, divergência de opiniões, cansaço e falta de recursos.

O processo de criação de *A Travessia da Calunga Grande* envolveu a participação de vários outros profissionais também sempre empenhados na organicidade dramatúrgica de tudo que foi experimentado nos ensaios: a direção de ritmo de Beth Belli, que também participou do espetáculo tocando percussão, e a direção musical de Lincoln Antonio, autor da música original da encenação, entre muitos outros.

Brecht, Boal e a Música nos Espetáculos da Cia. Livre

É interessante discorrer um pouco sobre a utilização das canções nos espetáculos da Cia. Livre, principalmente em *VemVai – O Caminho dos Mortos* e em *A Travessia da Calunga Grande*, que recriam, à maneira do grupo, concepções que nos remetem a Bertolt Brecht e a Augusto Boal. O grupo busca uma integração conceitual, dramatúrgica, da música com os outros elementos narrativos em suas encenações, mas as canções jamais se transformam em números musicais de acompanhamento e muito menos em uma reiteração da história que está sendo contada. Há uma independência com forte inspiração brechtiana e as canções se sobressaem como outra forma poética de narrar. Há ainda uma preocupação em inaugurar outras modalidades de interação com o espectador, o que de algum modo nos remete às ideias de Boal: a música cria hiatos lúdicos, líricos, por vezes sensoriais, também reflexivos, abrindo espaço para que o público possa engendrar novas possibilidades de fruição da narrativa que se desenrola em cena.

Em *Pequeno Órganon Para o Teatro*, Brecht comenta a função das canções nos espetáculos épicos:

> Os atores jamais devem fazer uma passagem natural da fala para o canto; devem, sim, destacá-lo nitidamente do restante, por meio de recursos cênicos adequados, como, por exemplo, mudança de iluminação ou emprego

de títulos. A música, por seu turno, tem de resistir por completo à "sintonização" que lhe é geralmente exigida e que a degrada, tornando-a um autômato subserviente. A música não deve "acompanhar", a não ser por comentários. Não deve contentar-se com "exprimir-se", esvaziando-se, pura e simplesmente, do tom emocional que lhe sobrevém durante os acontecimentos.[57]

Augusto Boal também comenta a utilização da música nos espetáculos que dirigiu:

> A música tem o poder de, independentemente de conceitos, preparar a plateia a curto prazo, ludicamente, para receber textos simplificados que só poderão ser absorvidos dentro da experiência razão-música.[58]

Nos espetáculos da Cia. Livre, a música me parece cumprir uma dupla função. Inicialmente, surge como uma fratura anti-ilusionista, interrompendo a ação à maneira de Brecht para construir um novo ponto de vista sobre a narrativa: uma perspectiva mais poética e ao mesmo tempo mais reflexiva. Em seguida, os espectadores são devolvidos de forma lúdica à história que está sendo contada, à maneira de Boal, retornando com uma dupla visão, mais informação e outras possibilidades de fruição do desenrolar dos acontecimentos em cena.

Crise na Cia. Livre

Apesar do cuidado, do rigor e da profundidade da pesquisa que guiaram o processo de criação do grupo, *A Travessia da Calunga Grande* foi um espetáculo que provocou uma crise na sua trajetória.

Arte é processo, independentemente do resultado final. Como uma espécie de "arquitetura do inesperado", como o filme documentário, teatro de pesquisa e arte de resistência são estruturas híbridas de linguagens escancaradas à imponderabilidade do acaso: por vezes se tornam obras-primas, por vezes os resultados são acidentados e imperfeitos, mas o mais importante de tudo é a riqueza dos processos de criação, principalmente em uma arte em permanente transformação como o teatro.

---

57 B. Brecht, *Estudos Sobre o Teatro*, p. 162-163.
58 A. Boal, *Teatro do Oprimido e Outras Poéticas Políticas*, p. 260.

A Travessia talvez tenha problemas de dramaturgia e não tenho a intenção de culpabilizar ou de desmerecer a qualidade do trabalho de Gabriela Amaral Almeida, sempre em processo colaborativo com a Cia. Livre. Aliás, é frequente em grupos que utilizam este tipo de dispositivo de criação coletiva responsabilizar o dramaturgo por todos os problemas. Se tudo dá certo, o texto é muito elogiado; se as coisas começam a dar errado, a culpa é do dramaturgo, o que é uma tremenda injustiça, pois a escritura, no fundo, é de todos.

Os processos colaborativos costumam preservar a função do dramaturgo, que se apropria e recria o material gerado pelos atores e pelas atrizes por meio de improvisações e *workshops*. Há, no entanto, companhias que trabalham em sistema colaborativo sem a presença de um dramaturgo previamente designado com essa atribuição, como, por exemplo, aconteceu com a Cia. São Jorge de Variedades no espetáculo *Barafonda* e com o Grupo XIX de Teatro em *Hysteria*. O fato é que a presença de um dramaturgo tende a ser vital, pois, após ter documentado processos colaborativos de diversos grupos e de ter participado nessa função em dois espetáculos (*Kastelo*, do Teatro da Vertigem, e *Satyros' Satyricon*), posso afirmar com segurança que não há nada mais tedioso do que o que costumo chamar de "bate-cabeça de *workshops* de atores e atrizes". É justamente a figura do dramaturgo que vai criar uma amarração conceitual, narrativa, para os esboços de cena que estão sendo construídos pelo coletivo.

A Cia. Livre é um grupo que se destaca na cena paulistana contemporânea por ser uma trupe de criadores, ou seja, uma parte expressiva dos seus integrantes mais longevos, incluindo logicamente os atores e as atrizes, escrevem, dirigem, teorizam, enfim, não participam dos processos colaborativos somente preocupados com os personagens que desenvolvem no dia a dia de trabalho. Todos têm uma percepção conceitual de todo o processo e são chamados de atores-criadores, assim como também são estimulados a fazer o mesmo os novos membros do coletivo. Por tudo isso, em processos colaborativos, êxitos e experiências nem tão bem-sucedidas assim são responsabilidade de todos.

A Travessia da Calunga Grande tem uma dramaturgia que apostou na alegoria para investigar o legado da escravidão em nosso país. Talvez a grande dificuldade do processo tenha sido a conciliação do mito de Édipo Rei com as questões raciais que o espetáculo tentou focalizar em camadas arquetípicas da sociedade brasileira. A liga dramatúrgica não se consumou como tessitura narrativa e a opção pelas atmosferas alegóricas, nas quais foram engendrados metaforicamente alguns tipos de governança no Brasil, se revelou cenicamente

CIA. LIVRE
DRAMATURGIAS COLABORATIVAS EM BUSCA DE UM TEATRO ÉPICO-RITUAL

abstrata demais e, ao mesmo tempo, por outro lado, quem sabe um pouco óbvia. Um exemplo mais geral como opção dramatúrgica: o país como um navio movido a sangue humano.

Em *VemVai – O Caminho dos Mortos* e também em *Raptada Pelo Raio*, os mitos ameríndios encontraram terreno fértil nas escolhas dramatúrgicas da companhia. E não podemos jamais esquecer que os desdobramentos genocidas que continuam assombrando a questão dos índios no Brasil são tão truculentos e absurdos quanto o nefasto legado da escravidão em nosso país. No entanto, nos dois espetáculos antes mencionados, a potência telúrica e arquetípica dos povos indígenas também se tornou em cena uma espécie de libelo político, talvez pela genuinidade fabular dos próprios mitos, que chacoalharam antropofagicamente a tendenciosa visão urbana e etnocêntrica dos espectadores. O mesmo não se deu com *A Travessia* no plano da ficção.

Sob o ponto de vista estético, trata-se de uma encenação esplendorosa, um dos mais belos trabalhos da Cia. Livre. A direção de arte de Simone Mina é um espetáculo à parte, com uma estrutura cenográfica exuberante, que materializa o arcabouço do barco com um imenso olho no chão, um olho ciclópico de Édipo, por onde transitava o elenco. O desenho de luz de Alessandra Domingues é outra camada de beleza que salta aos olhos de quem viu *A Travessia*, com momentos plásticos de muito impacto, como, por exemplo, o raio esverdeado da Esfinge. Cibele Forjaz orquestrou a encenação com maturidade e maestria, que contou com o trabalho incansável de Elisete Jeremias, responsável pela complexa direção de cena do espetáculo. A música original de Lincoln Antonio também se destacava do conjunto, pontuando poeticamente a encenação e nos distanciando da narrativa para depois potencializar a fruição do público. A peça é um somatório de talentos, também com especial destaque para o trabalho do elenco.

Além das questões dramatúrgicas, outra fragilidade do espetáculo talvez tenha sido o levante do coro de atores negros contra seus opressores: uma cena estratégica em uma montagem com fortes preocupações raciais que não atingiu a potência necessária e esperada, quem sabe esmorecida pela atmosfera excessivamente alegórica de *A Travessia*.

A encenação tem várias camadas de conflitos em sua processualidade. A primeira delas nos remete à pesquisa inicial, mais especificamente aos convidados para dar aulas e palestras. Houve críticas de que eram todos "brancos" e que talvez por isso o enfoque geral do espetáculo seja uma visão "branca" sobre a questão da escravidão, o que me parece uma acusação rasa, pois não se pensou em cor da pele na organização dos encontros, mas nos temas. Vários intelectuais negros foram chamados e não puderam estar presentes. No entanto, em tempos "racialistas" com compensações históricas absolutamente necessárias e urgentes, talvez isso não deveria ter acontecido.

Alguns atores negros do elenco ressaltaram que os papéis principais do espetáculo foram entregues a Edgar Castro e a Lúcia Romano, que fazem parte do núcleo principal da Cia. Livre. Sidney Santiago, que tem forte engajamento no movimento negro, integrante da Companhia Os Crespos, confessou ter sido muito difícil reproduzir em cena os clichês associados à escravidão no Brasil, como o comércio e a chibata.

A criação da peça ainda apresentou outras camadas de conflitos, como críticas ao excesso de temas e de caminhos de experimentação do próprio processo colaborativo. Mais: parte do elenco não se sentiu à vontade em atuar no cenário do espetáculo, principalmente no chão que era o olho ciclópico de Édipo, onde havia água e muitos não tardavam a escorregar. Houve ainda críticas a um certo gigantismo da encenação.

Todo esse *páthos*, ou seja, todo esse conflito processual estava um pouco latente e irrompeu de forma contundente nas entrevistas que fiz para o documentário. Como estrutura narrativa fílmica, tentei inicialmente o caminho da desconstrução processual do espetáculo, mas não funcionou na ilha de edição. Foram quase três anos de documentação, desde as primeiras "deglutições cênicas", e o excesso de material, sobretudo dos ensaios, não se encaixava nesse conceito de desnudamento da encenação a partir de tudo que havia sido experimentado durante o processo. Em parceria com Willem Dias (escolhi deliberadamente um montador negro em função de tudo que já foi dito), tentamos então um caminho cronológico: engendramos passo a passo a criação coletiva e a narrativa se revelou mais fluente. Na parte final do filme, a força das entrevistas foi agrupada em uma coralidade de depoimentos que debatem os principais conflitos do processo do espetáculo.

A dramaturgia da encenação tem fraturas interativas, abertas à participação do público, e é pontuada por fissuras processuais, que foram decantando no texto. A primeira cena trabalha com o conceito de liminaridade, em que os espectadores ficam em dúvida se o que estão vendo é "ficção" ou "realidade", com ecos do Teatro Invisível, uma das técnicas do Teatro do Oprimido, de Augusto Boal, logicamente recriado de forma lúdica à maneira da Cia. Livre. A seguir, um trecho do *Movimento 1 – O Capitão*, a cena que antecede a transformação do espaço cênico em um navio:

CIA. LIVRE
DRAMATURGIAS COLABORATIVAS EM BUSCA DE UM TEATRO ÉPICO-RITUAL

MOVIMENTO 1 — O CAPITÃO
CENA 1 — É DOCE MORRER NO MAR

(Tatiana, Edgar, Lúcia, Eduardo, Sidney, Raoni, Escrava, Sobrevivente)

Na entrada do teatro vemos alguns atores à paisana lendo notícias de jornal, falando ao telefone, discutindo com a plateia as notícias do dia, da semana ou do mês: atualidades sobre racismos, dados sobre a desigualdade etc.

PRIMEIRO SINAL.

Entrada do público. Os seis atores entram à paisana, com o público. Todos hesitam na hora de atravessar a porta. No centro da arena, há apenas um baú. Nada acontece por um tempo. Os atores conversam, como se fossem plateia.

SEGUNDO SINAL. *Expectativa. 1 minuto de burburinho polifônico.*

Edu entra na Arena e vai sentar no baú.

EDGAR *(para Eduardo:* Ô, moreno!

EDU: Moreno é o teu passado!

EDGAR: Isso é cenário do espetáculo. Falta de educação, viu, vou te contar.

EDUARDO: Oh! Cenário! Que cenário nada, é só um baú velho que esqueceram aqui.

Eduardo senta no baú.

EDGAR: Sai daí, cara! Eu vou chamar o segurança, isso já está passando dos limites! *(Levanta)* Vocês não pagaram pra ver essa papagaiada, pagaram?

TATIANA: Você não é ator, é?

EDU: Não. Eu sou médico. OFTALMOLOGISTA. Mas Por que EU não poderia ser ator? Me diz. É porque eu sou velho? Gordo? Baixinho? Já sei! É porque eu sou PRETO. Não é? [...]

Eduardo começa a entrar em transe. Respira fundo. A luz oscila fortemente. [...]
 Eduardo tem um ataque e morre. Cai duro no chão.
 Edu não se move. Tatih desconfia da cena, entra no espaço cênico e toca na pele de Eduardo. Está fria como a de um cadáver. Ela se assusta. Silêncio...

TATIANA: Ele tá gelado. *Os outros atores se aproximam.* [...]

Pausa. Os seis se entreolham, aturdidos. Balanço. Sidney vasculha nos bolsos do ator morto.

LUCIA *(para a plateia)*: Desculpem. Esse não era o espetáculo que a gente tinha ensaiado. Não fazemos ideia do que está acontecendo...

TATIANA: O coração parou de bater.

EDGAR: A peça começava assim mesmo, com a gente improvisando até o ator principal chegar. [...]

RAONI: Esse ator famoso sentaria nesse baú para contar uma história.

LUCIA: A história de Édipo. Da tragédia grega, sabem? Era uma vez Édipo Rei que matou o pai e dormiu com a mãe, sem saber. E todo o resto.... [...]

EDGAR: Por gentileza, queiram se dirigir à bilheteria para pegar o dinheiro de volta.

SIDNEY: As portas estão trancadas!

EDGAR: O QUÊ?

Raoni, Edgar e Sidney vão até a porta de entrada. Batem, forçam a porta, gritam.

SIDNEY: Estamos todos trancados aqui dentro!
EDGAR: Tem água entrando por debaixo da porta.
RAONI: Eu não sei nadar.
LÚCIA: É a água entrando na casa de máquinas. Eu não quero morrer no mar.
LÚCIA: Vamos todos morrer nesse barco. [...]

Um dos momentos mais fortes e também um dos mais polêmicos do espetáculo é a Cena 5, Mercador de Sonhos e Pesadelos, com fraturas interativas, em que a personagem Capitão comanda um leilão de escravos para os espectadores. Após os lances e a venda, um pedaço de carne era colocado no ombro do cativo, logo marcado com um ferro em brasa como gado. Uma cena que provocava uma espécie de "dor espiritual" em um ator engajado no movimento negro como Sidney Santiago, em suas próprias palavras. Na pele do Capitão, o ator Edgar Castro irradiava ecos potentes do Coringa de Augusto Boal:

CENA 5 — MERCADOR DE SONHOS E PESADELOS
[...]
CAPITÃO TANTO FAZ: A roda da história gira e a mercadoria tem que circular.

Segue Jazz Épico malandro do Capitão para emplacar o Leilão. Nesse momento ele já apresenta em bloco todas as mercadorias. Na hora de leiloar cada uma, apresenta melhor cada mercadoria, ressaltando as qualidades para subir o valor no Leilão...

LEILÃO

CAPITÃO TANTO FAZ (*para Cega*): Essa daqui é jovem, tem dentes fortes, a musculatura é bem trabalhada. Idade boa para maternidade. Tem o ventre fértil, capaz de GERAR muitas criancinhas saudáveis. Pode parir um país inteiro. Quanto vocês acham que vale? Começo do leilão. Ele incita a plateia a colocar preços na Cega (improvisação).
    Ela vale... LEILÃO ....xxxxx! Vendida ao cavalheiro ali. Faça o cadastro aí para o documento de posse.

Ressentido anota. Faz isso com todos os leiloados.

CAPITÃO TANTO FAZ: O PRÓXIMO!

Benedito.

CAPITÃO TANTO FAZ: Vem cá você. (*Para Benedito, que olha para a plateia, em silêncio*)
    O que você ACHA que tá fazendo?
DOENTE: Vigiando as almas do outro mundo.
CAPITÃO TANTO FAZ: Isso é tudo o que você sabe fazer?
DOENTE: Eu sei vigiar. Tomar conta. Cuidar.
CAPITÃO TANTO FAZ (*para a plateia*): Mas isso qualquer flanelinha faz.

CIA. LIVRE
DRAMATURGIAS COLABORATIVAS EM BUSCA DE UM TEATRO ÉPICO-RITUAL

DOENTE: Eu também sei traduzir a língua dos mortos para os vivos.

CAPITÃO TANTO FAZ: Sai pra lá, macumbeiro! Este aqui está em promoção. Alguém tem interesse? Aguenta trabalho pesado, é só não sobrecarregar a cuca, porque é meio louco.

CAPITÃO TANTO FAZ *(leiloa Doente)*: Ele vale... LEILÃO LANCES FINAIS....XXXXX! Vendido ao cavalheiro ali. Qual o seu sobrenome? Ótimo negócio. Vamos ao nome e sobrenome? *(joga água benta)* Benedito ...

CAPITÃO TANTO FAZ *(para Nora)*: Até agora você é a nossa prata da casa, belezura. Tá valendo os olhos da cara do rei, hein! PRÓXIMO!

Ele apresenta Guerreira e Mudo.

CAPITÃO TANTO FAZ: Qual deles vale mais? A Menina? O Menino? A Menina tem esse cabelo aqui, que é bem interessante. Dá uma voltinha, que é para as pessoas te verem melhor. Isso, muito bem, obrigado. O Menino é jovem, está totalmente dentro do prazo de validade, uma beleza de corpo. Olha só! Vira de lado, que é pras pessoas avaliarem. São férteis? Trabalham quantas forem necessárias e ainda por cima são órfãos! Órfãos são compactos, pequenos, dá pra guardar em qualquer lugar da casa. Dá pra comprar os dois ou levar separado. Qual deles vale mais? *Guerreira e Mudo duelam. Sua movimentação lembra um jogo de capoeira.*

CAPITÃO: Ela vale... Ele vale... LEILÃO - LANCES FINAIS....XXXXX! Vendida ao cavalheiro ali. Vendido para a dama ao lado. Ótimo negócio.

CAPITÃO TANTO FAZ: Espetacular! Agora a entrega do produto aos compradores.

Faz o batismo de um por um, marcando um Bife com as iniciais dos sobrenomes dos compradores e entrega para cada proprietário.

A Travessia da Calunga Grande tem momentos muito potentes, com deslumbrante mise en scène, nos quais se celebra o precioso legado da cultura africana no Brasil. Cenas como a Fenda da Origem, com falas em iorubá e a bela "Canção do Mundo Novo; Criação do Mundo", pontuada por nascimentos com bexigas e cabaças, e o final do espetáculo, O Axexé do Morto, em que o grupo cria um rito de exaltação dos ancestrais:

As luzes se acendem. Nada. Terceiro sinal, abre a porta grande de madeira e os atores entram vestidos à paisana, como no início. Ao toque dos atabaques, os atores varrem e limpam o espaço com água de cheiro.

TATIANA E CORO: O fim não é o fim é recomeço! (bis)
Vai! Vou! Vai Vou!
Coro: Vai! Vou!
Tudo que eu guardei aqui
Hoje transborda
Morte vida morte vida
Lamento de despedida

>   Riso lamento
>   Riso despedida
>   Lamento riso
>   (*Atores, enquanto cantam para os ancestrais, lavam o corpo do morto, preparando-o para o sepultamento.*)
>   CORO: Saúdo e venero a todos os ancestrais
>   VELHO CEGO: Nascer do já nascido
>   O ciclo é infinito
>   Eu agradeço
>   O nascimento do nascimento
>   Eu só existo
>   Porque um outro existiu
>   Antes de mim
>   O caminho abriu
>   CORO: Saúdo e venero a todos os ancestrais

Os processos da Cia. Livre sempre buscam o máximo de hibridação possível da escritura dramatúrgica com a encenação: as camadas do texto vão pouco a pouco se capilarizando em cada um dos elementos do espetáculo, nos remetendo de algum modo às ideias do arquiteto e encenador Adolphe Appia, outra referência forte para Cibele Forjaz. A diretora foi influenciada pelas teorias e pelos experimentos do artista suíço no campo da luz. Em *A Obra de Arte Viva*, Appia defende a ideia de que o teatro não é a síntese harmoniosa de todas as artes e essa negação se tornou um dos pilares da cena moderna. Para ele, o movimento do corpo do ator é que vai orquestrar as relações de comunhão e também de atrito entre as outras linguagens no palco: as artes do espaço (a pintura, a escultura e a arquitetura) e as artes do tempo (a música e a poesia). Appia aposta em uma interface muito próxima do dramaturgo com o encenador:

> quem diz dramaturgo diz também encenador; é sacrilégio especializar as duas funções. Temos, portanto, de estabelecer que se o autor não as acumula em si próprio, não será capaz nem de uma nem de outra, pois é da sua penetração recíproca que deve nascer a arte viva. Com raras exceções, não temos essa arte, como não temos esse artista. Deslocando o centro da gravidade, o temos dividido; a nossa arte dramática repousa, por um lado, sobre o autor e, por outro, sobre o encenador, apoiando-se ora num ora noutro. Deveria repousar, clara e simplesmente, sobre uma e a mesma pessoa.[59]

---

59   A. Adolphe, *A Obra de Arte Viva*, p. 136-137.

CIA. LIVRE
DRAMATURGIAS COLABORATIVAS EM BUSCA DE UM TEATRO ÉPICO-RITUAL

Ao ler as palavras de Adolphe Appia, também ciente do fascínio de Cibele Forjaz por sua obra e teoria, confesso que entendo melhor a incessante busca da diretora por um diálogo sempre tão íntimo da dramaturgia com a encenação. É bem verdade que os coletivos teatrais tendem a buscar uma organicidade dramatúrgica em seus espetáculos, mas a Cia. Livre tem o diferencial de imprimir em cada uma das etapas de suas criações a centelha dramatúrgica, a bússola dramatúrgica, a escritura dramática decantada em cada um dos pequenos detalhes da encenação que está sendo engendrada: na direção corporal de Lu Favoreto, na direção vocal de Lucia Gayotto, na direção de cena, na contrarregragem, na direção musical, no desenho de luz de Alessandra Domingues, na direção de arte, cenários e figurinos de Simone Mina, no desenho de som e na sonoplastia, e logicamente no trabalho do elenco. Cibele Forjaz orquestra e delicadamente vai espraiando a trama do texto em todas as frestas do espetáculo, até que tudo se torna uma coisa só, uma obra de arte *viva*.

Cena do espetáculo Assombrações do Recife Velho, de Os Fofos Encenam.

DRAMATURGIA T
DE NEWTON MORENO EM I
COLABORATIVO COM OS FC

Jerzy Grotowski e Newton Moreno em processo colaborativo com o coletivo Os Fofos Encenam. Por que aproximá-los? Em primeiro lugar, se fizermos uma análise profunda do trabalho de Newton Moreno à frente da companhia, atuando ao mesmo tempo como dramaturgo e encenador, ideias livremente inspiradas no pensamento do diretor polonês vão surgir em diversas etapas das tramas processuais que engendraram os espetáculos *Assombrações do Recife Velho, Memória da Cana* e, sobretudo, *Terra de Santo*, em que um texto de Grotowski, *Da Companhia Teatral à Arte Como Veículo*, foi distribuído entre os integrantes do elenco durante pesquisa nos engenhos e canaviais de Vicência, no interior de Pernambuco. O artista polaco é talvez a principal referência teórica de Newton Moreno quando está à frente da direção.

Há uma pulsão sacrificial na visceralidade poética do dramaturgo Newton Moreno e também na maneira de conduzir as pesquisas, improvisações e ensaios da sua delicada e rigorosa persona como encenador. Um *páthos* sacrificial que tem parentesco profundo com Grotowski, não apenas nos espetáculos antes mencionados, mas também em textos como *A Cicatriz É a Flor*, cuja adaptação para o cinema fizemos em parceria, com Georgette Faddel e Janaina Leite no elenco.

Um dos artistas mais transgressores e radicais do século XX, Jerzy Grotowski construiu um sistema com diferentes experimentações, criou e abandonou conceitos, descartou e retomou a busca por técnicas para os seus atuantes, enfim, por vezes o encenador polonês é inaplicável nas próprias teorias, tamanha foi a inquietação transformadora com que conduziu a sua pesquisa permanente. Com rigorosa coerência, mas em ritmo de metamorfose ambulante.

Inicialmente quis eliminar o lapso de tempo entre o impulso interno e a reação externa para poder construir uma espécie de partitura de pulsões para a atuação do elenco em seus espetáculos, quando ainda se dedicava à realização de encenações. Buscou obsessivamente essa partitura até que conseguiu construí-la em O *Príncipe Constante*, parceria visceral e intimista com o ator Ryszard Cieslak. Grotowski foi um continuador das investigações sobre as ações físicas estudadas por Stanislávski, mas também buscou a artificialidade engendrada por opostos nas pesquisas de Meierhold: a forma como isca para trazer o impulso interno à flor da pele da expressão. Bebeu em diversas fontes: Delsarte, Jung, em várias vertentes do teatro oriental. Perseguiu técnicas para o seu elenco. Depois as abandonou. Décadas depois, buscou-as novamente, mas com a cadência genuína de uma "organicidade" que emana do nosso "corpo-memória", que para ele é sinônimo de "corpo-vida", em que o pensamento seja carne, e a carne possa reluzir como o templo de nossa alma.

Estou fazendo uma síntese apressada da trajetória do artista polonês somente para enfatizar que este capítulo não pretende de modo algum ser uma camisa de força grotowskiana em que tentarei encaixar o trabalho de Newton Moreno com a companhia Os Fofos Encenam. Diferentes ideias, diferentes experimentações, diferentes conceitos criados pelo encenador e dramaturgo pernambucano trazem diferentes influências de diversos momentos do pensamento de Grotowski. Meu objetivo aqui é coletá-las, analisá-las, comparando-as com a aplicação prática no dia a dia de trabalho do coletivo Os Fofos Encenam, um dos grupos mais expressivos e originais da cena paulistana contemporânea. Em seguida, vou inventariar e mais uma vez analisar como todos esses processos, influenciados pelo diretor polonês, se capilarizaram na escritura dramatúrgica de Newton Moreno em processo colaborativo com a companhia. Na verdade, a minha meta é estudar as dramáticas processuais dos Fofos, fissuradas por fraturas documentárias e performativas, por meio das quais os integrantes do elenco podem revisitar em cena suas histórias de vida. São brechas, frestas, que sempre guardam a possibilidade de uma travessia até uma potência epifânica nas camadas profundas da própria memória. A personagem como veículo de autoconhecimento, como queria Jerzy Grotowski.

A Construção do Espaço Cênico

Em *Para um Teatro Pobre*, o diretor polonês escreveu o seguinte sobre a organização espacial dos espetáculos:

> A eliminação da dicotomia entre palco e auditório não é importante – isso simplesmente cria uma situação de laboratório, um espaço apropriado para a investigação. A preocupação essencial é encontrar a relação perfeita entre ator e espectador para cada tipo de representação e condensar essa decisão no arranjo espacial.[1]

Em *Assombrações do Recife Velho*, a recepção do público (adaptada a diferentes espaços, entre eles, o chamado Casarão Belvedere, em São Paulo, o Armazém 14, no Recife, e a sede do grupo na Rua Adoniran Barbosa, no Bixiga, SP) começa com atores, atrizes e espectadores dispersos na entrada da estrutura cenográfica, com uma interação muito próxima: tête-à-tête quase confessional em que o público também pode participar contando as próprias histórias de fantasmas. Uma abertura com *fraturas interativas*, com dramaturgia porosa às vivências e às contribuições dos espectadores.

Em seguida, um trecho itinerante, no qual o público passa por corredores na penumbra onde vemos mulheres preparando doce de banana com "baba de alma penada" e onde ouvimos assovios de assombrações e trechos de gravação de discurso radiofônico de Adolf Hitler.

---

1   J. Grotowski, *Para Um Teatro Pobre*, p. 16.

DRAMATURGIA TELÚRICA
DE NEWTON MORENO EM PROCESSO COLABORATIVO COM OS FOFOS ENCENAM

Depois, a Rua do Encantamento, com os espectadores dispostos dos dois lados da via, cruzando olhares, ouvindo paisagens sonoras fantasmagóricas irrompendo de todos os lados e assistindo aos contadores de histórias livremente inspiradas no livro *Assombrações do Recife Velho*, de Gilberto Freyre, outra referência seminal na trajetória dos Fofos sob a direção de Newton Moreno.

O público é então conduzido para uma festa em nicho ao lado onde um brincante faz homenagem a uma personagem histórica, Frei Caneca. Em seguida, clima de festa com direito a cafezinho e doce de banana (o mesmo preparado com a "baba de alma penada").

Já *Memória da Cana*, a segunda parte da trilogia dirigida por Newton Moreno em processo colaborativo com os Fofos[2], cria relação muito especial com os espectadores, que são acomodados em nichos, "ninhos", como o artista pernambucano gosta de chamá-los, ou melhor, nos quartos das personagens principais da peça, livre adaptação de *Álbum de Família*, de Nelson Rodrigues, à luz do canavial de Gilberto Freyre. O público entra nos espaços íntimos de cada personagem, construídos com muitas camadas sensoriais, principalmente cheiros e perfumes, que são fruto das memórias pessoais de cada integrante do elenco retrabalhadas por meio de figuras cênicas que depois impregnaram os personagens arquetípicos de Nelson Rodrigues.

Embora tenha se tornado o mais universal dos dramaturgos "cariocas", Nelson nasceu na capital pernambucana. Um dos objetivos do espetáculo foi resgatar as raízes nordestinas do escritor, ampliando-as com o livro *Casa-Grande & Senzala*, de Gilberto Freyre, para focalizar a família patriarcal brasileira com uma dimensão arquetípica, também buscando inspiração na maneira abissal com a qual Antunes Filho havia investigado a obra do dramaturgo em espetáculos como *Nelson Rodrigues – O Eterno Retorno* e *Paraíso Zona Norte*.

Os espectadores de *Memória da Cana* permanecem nesses nichos, sensoriais e intimistas, até que a combustão dos conflitos familiares chega à potência máxima na primeira parte da encenação. A casa cenográfica (construída com o que o grupo chama de "bololô", uma rede fina de nylon de cor branca) literalmente desaba e o público não demora a ser atirado no meio do canavial, com direito a cheiro da terra, nada de luz elétrica, somente velas, candeeiros e um "fogo sacrificial" no qual é imolada a figura arcaica do patriarca no final do espetáculo.

---

[2] Sob a direção de Fernando Neves, o grupo também desenvolve outra linha de pesquisa voltada para o circo-teatro.

Em *Terra de Santo*, na primeira parte, os espectadores viram boias-frias em canavial na cidade de Araraquara, no interior paulista, com direito a marmitas com linguiça e mandioca. Na segunda parte, recuperam a visão frontal para contemplar ritos telúricos do sincretismo religioso brasileiro: índios, católicos, negros e judeus em profusão de credos e epifanias hipnotizam os sentidos do público até conduzi-lo ao desfecho do espetáculo.

"O espaço, a relação palco/plateia é fundamental, e por isso tento ser 'cenógrafo', fazendo definições sobre a questão espacial que afetam a recepção da obra: a rua das assombrações, a casa/canavial/cômodos de *Memória da Cana* e o alojamento e terreiro de *Terra de Santo*", explica Newton Moreno.

Teatro e Rito

Esse binômio, teatro e rito, esteve presente na trajetória de Grotowski assim como marca profundamente o trabalho do artista pernambucano com os integrantes da companhia Os Fofos Encenam. Há uma busca por uma sacralidade na arte, também a arte como artifício, arte atividade de artesão. Os Fofos são um grupo místico em sua quase maioria. Um coletivo de artesãos com uma profusão de credos que se reflete de maneira poética nas improvisações e *workshops*, que são cenas, elaboradas com o esmero de uma companhia de artesãos, com estruturas de cenários, cheiros, gostos, objetos de cena e iluminação. O acabamento das cenas experimentadas durante o processo de pesquisa é surpreendente.

Como o encenador polonês concebeu em determinado momento de suas investigações artísticas, os Fofos sob a direção de Newton Moreno também apostam na personagem como uma espécie de "bisturi", em processo de "autopenetração", com o intuito de aprofundar e recriar as próprias vivências, utilizando a dramaturgia como um trampolim para enveredar por camadas arquetípicas da natureza humana. Ainda uma tentativa de autodescoberta para cada um dos integrantes do elenco a cada noite, a cada nova apresentação do espetáculo, imunizando-se assim de qualquer tendência mecânica que costuma ser provocada pela repetição.

"Essa foi uma das razões por eu ter saído do palco", confessa Newton Moreno[3]. "É muito difícil estar em cena falando um texto que não te revele algo novo sobre você a cada noite. Não gosto de coisa mecânica. Quero trabalhar com

---

3   Em depoimento ao autor.

DRAMATURGIA TELÚRICA
DE NEWTON MORENO EM PROCESSO COLABORATIVO COM OS FOFOS ENCENAM

atores e atrizes que têm essa medida. Não vou ter epifania a cada novo espetáculo, mas é possível sim ter um encontro consigo mesmo por meio da personagem", afirma o dramaturgo e encenador pernambucano, que também é ator.

Erotismo e Doação. Trata-se de outro binômio que também tem muito a ver com o trabalho dos Fofos sob a direção de Newton Moreno. E uma doação que tem a dimensão grotowskiana da sacralidade, da espiritualidade, de uma religiosidade que irradia uma fé inabalável no fazer artístico do grupo. Antes da estreia de um novo espetáculo, o artista pernambucano chega a utilizar sal grosso como uma forma de "proteger" o espaço cênico, ainda com direito a rezas e bênçãos de pessoas que são convidadas para orar com os membros da companhia um pouco antes da chegada do público. Em *Para um Teatro Pobre*, Grotowski discorre sobre a arte como uma forma de iluminação:

> Por que nos preocupamos com arte? Para cruzar as nossas fronteiras, ultrapassar nossas limitações, preencher nossos vazios – nos preencher. Isso não é uma condição, mas um processo através do qual o que é embaçado em nós aos poucos fica transparente. Nesse embate com a verdade de cada um, no esforço para se desfazer da máscara da vida, o teatro, com poderosa percepção, sempre me pareceu um lugar de provocação. É capaz de desafiar a si mesmo, e à plateia violando os estereótipos da visão, do sentimento e do julgamento – da forma mais dissonante porque ele se reflete na respiração, no corpo e nos impulsos internos do organismo humano. Esse desafio aos tabus, essa transgressão, causa o choque que te arranca a máscara, permitindo que nos entreguemos despidos a algo que é extremamente difícil de definir, mas que contém Eros e Caritas.[4]

Em *Assombrações do Recife Velho*, a matéria-prima essencial de todos foi o assombro diante da morte. Em *Memória da Cana*, as relações familiares coalhadas de imagens de santos que foram espalhadas pelo cenário. Em *Terra de Santo*, o sagrado de cada um. Sempre com o Nordeste e o Brasil como meta, missão, porto de chegada e eterno retorno.

Em várias entrevistas que deu ao longo da vida, Grotowski afirmava que não gostava de ser chamado de "vanguarda" e preferia dizer que havia dado um passo atrás na tradição:

> Trabalhando como diretor, tenho sido tentado a usar situações arcaicas santificadas pela tradição, situações que são tabus nos domínios da religião

---

[4] J. Grotowski, *Para Um Teatro Pobre*, p. 17.

> e da tradição. Senti necessidade de confrontar-me com esses valores. Eles fascinavam-me, enchiam-me de uma inquietação interior, e ao mesmo tempo eu obedecia à tentação de blasfemar: eu queria atacá-los, superá--los, ou melhor, confrontá-los com a minha própria experiência que é determinada pela experiência coletiva do nosso tempo.[5]

Newton Moreno também não se assume como artista de vanguarda, preferindo buscar a potência "revolucionária" (o adjetivo é do dramaturgo pernambucano) da tradição popular. Por meio do humor, da criação de atmosferas sacrificiais e da polifonia dramatúrgica, ele desafia a seu modo situações que são tabus nos domínios da religião e da tradição, mas sempre pedindo licença, com toda elegância e delicadeza, às falanges de espíritos do bem que guardam os mistérios da arte, da transcendência e da imanência de todas as coisas. Em sua tese de doutorado em Artes Cênicas defendida em 2011, há uma bela frase extraída do livro *Esculpir o Tempo*, do cineasta russo Andrei Tarkovski: "A função da arte não é, como comumente se imagina, expor ideias, difundir concepções ou servir de exemplo. O objetivo da arte é preparar uma pessoa para a morte, tornando-a capaz de voltar-se para o bem".

A antropologia e a psicologia foram espaços de sabedoria em que Grotowski foi buscar respostas para suas pesquisas. Já Newton Moreno vem recorrendo à obra do sociólogo Gilberto Freyre para respaldar as próprias inquietações artísticas. A confrontação com o mito me parece ser outro parentesco entre as duas trajetórias. Em *Para um Teatro Pobre*, o diretor polonês defende uma encarnação do mito pelo ator como uma forma de romper a "máscara da vida" para encontrar uma verdade humana profunda:

> Atualmente, a identificação com o mito – equação entre verdade pessoal ou individual versus verdade universal – é praticamente impossível. O que é possível? Primeiro, a confrontação ao invés da identificação com o mito. Em outras palavras, mesmo conservando as nossas experiências podemos tentar encarnar o mito para perceber a relatividade dos nossos problemas, a sua conexão com as "raízes" e a relatividade dessas raízes à luz da experiência contemporânea. Se formos radicais e nos despirmos a ponto de tocar e expor aquelas camadas extraordinariamente íntimas, a máscara da vida rompe-se e cai. Em segundo lugar, mesmo com a perda do "céu comum" da crença e a daquelas fronteiras impenetráveis, a perceptibilidade do organismo humano permanece. Apenas o mito – encarnado na realidade do ator, no seu organismo vivo, pode funcionar como um tabu.

5   Ibidem, p. 17-18.

DRAMATURGIA TELÚRICA
DE NEWTON MORENO EM PROCESSO COLABORATIVO COM OS FOFOS ENCENAM

> A violação deste organismo vivo, a exposição levada às últimas consequências, transporta-nos a uma situação mítica concreta, uma experiência de verdade humana comum.[6]

O trabalho de Newton Moreno com os Fofos também está impregnado dessa busca mítica que pulsa nas camadas mais ritualísticas da linguagem cênica. Como ponto de partida, a investigação das memórias e crenças dos integrantes da companhia e depois a ampliação dessas vivências com uma dimensão arquetípica por meio das personagens e da dramaturgia do espetáculo. Todo esse processo de "autopenetração" faz com que irrompam nos palcos dos Fofos diferentes encarnações de mitos que foram transformados em tabus na sociedade pernambucana, nordestina e brasileira, mas sem perder de vista o mundo contemporâneo.

Em *Assombrações do Recife Velho*, atrizes e atores incorporam o arquétipo do contador de causos, contadores de histórias que revelam as pulsões fantasmagóricas que imantam o imaginário do nosso povo, que, por meio do humor e de uma irreverência contagiante, tenta frequentar os mistérios da morte.

Em *Memória da Cana*, a dramaturgia mítica de *Álbum de Família*, de Nelson Rodrigues, é desnudada em suas raízes mais arcaicas, patriarcais, no canavial de Gilberto Freyre, alentada ainda pelo ritmo telúrico do maracatu rural. Os atores e as atrizes dos Fofos despontam em cena como arquétipos da família brasileira. As personagens e a dramaturgia foram uma espécie de "bisturi" grotowskiano para que todos pudessem mergulhar nas próprias raízes nordestinas, encarnando em cena uma partitura com forte inspiração no pensamento do artista polonês, mas colocada em prática por um caminho lúdico, característico dos Fofos.

Em determinada fase de sua trajetória, Grotowski queria eliminar o lapso de tempo entre o impulso interno e a reação exterior, com o objetivo de criar uma composição de pulsões para a atuação do elenco. Nos espetáculos dos Fofos dirigidos por Newton Moreno, gestos e entonações guardam camadas de impulsos, estímulos, memórias, atos falhos fisgados e reconstruídos cenicamente em um arcabouço de ações externas que também foi influenciado por conceitos do grupo Lume, sobre os quais falaremos mais para frente. Tudo engendrado com dimensão arquetípica em que vislumbro pelo menos quatro camadas nos corpos das atrizes e dos atores em cena.

A primeira delas é a vivência profunda de cada um. Em *Memória da Cana*, Newton Moreno pediu a todos fotos de quando eram crianças, além de uma

---

6 Ibidem, p. 18-19.

segundo retrato de pessoa idosa da própria família. Essas imagens embalsamadas pelo tempo trouxeram gestos, cheiros, perfumes, gostos, palavras, narrativas, uma memória longínqua recriada nas improvisações e que foi partejada na forma de figuras cênicas, logo sensorializadas com estímulos sinestésicos pela direção de Newton Moreno. Essas figuras foram então inseridas nos personagens arquetípicos de Nelson Rodrigues, que logo foram transformados pelas memórias do elenco.

A potência das personagens de Nelson é a segunda camada do espetáculo, principalmente da partitura pulsional construída pelas atrizes e pelos atores.

A terceira camada são os cheiros, a prosódia, os gestos, as festas, os engenhos, as igrejas, os canaviais, enfim, tudo que veio à tona no processo de pesquisa nas locações em Vicência, Pernambuco, sempre guiado pelo pensamento de Gilberto Freyre.

Por fim, uma quarta camada, uma camada ainda mais profunda, ritualística, tribal, teatral, com uma universalidade arquetípica e com a dimensão do mito.

Já em *Terra de Santo*, mais uma vez enveredando pelo canavial de Gilberto Freyre, o grupo foi beber na atmosfera mítica dos cinco livros do Antigo Testamento. O projeto inicialmente foi batizado de "Pentateuco". O segundo ato do espetáculo é a encarnação cênica de ritos religiosos indígenas, católicos, judaicos e africanos. Um sincretismo brasileiro descortinado com o assombro do mito, como diria Grotowski, em que a verdade pessoal se atrita mas também comunga com a verdade universal.

A partir da pesquisa nas memórias e nas vivências de cada integrante do grupo com relação ao sagrado, todos voltaram aos engenhos e aos canaviais de Vicência, embriagaram os sentidos com os cheiros e os gostos da Zona da Mata Pernambucana, fizeram entrevistas e foram pouco a pouco construindo um espetáculo que é pura epifania cênica, com intensa potência espiritual, alentado pelos deuses e pelas deusas do teatro, além de inúmeras entidades religiosas que fazem parte do sincretismo da companhia.

Terra de Santo dá uma dimensão mítica à religiosidade do nosso país, exorcizando tabus e ritualizando a encarnação de arquétipos que pulsam, por vezes de forma explosiva, nas raízes de um Brasil profundo. Atores e atrizes realizam cenicamente atos espirituais. A expressão "ator santo", criada por Grotowski para definir um atuante que se doa plenamente em cena, em oposição a "ator cortesão", ou seja, aquele que se vende, tem muito a ver com cada um dos integrantes dos Fofos, principalmente no espetáculo *Terra de Santo*. Um trecho de entrevista do artista polonês concedida ao pesquisador Denis Bablet, também publicada no livro *Para um Teatro Pobre*:

> O ator deve estar preparado para ser absolutamente sincero. É como um passo em direção ao ápice do organismo do ator em que a consciência e o instinto se unem.[7]

A direção de Newton Moreno também parece seguir na mesma direção: uma investigação sincera, paulatina e profunda na memória dos integrantes dos Fofos para depois então sensorializar as reminiscências, reficcionalizando-as com estímulos sinestésicos, mas sempre orgânicos com a própria gênese. Aromas, gostos, gestos e palavras, também canções, unificando assim a consciência e o instinto, a mente e o corpo, eliminando a dicotomia entre pensamento e carne, tudo se transformando em "corpo-memória", em "corpo-vida", à maneira de Grotowski:

> O que é uma associação na nossa profissão? É algo que brota não apenas da mente, mas também do corpo. É um retorno a uma memória precisa. Não analise isso intelectualmente. As memórias são sempre reações físicas. É a nossa pele que não esqueceu, são nossos olhos que não se esqueceram. O que ouvimos ainda pode ressoar dentro de nós. [...] Faça com que suas ações sejam concretas, relacionando-as a uma memória. Se você tiver certeza de que está fazendo isso, então não analise completamente que memória é essa, você o fará concretamente e é o bastante.[8]

O cristianismo é outra afinidade entre Grotowski e Newton Moreno. Embora de maneira profana, mas sem jamais abdicar de sua busca pelo sagrado na arte, o diretor polonês fala em alguns de seus textos de "pecado", "tentações" e "revelações". Com forte formação católica, Newton é espírita e divide com Grotowski a convicção de que a arte é um caminho que nos aproxima da espiritualidade, do bem e da pureza. O artista polaco analisa a relação do teatro com os ritos religiosos:

> Presumo que aquilo que é a essência do teatro seja capaz – *de modo laico* – de satisfazer certos excessos de imaginação e da inquietude desfrutados nos ritos religiosos. Ao mesmo tempo, suponho que aquilo que poderia ser o substituto laico do ritual religioso seja o núcleo da teatralidade como arte.[9]

---

7 Ibidem, p. 165.
8 Ibidem, p. 176.
9 Ibidem, p. 40.

Jogo e Magia. São palavras que atravessam o pensamento de Grotowski e os espetáculos dos Fofos sob a direção de Newton Moreno, principalmente *Assombrações do RecifeVelho* e *Terra de Santo*. O encenador polonês procurava "atacar o inconsciente coletivo" do elenco e dos espectadores, buscando uma pré-história do teatro:

> Quase como nos ritos mágicos, reconhecidos como as pré-fontes arcaicas do teatro... Naturalmente, este não é um cerimonial totalmente sério, solene. É antes de tudo uma espécie de jogo de magia.[10]

Teatro mágico que é ao mesmo tempo uma investigação antropológica. Outro ponto de convergência do trabalho dos Fofos com o pensamento de Grotowski. Eugenio Barba escreveu sobre a arte do diretor polonês, com quem trabalhou durante anos como assistente:

> Este teatro pode ser comparado a uma verdadeira expedição antropológica. Ele abandona as terras civilizadas para penetrar no coração da floresta virgem; renuncia os valores da razão claramente definidos para enfrentar as trevas da imaginação coletiva. Porque é nessas trevas que a nossa cultura, a nossa linguagem, a nossa imaginação afunda as suas raízes. Reservatório de experiências hereditárias que a ciência designa, às vezes, como *pensée sauvage* (Lévi-Strauss), como "arquétipos" (K.G. Jung), ou "representações coletivas" (Durkheim), ou categorias de imaginação (Hubert e Mauss), ou ainda "pensamentos primordiais e elementares" (Bastian). No Teatro Laboratório, portanto, os espectadores são obrigados a enfrentar o mais secreto, o mais escondido de si mesmo. Lançados brutalmente no mundo dos mitos, eles devem, ao mesmo tempo, reconhecer-se neles e julgá-los, examinando-os à luz das próprias experiências do século XX. Muitos sentem esse confronto, esse desmascaramento, como um sacrilégio. Na verdade, encontramo-nos diante de uma moderna variante da antiga catarse. Ou, para dar uma definição mais próxima a nós, de uma terapia psicanalítica.[11]

O teatro dos Fofos sob a direção de Newton Moreno não é necessariamente sacrílego, talvez levemente profano, mas com uma potência religiosa muito grande. Seu "ataque" aos arquétipos é fruto de uma profanação respeitosa, não menos profunda e sempre catártica.

Em *Assombrações do RecifeVelho*, a catarse do público vem principalmente do humor, por vezes horripilante, mas sem perder a ludicidade jamais, fruto do assombro diante dos mistérios da vida e da morte.

---

10   L. Flaszen et al., *O Teatro Laboratório de Jerzy Grotowski*, p. 61.
11   Ibidem, p. 100.

DRAMATURGIA TELÚRICA
DE NEWTON MORENO EM PROCESSO COLABORATIVO COM OS FOFOS ENCENAM

Já *Memória da Cana* é um espetáculo com tamanha combustão dramática (sem medo de enveredar pelo melodrama sempre que necessário) que seu *páthos* é quase sempre arrebatador para a plateia: impossível atravessar incólume a encenação, público e elenco.

E *Terra de Santo* é um mergulho arquetípico na dor, no sacrifício, na imolação, na religiosidade de uma nação com uma tristeza infinita, provocada por séculos de perseguição, genocídios e escravidão. A segunda parte do espetáculo provoca nos espectadores uma sensação de enlevo místico, uma espécie de catarse sinestésica em uma penumbra de incenso, alentada por velas e ervas aromáticas sagradas.

As palavras de Ludwik Flaszen, colaborador de Grotowski, sobre o teatro do encenador polonês, encontram ressonância no trabalho de Newton Moreno com os Fofos:

> Os espetáculos de Grotowski aspiram ressuscitar a utopia daquelas experiências elementares que proporcionam o ritual coletivo, em cujo ímpeto extático era como se a comunidade sonhasse o sonho da própria essência, do próprio lugar na realidade total, não fragmentada em esferas separadas, em que o Belo não fosse diferente da Verdade, a emoção do intelecto, o espírito do corpo, a alegria da dor; em que o Homem sentisse a união com a Totalidade do Ser. A experiência nos conduziu ao teatro dos mistérios.[12]

Para Grotowski, todo ser humano é uma fonte de mistério e a criatividade no teatro só pode surgir quando dois mistérios se encontram: o diretor e o ator. O trabalho de Newton Moreno com os Fofos sempre envolve algo confessional: são tentativas de frequentar os mistérios de cada integrante do elenco para potencializar memórias e vivências profundas na construção das personagens a partir do medo da morte, das alegrias e traumas familiares, da relação com o sagrado e com a própria espiritualidade.

Grotowski fez espetáculos livremente inspirados em textos bíblicos, entre eles, *Os Evangelhos* (1967) e *Apocalypsis cum figuris* (1968). Newton Moreno e os Fofos construíram *Terra de Santo* a partir dos cinco livros do Antigo Testamento: *Gênese, Êxodo, Levítico, Números e Deuteronômio*. Durante o processo de pesquisa no interior de Pernambuco, Newton estimulou o elenco com o texto *Da Companhia Teatral à Arte Como Veículo*, expressão criada por Peter Brook para definir o trabalho do artista polaco:

---

12 Ibidem, p. 117.

> Normalmente em teatro (vale dizer no teatro dos espetáculos, na arte como apresentação) trabalha-se sobre a visão que aparece na percepção do espectador. Se todos os elementos são elaborados e perfeitamente montados (a montagem), aparecerá na percepção do espectador um efeito, uma visão, uma certa história, em alguma medida o espetáculo aparece não no palco, mas na percepção do espectador. Essa é a particularidade da arte como apresentação. Na outra extremidade da longa cadeia das *performing arts* está a arte como veículo, que não procura criar a montagem na percepção dos espectadores, mas nos artistas que agem.[13]

O encenador polonês explica no mesmo texto:

> A arte como veículo é como um elevador muito primitivo: é uma espécie de cesto puxado por uma corda, com a ajuda da qual o atuante se eleva rumo a uma energia, mais sutil, para descer *com ela* até o corpo instintual. Essa é a objetividade do ritual.[14]

Guiados pela busca do sagrado e contaminados pelas ideias de Grotowski, os integrantes dos Fofos vasculharam a própria memória e as lembranças transformadas em sensações longínquas, mas sempre tão presentes nesse "corpo instintual", em que psique, ossos, nervos, músculos e tendões são uma só alma.

Grotowski cita uma passagem bíblica no texto em questão:

> A Bíblia fala da história de Jacó que adormeceu com a cabeça sobre uma pedra e teve uma visão; viu, em pé, no chão, uma grande escada e percebeu as forças ou – se preferirem – os anjos, que subiam e desciam. Sim, é muito importante se pudermos fazer, na arte como veículo, uma escada de Jacó; mas para que essa escada funcione, cada degrau deve ser bem feito. [...] Os cantos rituais da tradição antiga dão um apoio na construção dos degraus daquela escada vertical.[15]

Dias antes de viajar para Vicência, os Fofos fizeram uma oficina com a cantora e compositora Alessandra Leão no palco do Teatro Apolo, no Recife Antigo, justamente sobre cantos da tradição nordestina, muitos religiosos, englobando manifestações do maracatu e a música *No Pé da Jurema*, que ficou ecoando em quase todos que participaram do *workshop* e acabou sendo utilizada no final de *Terra de Santo*. Para não dispersar ou mesmo banalizar as palavras e a

---

13 Ibidem, p. 230.
14 Ibidem, p. 234.
15 Ibidem, p. 235.

DRAMATURGIA TELÚRICA
DE NEWTON MORENO EM PROCESSO COLABORATIVO COM OS FOFOS ENCENAM

espiritualidade das canções trabalhadas durante a oficina, Newton Moreno pediu a todos para não ficar cantarolando as melodias e os ritmos apresentados por Alessandra Leão. O encenador pernambucano queria, na verdade, que aqueles cânticos decantassem profundamente na alma de todos, funcionando talvez como a "escada de Jacó" em direção ao sagrado sugerida por Grotowski.

Mais algumas palavras do diretor polonês que talvez possam ajudar a elucidar as intenções de Newton Moreno logo após o término do primeiro dia de oficina com Alessandra Leão:

> [...] o canto se torna o próprio sentido através das qualidades vibratórias; mesmo se as palavras não são compreendidas, é suficiente a recepção das qualidades vibratórias. Quando falo desse "sentido", falo ao mesmo tempo também dos impulsos do corpo; isso significa que a sonoridade e os impulsos *são* o sentido, diretamente. [...] O canto da tradição é como uma pessoa. Quando as pessoas começam a trabalhar com um suposto ritual, por uma grosseria de ideias e de associações, começam a procurar um estado de possessão ou de suposto transe, o que se reduz a um caos e a improvisações em que se faz não importa o quê. É preciso largar mão desses exotismos e é preciso apenas descobrir que o canto da tradição, com os impulsos ligados a ele, é "uma pessoa". Existem cantos antigos de que se descobre facilmente que são mulheres, e há outros deles, masculinos; há cantos em que é fácil descobrir que são adolescentes ou mesmo crianças, é um canto-criança; e há outros que são velhos, é um canto-velho. [..] E ainda: um canto de tradição é um ser vivente; sim, nem todo canto é um ser humano, há o canto-animal, há o canto-força. Quando se começa a captar as qualidades vibratórias, isso encontra a sua radiação nos impulsos e nas ações. E então, de repente, aquele canto começa a *cantar-nos*.[16]

Penso na música *No Pé da Jurema*, canto feminino, híbrido de "canto-vegetal" com "canto-mulher", homenageando uma planta que é fonte de espiritualidade para índios, caboclos, negros e brancos ligados à umbanda.

Fernando Esteves, diretor musical da companhia, comenta que, em *Assombrações do Recife Velho*, utilizou diferentes ritmos tradicionais nordestinos, entre eles, maracatu, ciranda, baião e xote, além de uma incelença na cena da personagem Bem-Vinda (encarnada pelo ator Marcelo Andrade, um dos momentos mais engraçados do espetáculo, em que ela morre e ressuscita várias vezes), e ainda gravações de novela de rádio e canções como *Brigas* (Altemar Dutra),

---

16 Ibidem, p. 236-237.

Quebrangulados (Silvério Pessoa) e *Vale do Jucá* (Siba). Ele conta que em *Memória da Cana*, "de canto tradicional, há uma cantiga de ninar que a personagem Senhorinha canta para o filho Edmundo", e explica:

> No mais era algo baseado na sonoridade da Zona da Mata Pernambucana, principalmente no maracatu rural, misturado com sonoridades das memórias trabalhadas no processo. A primeira parte do espetáculo começa com Vivaldi misturado com o vento batendo na cana e passagens da personagem Nonô com sonoridades do maracatu. Depois uma montagem com mais gravações de maracatu, uma melodia criada no processo em cima de trechos grifados da peça *Álbum de Família* e sons de casa, família e memória. Uma rabeca desafinada faz as intervenções da mulher grávida. Um terno de maracatu meio distorcido para as intervenções de Nonô. Um batuque africano para a personagem Dôda. Depois a versão de Goran Bregović para *Carmen*, de Bizet, misturada com tempestade e demolição como transição para a segunda parte, que tem muito som de vento produzido por duas máquinas batizadas de Zéfiro e maracatu rural pontuando e criando as atmosferas executadas pelo elenco.

Fernando detalha a trilha de *Terra de Santo*: "O espetáculo começa com as rezadeiras/cozinheiras cantando trecho de *Cordeiro Divino*, canto católico. Programa de rádio e músicas caipiras para o amanhecer dos cortadores de cana em Piracicaba. Transição para a *Terra de Santo* com *Mistério É Fortaleza*, de Newton Moreno e Alessandra Leão, versão instrumental montada por mim. Em *Gênese* (Índias), montagem de material gravado em oficina com Renata Rosa e editado em execução ao vivo. Melodia em flauta de bambu solo de canto tradicionalmente feito em duplas durante o trabalho na terra. Já para *Êxodo* (Judeus), fizemos oficina com Beny Zekhry e usamos toques de *Shofar*, instrumento sagrado usado em rituais judaicos, além de *Chatzi Kadisch*, canto também para rituais, e a cantiga de ninar sefardita *Durme, Durme Mi Linda Donzeya*. Para *Números* (Negros), fizemos oficina com Juçara Marçal e Marcello Boffat. Utilizamos *Aruê*, música de trabalho, *Sa Là Wá Jo*, canto para Nanã, *Ke Ki Ki Àwa Akóró*, canto para Ogun, e *Odayá*, canto para Iemanjá, de Juçara Marçal. Em *Levítico* (Cristãos), versão minimalista de trecho do Kyrie Eleison da missa em si menor de Bach, também trechos cantados do Kyrie Eleison e do Agnus Dei, da mesma missa de Bach, e ainda uma versão em reverso do Agnus Dei. A parte final do espetáculo tem sons de máquinas e *No Pé da Jurema*, cantiga popular".

Em seu estudo sobre o pensamento do encenador polonês, Jerzy Grotowski, Tatiana Motta Lima escreve o seguinte:

DRAMATURGIA TELÚRICA
DE NEWTON MORENO EM PROCESSO COLABORATIVO COM OS FOFOS ENCENAM

> Citando os mistérios antigos e medievais, ele (Grotowski) afirmava que, naqueles dois momentos históricos, as formas teatrais estavam relacionadas com o contexto do culto aos deuses e que, desse modo, o segredo, o *misterium* estava localizado nas divindades, nos espíritos e, portanto, no exterior dos participantes. Já a teatralidade, considerada por ele como o *misterium* moderno, buscava esse segredo nos próprios participantes do jogo teatral, "pelo fato de que não procuramos nada fora deles, fora do homem". A função fundamental da teatralidade era a busca desse segredo ao mesmo tempo coletivo, um segredo do grupo, e coletivizante, um segredo que resgatava o indivíduo da sua experiência de isolamento e fragmentação.[17]

Segundo ela, o "transe" nos atores tão almejado por Grotowski era um "estado no qual o empenho interior do ator superasse as amarras do projeto stanislavskiano, de cunho mais realista, e alçasse voo"[18].

Talvez "transe" seja uma palavra exagerada para definir o que Newton Moreno deseja para seus atores e atrizes em cena ao explorar as profundezas das memórias de todos. Ele chega a mencionar a palavra "epifania" ao tentar evitar qualquer tipo de interpretação mecânica do elenco, logo a descartando. O diretor pernambucano quer, na verdade, a potência e a possibilidade de um "encontro consigo mesmo" a cada noite, a cada nova apresentação. Ele quer manter no texto, no palco e na interpretação de cada um essa fratura, essa fresta entreaberta, sempre convidando o atuante para uma expressividade que também pode ser sinônimo de confissão, guiada por impulsos espirituais e livremente inspirada no sistema de trabalho de Grotowski. Em seu livro, Tatiana Motta Lima explica como o diretor polaco conduzia o processo com o elenco em determinado momento de sua trajetória:

> A cena era construída a partir de um *treinamento psíquico* no qual as vivências íntimas de cada ator eram requeridas e vinham à tona. Grotowski estimulava esse processo; para isso, desenvolvia maneiras de trabalhar que dependiam muito da relação estabelecida com cada ator individualmente.[19]

No que diz respeito aos Fofos, o aprofundamento do sistema de trabalho se dá em grupo e varia de acordo com a disponibilidade e entrega de cada integrante do coletivo. Embora seja uma companhia mística, religiosa, há também membros agnósticos, até mesmo ateus, o que nem sempre facilita a busca por essa

---

17 T. Motta Lima, *Palavras Praticadas*, p. 61.
18 Ibidem, p. 95.
19 Ibidem, p. 100.

expressividade espiritualizada tão almejada por Newton Moreno. O método do diretor pernambucano é uma variante brasileira dos conceitos de "autopenetração" e de "doação" criados por Grotowski, condição *sine qua non* para o que ele chama de "ator-santo": "um homem que, por meio da arte, entra em uma fogueira, realiza um ato de doação" [20]. No entanto, para o encenador polonês, a sacralidade é laica, blasfema, enquanto para Newton Moreno é pura espiritualidade. Mas santidade para os dois artistas é sempre sinônimo de autoconhecimento. Grotowski explica a diferença entre profanação e blasfêmia:

> A profanação é quando alguém não tem verdadeiramente relação com o sagrado, com o divino; faz besteira, destrói, debocha. Isto é profanação. A blasfêmia é o momento de tremer, nós tremermos porque tocamos em algo sagrado. Talvez essa coisa sagrada já esteja destruída pelas pessoas, já esteja deformada, mas mesmo assim permanece sagrada. A blasfêmia é uma maneira de responder para restabelecer a ligação perdida, restabelecer algo que está perdido. Sim, é a luta contra Deus, por Deus. É uma relação dramática entre o sagrado e o ser humano que é feita de várias distorções, mas, ao mesmo tempo, quer encontrar alguma coisa que é viva.[21]

Os espetáculos dos Fofos dirigidos por Newton Moreno têm de algum modo parentesco próximo com essa acepção grotowskiana da "blasfêmia". Principalmente *Assombrações do Recife Velho*, em que o medo e o mistério da morte são frequentados por meio de uma irreverência calcada no humor, e *Terra de Santo*, no qual outra modalidade de "blasfêmia" adquire dimensão dolorida, sacrificial, em atmosfera cênica marcada por uma espécie de revisionismo histórico com relação às chagas arquetípicas de nosso país, após tantos séculos de iniquidade, colonização, injustiças e escravidão.

Outro ponto de contato de Newton Moreno com Grotowski é a busca de experiências de antepassados que vivem em nós, no fundo do nosso "corpo-alma", por meio de uma "técnica espiritual". Para Tatiana Motta Lima, a exacerbação da experiência cotidiana pode nos conduzir ao território dos mitos: "Na terra da cotidianidade, levada às últimas consequências, encontra-se o terreno mítico, os mitos pessoais e, ao mesmo tempo, coletivos, culturais, os mitos tribais."[22]

---

20 J. Grotowski, O Novo Testamento do Teatro, em L. Flaszen et al., *Em Busca de um Teatro Pobre*, p. 105 apud T. Motta Lima, *Palavras Praticadas*, p. 102.
21 T. Motta Lima, *Palavras Praticadas*, p. 104.
22 Ibidem, p. 233.

DRAMATURGIA TELÚRICA
DE NEWTON MORENO EM PROCESSO COLABORATIVO COM OS FOFOS ENCENAM

Embora o encenador polonês tenha declarado há décadas que desenvolvia um trabalho que poderia ser definido como "pós-teatro", muito antes do surgimento da polêmica expressão difundida por Hans-Thies Lehmann no livro *Teatro Pós-dramático*, Grotowski jamais colocou para escanteio um dos pilares da linguagem cênica e passaporte para a eternidade do teatro: o texto, a escritura dramatúrgica, embora as novas tecnologias digitais estejam nos oferecendo novas maneiras de registrar os vestígios de potência dos espetáculos. Motta Lima ressalta a importância da dramaturgia para o artista polaco:

> É necessário ainda não esquecer a importância do texto, ou melhor, do que Grotowski chamou, nessa fase do seu trabalho, de "o encontro com o cristal do desafio presente no texto" utilizado no espetáculo. Aqui não se buscava mais plasmar ou destilar o arquétipo do texto ou submetê-lo à dialética da derrisão e apoteose, operações criticadas como baseadas em cálculos artificiais ou fórmulas frias. Propunha-se um encontro entre o ator e o texto, um confronto entre a experiência presente do ator – levada ao excesso confessional do ato total – e essas "vozes do abismo", essa "experiência de nossos ancestrais" presentes nos textos escolhidos por ele: "Desse modo demos início a um confronto real com as nossas fontes e não com ideias abstratas a respeito". Desse encontro, o espectador também pode ser testemunha, pois, em um segundo momento, era ele que presenciava o confronto entre um universo tradicional, coletivo, e um tipo específico de experiência pessoal – o ato total – que permitia a esse universo irromper, mesmo que não estivesse mais sustentado por nenhuma crença coletiva ou comunidade de fé. Grotowski disse, então, que havia chegado a um ritual não religioso, mas humano, realizado não por meio da fé, mas do ato. Afirmava que "na perspectiva da arte, as obras estão sempre vivas", o que significava dizer que não tratava o texto e as personagens como parte da literatura, mas como uma espécie de arca, de receptáculo de experiências, de vozes, que chegaram, por meio do texto, até nós. Dizia que "aquela voz calar-se-á, se não encontrar uma reação, uma resposta". Essa resposta seria, justamente, a experiência oferecida em confissão pelo ator por meio do ato total.[23]

As palavras de Grotowski e de Tatiana Motta Lima nos ajudam a entender melhor as escolhas dramatúrgicas do diretor Newton Moreno e o processo dos Fofos em *Assombrações do Recife Velho*, em que ecoam vozes fantasmagóricas coletadas e recriadas por Gilberto Freyre; também a potência arquetípica dos diálogos de *Álbum de Família*, de Nelson Rodrigues, recriados com a prosódia do canavial do grande sociólogo nas profundezas das memórias familiares

---

23 Ibidem, p. 374-375.

dos integrantes da companhia; e ainda os textos do Antigo Testamento conectados com o sagrado pessoal dos atores e das atrizes que participaram da criação de *Terra de Santo*.

Tatiana Motta Lima resgata uma definição do encenador polonês para o papel do artista que pode aprofundar essa questão da conexão com nossos antepassados:

> Cada grande criador constrói pontes entre o passado e ele mesmo, entre suas raízes e seu ser. Esse é o único sentido no qual o artista é um padre: *pontifex*, em latim, aquele que constrói pontes.

Newton Moreno analisa o próprio trabalho discorrendo sobre essa inquietação artística em criar "pontes" entre o teatro de fontes populares e a cena contemporânea, criando "interfaces entre *performer* e *brincante*", sempre com "uma camada de memória pessoal dos artistas pesquisadores"[24].

O artista pernambucano confessa que sua fé tem "sotaque": "uma saudade metafísica", alentada por uma "fé cênica inabalável": "Fé vem do latim *fides*, fidelidade. Ser fiel ao que se crê. Para mim, não há subversão maior que a de não desistir. A fé como subversão e não como submissão."[25]

Uma confissão que o conecta com a "profanação" grotowskiana e que alimenta a sua busca permanente por uma "memória em estado de incandescência", que inflama a potência "revolucionária" das raízes da tradição da cultura nordestina:

> Etimologicamente, o pesquisador Lucimar Luciano de Oliveira descobriu em uma das cantigas de amigo, de autoria de João Zorro, século XIII, uso da palavra "suidade", ainda em fala galego-portuguesa. De origem latina, "solitas", "solitatis" (solidão), ou ainda de forma arcaica "soedade, soidade e suidade", a palavra saudade, como ainda hoje a conhecemos, teria sido formatada à época das navegações e descobrimentos de Portugal. Saudade como categoria de tempo e lugar. Lembrança e distância de algo, ou de alguém. Ou como diria Lourenço: "saudade subentende, naturalmente, memória – é memória em estado de incandescência".[26]

Em *Assombrações do Recife Velho*, os Fofos estudaram "a dimensão performativa dos ritos fúnebres", com irreverência e humor contagiante, mas sempre respeitoso,

---

24 N. Moreno, *Teatro de uma Saudade*, p. 7.
25 Ibidem, p. 32.
26 Ibidem, p. 215.

DRAMATURGIA TELÚRICA
DE NEWTON MORENO EM PROCESSO COLABORATIVO COM OS FOFOS ENCENAM

em pesquisa etnográfica que os aproxima do trabalho de Grotowski. Newton Moreno detalha os três eixos da investigação artística: "o sagrado e a sua reverberação no homem contemporâneo [...]; a memória, nossa principal aliada para acessar espaço de revelação no trabalho com os atores [...]; e os experimentos da *performance* e da *performatividade* e o espaço para o depoimento e a memória pessoal"[27]. Para o artista pernambucano, radicado em São Paulo, performatividade engloba diversos matizes da cena contemporânea:

> O corpo em risco, o inesperado na relação com o sujeito, o depoimento pessoal, a destruição dos códigos tradicionais da cena e o caráter processual são chaves que nos interessam recuperar na futura análise dos espetáculos.[28]

O processo de criação de *Assombrações do Recife Velho* buscou inspiração em diversas fontes populares: nas histórias de almas penadas coletadas por Gilberto Freyre na capital pernambucana, nas entrevistas feitas com transeuntes e com "personagens" da cidade, nos contadores de causos, na "dimensão performática da morte na sua configuração no cavalo-marinho e nas ações encantatórias das carpideiras", entre outras.

Na cena 1 da escritura dramatúrgica do espetáculo, batizada de *Contadores & Minervina*, há fraturas processuais e interativas:

> Às 20h30, quando a bilheteria abre, o público é encaminhado para os fundos da casa. Enquanto esperam o começo da peça, alguns moradores/contadores vêm conversar com eles. Entram aos poucos. Cada um tem estórias preparadas durante o processo de ensaio. Advertem das coisas "estranhas" que acontecem "lá dentro", "naquele lugar", "ali", nesta vizinhança. Seguem nesta recepção até a bilheteria fechar às 21h. Então, a casa se comunica com todos com efeito de luz até black-out. No black-out, à luz da lua, Jaqueline coordena a roda e incita Ernestinho a contar a "estória do bicho". Ele foge. Jaqueline segue. Neste momento, entra a esbaforida Minervina. Quer dizer algo e não consegue, aponta para a casa. Três contadores relacionam-se com ela. Véia, Nelo e Seu Antônio. De repente, a porta da cozinha se abre e uma voz chama: "Ô mulher, entre, venha logo". Minervina entra e conduz o público para dentro da casa.

A abertura do texto traz algumas camadas que podem ser reveladas e analisadas. Inicialmente, o arquétipo do contador de causos decantado em todos,

---

27 Ibidem, p. 25.
28 Ibidem, p. 66.

retrabalhado a partir das vivências de cada participante da criação coletiva, englobando inclusive um *páthos* processual do ator Eduardo Reyes, que, durante os ensaios, resistiu a contar histórias de assombração relacionadas ao próprio medo da morte. O prólogo tem uma característica muito presente na dramaturgia contemporânea: a porosidade ao inesperado. São dramáticas construídas com partes que são arcabouços com frestas, *fraturas interativas* para receber as contribuições do público, além de *fraturas performativas* abertas às improvisações do elenco.

O espetáculo segue com atores, atrizes e espectadores se misturando em um só *ensemble*, dando início à itinerância da peça. Ao chegar à Rua do Encantamento, onde a maior parte da ação se desenrola, o público é dividido: cada grupo se senta de um lado da via mágica e por vezes horripilante, mas sempre muito engraçada, como ensina a sabedoria popular.

Em seguida, a dramaturgia da encenação traz dois momentos respaldados nas raízes da tradição nordestina e que de algum modo traduzem cenicamente conceitos de Grotowski analisados por Newton Moreno, principalmente a ideia de que "aquilo que poderia ser o substituto laico do ritual religioso seja o núcleo da teatralidade como arte"[29]:

> 6. Reza Véio
> *De uma das portas, ouvimos a reza:*
> VÉIO (off)
> Se a morte vir me buscar
> em vez de ter medo dela
> primeiro eu pergunto a ela:
> "Quem foi que mandou chamar?"
> E se ela me falar:
> "Foi Deus do céu verdadeiro".
> TODOS (off)
> "E se ela me chamar foi Deus do céu verdadeiro".
> *Após pausa.*
>
> 7. MERGULHÃO
> VÉIO
> Eita.
> *Entrada de todos brincando o mergulhão.*
> *Relação de suspensão, contato com público.*
> *E, em seguida, cada uma sua vez, dizem uma frase de sua trajetória no espetáculo.*

---

29 Em depoimento ao autor.

DRAMATURGIA TELÚRICA
DE NEWTON MORENO EM PROCESSO COLABORATIVO COM OS FOFOS ENCENAM

> *Saem aos poucos, sempre brincando até ficar uma preta.*
> PRETA
> Eita.

Mergulhão é um dos passos do cavalo-marinho, manifestação popular de Pernambuco, e que em outros estados brasileiros é conhecida como Bumba Meu Boi. Maracatu, forró, toques de atabaque, fantasmagorias sincréticas e multiculturais que povoam o imaginário do povo nordestino, teatro folclórico, carpideiras, incelênças, mortes e milagres, ressurreições, vinganças assombradas e raciais em ritmo de coco de roda, revisionismo histórico com relação aos mortos, desaparecidos e torturados durante o regime militar com cadência de ciranda, ainda dança com a morte em que o ator Carlos Ataíde levou à cena homenagem tocante à própria mãe falecida durante a adolescência. Tudo isso pulsa no espetáculo *Assombrações do Recife Velho*.

Tu És Filho de Alguém é o título de artigo de Grotowski que inspirou o grupo a mergulhar nas próprias raízes genealógicas. Newton Moreno resgata o trecho que estimulou a companhia a fazer o inventário de memórias familiares:

> Não falo contigo como o autor que eu tenho que encenar, falo contigo como falo com meu bisavô. Quero dizer que estou falando com meus ancestrais. E claro que não concordo com meus ancestrais. Mas ao mesmo tempo não posso negá-los" (tradução do artista pernambucano para o artigo escrito em espanhol).[30]

A dramaturgia de *Assombrações do Recife Velho* incorporou à sua estrutura narrativa uma fratura processual que foi a própria busca do grupo por histórias de assombrações durante a criação coletiva. Essa procura de todos acabou se materializando na personagem Entrevistador, que atravessa a peça com o mesmo objetivo: coletar relatos de almas penadas.

O texto tem outras fraturas interativas, abertas à participação dos espectadores, como na Cena 21, *Ciranda do Conto de Fardas*, em que o brincante resgata a memória de Frei Caneca e faz uma espécie de festa-manifesto em homenagem às pessoas que lutaram contra a ditadura militar, invocando ainda "Gente da Guerra dos Mascates, da Batalha dos Guararapes, da Conspiração Suassuna, da Revolução de 17, da Confederação do Equador, da Revolução Praieira, da Campanha Abolicionista, do Clube do Cupim e do Quilombo dos Palmares".

---

[30] J. Grotowski apud N. Moreno, op. cit., p. 85 n91.

A cena é um libelo lúdico e ao mesmo tempo fúnebre, atemporal e participativo, em ritmo de ciranda, que termina com dilacerante momento de tortura em que são lembrados nomes de desaparecidos políticos do Recife. No final do rito sacrificial, todos aqueles que lutaram contra o autoritarismo em diversos momentos históricos do nosso país são santificados.

Mimese Corpórea

Há uma diferença expressiva entre a maneira de Newton Moreno trabalhar com os atores e as atrizes dos Fofos e o modo como Grotowski dirigia o elenco. Enquanto o encenador polonês queria eliminar o lapso de tempo que separa os impulsos internos das reações externas, o artista pernambucano escolheu o sentido inverso para elaborar a partitura gestual nos corpos de seus atuantes.

Inspirando-se no conceito de "mimese corpórea", elaborado pelo grupo de teatro Lume, de Campinas, Newton buscou ações externas pinçadas do cotidiano para a composição do elenco. Ele explica o procedimento de trabalho, tentando fugir de qualquer tipo de psicodrama na condução do inventário das memórias pessoais dos integrantes da companhia:

> A mimese corpórea prioriza uma pesquisa de uma "persona", tendo como base ações coletadas no externo, pela imitação de ações centradas no cotidiano. O ator se apropria desse material observado de "fora" e busca uma organicidade interna. Esse processo força uma comunicação no externo para alimentar ressonâncias internas no pesquisador. Interessante nesse "exercício para fora de si" é como a busca da alteridade que acaba revelando questões de identidade do pesquisador.[31]

Embora fazendo o caminho inverso de Grotowski, é interessante ressaltar, por outro lado, que o mestre polonês, talvez inspirado por Meierhold, acreditava que a artificialidade da forma era uma maneira de "fisgar" os impulsos internos nos corpos de seus atores e atrizes. De algum modo, Newton Moreno também fez isso com os Fofos, pois o grande objetivo foi buscar essa camada mais profunda, pulsional e arquetípica, nas vivências dos artistas-pesquisadores: "que reverberação a lenda traria para sua história pessoal", em suas palavras.

---

31 N. Moreno, op. cit., p. 96.

DRAMATURGIA TELÚRICA
DE NEWTON MORENO EM PROCESSO COLABORATIVO COM OS FOFOS ENCENAM

No processo de *Memória da Cana*, a investigação das memórias familiares foi aprofundada e Newton trabalhou com outro conceito do grupo Lume, inspirado em Roland Barthes: *Punctum*. O encenador pernambucano explica:

> O Lume (Núcleo Interdisciplinar de Pesquisa da Unicamp) faz bela apropriação da terminologia de Roland Barthes. Aqui dentro do campo da mimese corpórea, o Lume dedica parte de sua pesquisa sobre a criação de ações físicas a partir de elementos externos e o uso da fotografia. E, neste momento, procedemos nova aproximação com o coletivo paulista para avançarmos no nosso trabalho. O objetivo era emprestar esta "tecnologia" do Lume para gerar novos personagens-em-estudo a partir do trabalho com as fotos dos familiares ou dos próprios atores-pesquisadores na sua infância. O primeiro elemento enunciado pelo Lume é o *punctum*, que eles interpretam como um "detalhe" que captura a minha atenção, um afeto poético. Esses "detalhes" são localizados no corpo como micro-movimentos ou pontos musculares que funcionam como portas de entrada para alcançar este estado orgânico. O ator precisa localizar que parte do corpo e como acioná-la para entrar no estado desejado.[32]

Em seguida, os personagens de *Álbum de Família*, de Nelson Rodrigues, foram uma espécie de "bisturi" para promover uma "autopenetração" em uma segunda camada do corpo-memória de todos com a potência "atroz e purificadora" (palavras de Newton Moreno) da dramaturgia do escritor nascido no dia 23 de agosto de 1912 no Recife.

Casa-Grande & Senzala, de Gilberto Freyre, foi abrindo novas fraturas no processo e pouco a pouco foi descortinando cômodos para que todos os atuantes-figuras-pesquisadores-personagens pudessem criar atmosferas confessionais e sinestésicas nas profundezas das paisagens arcaicas da sociedade patriarcal brasileira.

Newton Moreno analisou a criação colaborativa que, na contramão da maioria dos grupos, trabalhou com um texto previamente definido, a obra de Nelson Rodrigues:

> Esta viagem de alter-egos, memórias e mitologia pessoal ressoam nestes espetáculos na vocação para restaurar um espaço sagrado no teatro em direta comunicação com nossos mortos, ancestrais e raízes da tradição.[33]

---

32 Ibidem, p. 155.
33 Ibidem, p. 62-63.

E ele acrescente em nota de pé de página:

> No processo de *Memória da Cana*, queremos que cada um mergulhe em sua prospecção em sua raiz familiar, mas aos poucos, subterraneamente, estas raízes vão se comunicando e constituindo uma nova narrativa. Uma apropriação do conceito pós-estruturalista de rizoma, proposto pelo filósofo Gilles Deleuze.[34]

Como tudo isso decantou na escritura dramatúrgica da encenação? Toda a primeira parte do texto é atravessada por fraturas processuais: os ambientes e os solilóquios das personagens em seus nichos/ninhos/cômodos com atmosferas construídas com cheiros e perfumes para criar a possibilidade de levar os atuantes para os cantinhos mais recônditos das próprias memórias familiares, em encontro consigo mesmo a cada nova apresentação:

> PRIMEIRA PARTE:
> *O cenário reproduz uma casa-grande da sociedade canavieira, a plateia está dividida em arquibancadas, de frente para um grande corredor. Há estruturas de filó pelo espaço, metaforizando paredes de uma casa, recriando seis cômodos desta casa. No centro há uma grande mesa.*
> NICHOS/ENTRADA DO PÚBLICO. *Cada ator está em seu nicho.*
> Senhorinha
> (*Preparando um colar de naftalinas*)
> Ela era linda, linda de fechar o comércio. Pernas lindas, um sorriso largo e presente, gargalhada grave de avó... A mulher mais linda de Alagoa Nova. Linda de fechar o comércio. Um dia, ela casou, mudou-se. Mas ainda tinha os olhos todos nela. Na casa dela tinha uma santa com os olhos nas mãos, os olhos dela. Ela queria todos os olhos nela. Ela teve uma filha... Tão linda quanto ela, linda de fechar o comércio. Dizem que ela tinha inveja da filha, de sua beleza. [...]
> Tia Rute
> (*Quando o público entra Rute está olhando um álbum de fotografias com fotos de noivas – parentes das atrizes que fazem parte do espetáculo*)
> Casar não é fácil não! Não é fácil a pessoa conseguir casar. Ainda mais se for num lugar longe, afastado. A mulher não consegue arrumar homi não. A mulher, não arruma homi não. (*Tira o menino Jesus da imagem de Santo Antônio, o beija e o coloca na gaveta da penteadeira*) Eu mesma conheço uma! Pra mais de 30 anos que a mulher é noiva. [...]
> Glória
> Tinha uma bisavó. Ela era linda, por onde passava chamava atenção. Casou-se. As coisas iam muito bem até que o bisavô resolveu ser caixeiro viajante. Foi a partir daí que começou a desandar entre eles. [...]

---

34 Ibidem.

DRAMATURGIA TELÚRICA
DE NEWTON MORENO EM PROCESSO COLABORATIVO COM OS FOFOS ENCENAM

Edmundo
(*De dentro do berço*)
Vocês escutam? Ela vem chegando. Daqui a pouco, ela virá com as mãos delicadas de uma chuva macia que ganha terreno aos poucos. Pipoca aqui e acolá e desenha suas pegadas no meu corpo morno das cobertas. Então as gotas ganham mais firmeza e vencem meu sono me despertando para uma tormenta, é quando sua boca vem reconhecer sua pele na minha, em beijos úmidos e cálidos. Inundações de carinhos com o hálito ainda sonolento. Como um vendaval que revolve a terra toda, ela me apronta para o dia e, com seu sorriso incansável, ela me joga ao sol. (*Mostra foto da mãe para o público*). Eu guardo um único medo. O dia que amanhecer sem minha mãe. [...]

Guilherme
(*Mostrando o álbum, mas no lugar da foto, não há nenhuma foto*).
A casa sabe vigiar meus medos. Eu durmo em colchas e lençóis espiões/traiçoeiros. Minhas marcas de sofrimento na fronha me delatam na manhã seguinte. Eu tenho que ser cauteloso no meu sono, na minha intimidade, eu tenho que ser cauteloso quando eu sou eu mesmo. [...]

Jonas
O que mais me admirava em meu Pai era sua fé e seu caráter.
SINO DO PAI — *Começa música de Vivaldi. O pai, Jonas, está caminhando pela casa, vendo tudo o que está acontecendo, mantendo com sua autoridade, a ordem. Jonas caminha até seu nicho e lê um trecho da Bíblia. Glória coloca seu santo na mesa, antes vai até o nicho do pai. Sai.*

Jonas
Levítico 18.
Da santidade dos sexos. Eu sou o Senhor vosso Deus. Guardai as minhas leis e as minhas recordações. Nenhum homem se aproximará duma mulher que lhe é próxima por sangue, para descobrir a sua nudez. Não descobrirás a nudez de teu Pai nem a nudez de tua mãe [...].
Entra música "Saudade de Casa". Rute e Senhorinha na grande mesa. Colocam seus santos. Senhorinha está dançando maracatu. Nonô passa por volta da casa, fazendo barulho de sinos.

Toda essa primeira parte da escritura dramatúrgica de Memória da Cana, por mais fragmentária que seja, forma uma espécie de mosaico com tudo que foi experimentado no processo de criação coletiva. É como uma trama de fotos familiares, lembranças, aromas, sensações, pesquisas no canavial e rastros processuais envolvendo cada um dos cômodos das personagens e transbordando em pequenas ações e palavras, por vezes sussurradas, para o grupo de espectadores que decidiu se sentar naquele determinado nicho do espaço cênico.

O texto do espetáculo engloba em seguida a peça de Nelson Rodrigues, que sofreu cortes e foi adaptada à prosódia e à elocução do Recife e do interior pernambucano. Imagens e cenas que surgiram nas improvisações individuais e nos *workshops* coletivos também foram incorporadas à dramática processual do espetáculo.

Newton Moreno ressalta o significado de *hybris*, que muitos definem como sinônimo de desmesura, também arrogância. "Em grego, a *Hybris* significa aquilo que ultrapassa os limites de um cânone".[35] De algum modo, foi justamente isso que o processo de *Memória da Cana* fez com a obra de Nelson Rodrigues.

No final da primeira parte da escritura dramatúrgica do espetáculo, se destaca uma breve rubrica, que é um dos pontos altos da experimentação colocada em prática pelo grupo: "Guilherme começa a puxar todos os filós que fazem as paredes da casa."

A didascália é uma fratura processual que é a ponta de um iceberg de meses e meses de pesquisa, experimentos, discussões, improvisações e ensaios. A frase nos remete aos filós que formam a estrutura do cenário e é fruto de longo processo que gerou um dos momentos mais fortes da encenação: o desmoronamento da casa patriarcal, após discussão das personagens Guilherme, interpretado por Paulo de Pontes, e Jonas, o pai truculento, vivido por Marcelo Andrade.

A ideia de uma cenografia desmoronando foi inicialmente motivo de chacota porque parecia impraticável. Foi acusada de ser "cinematográfica" demais. Parte das discussões que decantaram na rubrica está documentada no filme que fiz em parceria com a companhia e que foi batizado com o nome do espetáculo.

A experimentação é o oxigênio da prática artística, mas trata-se de caminhar pelo fio da navalha entre o sublime e o ridículo. Às vezes dá certo. Outras vezes, não. No caso do desmoronamento da casa de *Memória da Cana*, o resultado cênico é surpreendente e o palimpsesto processual de todo um percurso de experimentações está contido em uma única frase de rubrica. Escrever sobre os Fofos sem falar dos fios de nylon de suas tramas cênicas, ou "bololô", como gostam de chamar, é não entrar em contato com um elemento tão simples, mas que é recurso fundamental de expressão na trajetória de artistas que jamais colocam o lado artesão para escanteio.

Sempre bebendo em fontes da tradição popular, *Memória da Cana* buscou forte inspiração no maracatu rural (e em outros ritmos do universo artístico

---

35 Ibidem, p. 80.

DRAMATURGIA TELÚRICA
DE NEWTON MORENO EM PROCESSO COLABORATIVO COM OS FOFOS ENCENAM

da Zona da Mata Pernambucana, como caboclinhos e galante), cujas sonoridades inundam o canavial cenográfico dos Fofos e de onde o grupo tirou ainda a imagem do cravo branco, simbolizando a morte.

Newton Moreno destaca mais uma frase de Grotowski e a sua busca por um "teatro vivo": "Eu considerava, portanto, que o caminho em direção a um teatro vivo pudesse ser a espontaneidade teatral original."[36]

O ator e pesquisador Carlos Ataíde, que participou de todos os espetáculos da companhia, cita o artista polonês ao analisar a encenação que fecha a trilogia dirigida por Newton Moreno:

> Para Grotowski, o seu objetivo com o teatro ritual não é ressuscitar o teatro religioso, como acredito que também não seja o nosso de Os Fofos, mas sim renovar o ritual, o ritual teatral, não religioso, mas humano: através do ato, não através da fé. E o eixo desse ritual talvez seja o mito – a ritualização do teatro é a reencarnação do mito através da edificação de um *ritual laico*. E é assim que também percebo todos os atos de criação do *texto espetacular Terra de Santo*: um ato de fé embebido num procedimento de *ritual laico*.[37]

Carlos Ataíde também resgata em sua dissertação de Mestrado uma reflexão de Grotowski sobre a criatividade como uma maneira de frequentar os mistérios que nos cercam para que possamos descobrir o que ainda desconhecemos:

> É como cortar o bosque sem plantar as árvores. Os atores não têm a possibilidade de encontrar algo que seja uma descoberta artística e pessoal. Não podem. Portanto, para enfrentar, devem explorar o que já sabem fazer e o que lhes deu sucesso – e isso vai contra a criatividade. Porque criatividade é antes descobrir o que não se conhece. É este o motivo-chave por que são necessárias as companhias. Elas dão a possibilidade de renovar as descobertas artísticas. No trabalho de um grupo teatral deve-se procurar uma continuidade por meio de cada uma das estreias que se sucedem, durante um longo período de tempo e com a possibilidade de o ator passar de um tipo de papel a outro. Os atores devem ter tempo para a pesquisa. Então não é cortar o bosque, mas plantar as sementes da criatividade. É exatamente aquilo que Stanislávski começou a fazer.[38]

A dramática de *Terra de Santo* é também pontuada por *fraturas processuais* que descortinam as pesquisas de cada integrante do grupo, as oficinas, as improvisações,

---

36 Ibidem, p. 34.
37 C. Ataíde, *Epístola a Os Fofos*, p 188-189.
38 Apud C. Ataíde, op. cit., p 191.

os *workshops* e os ensaios: a benzedeira e outras figuras religiosas que foram entrevistadas no Recife e nas viagens pelo interior de Pernambuco; passagens bíblicas do Antigo Testamento, rezas católicas, cântico judaico, a música *No Pé da Jurema*, cantos africanos em iorubá e ainda uma trama de ações e palavras que foi sendo criada durante a busca do sagrado de todos que participaram do processo colaborativo.

O *Movimento 1* começa com a entrada do público em refeitório de cortadores de cana em Piracicaba, no interior de São Paulo, onde a companhia também fez pesquisa. Todos se sentam, comem mandioca com linguiça, como os chamados boias-frias antes de sair de madrugada para a labuta no canavial. Através de locução de rádio, a trama é revelada aos espectadores:

> LOCUTOR/PADRE/PASTOR
> Sim, hoje é Sexta-Feira da Paixão. Louvemos juntos esta data que marca toda a nossa humanidade. Pena que tenhamos que conversar com nossos ouvintes sobre uma notícia triste que chega em nosso estúdio. Nas margens do Engenho Velho, aqui na nossa região, algumas senhoras estão sendo ameaçadas de despejo. Elas ocupam meio hectare de terra que alegam não ser da usina. Dizem que é lugar sagrado, que elas chamam de terra de santo e, por isto, a cana não pode ser plantada lá. A preocupação é que elas se dizem ameaçadas constantemente a abandonar o terreno em que moram há décadas. Procuramos autoridades e ninguém se manifestou ainda sobre o caso.

No começo da segunda parte da dramaturgia do espetáculo, com fraturas interativas, o público é conduzido à "terra de santo", onde fervilha o legado das raízes indígenas, portuguesas, católicas, judaicas e africanas do sincretismo brasileiro. O *páthos* sacrificial tem forte inspiração grotowskiana:

> Movimento 2.
> ENTRAMOS E AS MÃES DA TERRA DE SANTO ESTÃO REZANDO. RECEBEM O PÚBLICO E CONVERSAM COM ELES. ACENDEM VELAS, SERVEM COMIDAS SAGRADAS, ELAS PODEM FALAR DAS ERVAS, MOSTRAR AS ERVAS. DAR CHÁ AO PÚBLICO. CUIDAR DO PÚBLICO. "DAR COLO". BARRACA DE ERVAS. RECEITAR. ACONSELHAR. TRABALHAR COM IMPOSIÇÃO DE MÃOS.
> AOS POUCOS, O ESPAÇO DO RITUAL VAI SENDO ARMADO.
> MÃES DIRIGEM-SE AO PÚBLICO.
> MÃE: Eles tão alvoroçado para proseá.
> MÃE: Os moito.
> MÃE: É sempre assim em dia de santo.
> MÃE: É diferente, hoje eles vem di cum força. Vamo faze rezedeiro para fortalecer o cerimoniá.

DRAMATURGIA TELÚRICA
DE NEWTON MORENO EM PROCESSO COLABORATIVO COM OS FOFOS ENCENAM

Logo em seguida, um ritual ameríndio toma conta da cena:

SÉCULOS. O MUNDO DOS MORTOS
SÉCULO XVI – GÊNESE.
O FUNERAL DE UM DEUS.
CENA 1
NOITE. LUA MINGUANTE.
ESPAÇO VAZIO.
SAEM ÍNDIA VELHA E UMA JOVEM ÍNDIA QUE NÃO VEMOS O ROSTO PORQUE A FRANJA DO CABELO COBRE-LHE A FACE. A ÍNDIA VELHA TEM CABELO LONGO E TOTALMENTE GRISALHO.
A ÍNDIA VELHA CONDUZ A MENINA MAIS NOVA.
ÍNDIA VELHA MONTA UMA REDE (OU CABANINHA) NO CENTRO DA CENA. ÍNDIA NOVA INQUIETA APROXIMA-SE DAS ÁGUAS E OLHA SEU REFLEXO. ÍNDIA VELHA VAI BUSCÁ-LA.
TODO O TEXTO SERÁ TRADUZIDO PARA UMA LÍNGUA INDÍGENA. PREFERENCIALMENTE PERNAMBUCANA OU PAULISTA.
[...]
ÍNDIA VELHA
Retorne para a rede, neta. Não é sua avó quem manda são os donos da raiz.
ÍNDIA NOVA
Queria me banhar nas Águas Grandes. Posso?
ÍNDIA VELHA
Estas águas estão afoitas. Parecem prenhas de más notícias. Algum espírito do avesso deve estar se banhando por aqui. Venha, Esconda-se dele.
(*Limpa na menina as partes baixas. Banha, pinta ou paramenta a neta.*)
Hoje é o dia mais importante da vida de índia neta sua confirmação.
Neta vai ser enterrada viva em casulo. Não pode falar com ninguém. Até que ganhe asas de mulher índia. Vai ser abraçada pelo silêncio. Habitar o oco e a luz.

Século XVII – Êxodo: *A Palavra, Como Poder de Vida e de Morte*, que começa com o *Kadisch*, cerimônia judaica de velório, é um dos momentos mais belos do espetáculo, com cântico em hebraico cujos versos dizem o seguinte:

Que Seu Grande Nome seja exaltado e santificado no mundo que Ele criou conforme Sua Vontade. (*A congregação responde: "Amém".*)
Que Ele queira estabelecer Seu Reinado... durante nossas vidas e durante a vida de toda a Família de Israel, rapidamente e em breve.
(*A congregação responde: "Amém. Que Seu grande nome seja abençoado para sempre e eternamente"..*)
Abençoado, louvado, glorificado, exaltado, enaltecido, honrado, elevado e elogiado seja o nome do Todo-Poderoso.
(*A Congregação responde: "Abençoado Seja."*)

Acima de todas as bênçãos e cânticos, louvores e consolações que possam ser pronunciados no mundo. (*A Congregação responde:* "*Amém.*")

Que possa haver paz abundante provinda dos Céus e vida boa sobre nós e todo Israel. (*A Congregação responde:* "*Amém.*")

Aquele Que estabelece paz nas alturas, Que possa trazer a paz sobre nós e sobre todo Israel. (*A Congregação responde:* "*Amém*".)

MÃE SEGURA O CADÁVER EM SEUS BRAÇOS COMO A UM FILHO.

O final de Êxodo termina com a oração de *Salve Rainha* entoada pelas Mães de Santo, que invocam os mortos do sincretismo brasileiro. A densa trama do espetáculo segue com católicos: *Século XVIII – Levítico. O Sacrifício*, em que trecho da *Bíblia* é lido antes da imolação da personagem Filha, que, grávida, após a morte do noivo, recusa a imposição do pai, Senhor de Engenho, para que se case com o irmão demente do falecido:

FILHA
"E oferecerá o cordeiro em holocausto para que o reino se mantenha de pé.

E levará o novilho como oferenda para holocausto se for alguém do povo da terra que pecar por inadvertência e se tornar culpado ao praticar algumas coisas proibidas pelos mandamentos de Deus.

Tomará o novilho, e o porá perante Deus.

Tomará também o incensário cheio de brasas de fogo do altar, e os seus punhos

cheios de incenso aromático moído, e o levará para dentro do véu.

E porá o incenso sobre o fogo perante Deus, e a nuvem do incenso cobrirá o propiciatório, que está sobre o testemunho, para que o testemunho não morra.

Porá a mão sobre a cabeça da vítima e a imolará no lugar onde se imolam os holocaustos.

E o sacerdote tudo isso queimará sobre o altar; holocausto é oferta queimada, de cheiro agradável a Deus".

Adeus, meu Pai!

QUANDO TERMINA A LEITURA, ELA COLOCA FOGO EM SI MESMA. PAI SAI DESESPERADO, TENTANDO SALVÁ-LA. (REAÇÃO MÃES.)

IMAGEM: PAI ATÉ O FINAL DA CENA COBRINDO-SE COM AS CINZAS DA FILHA.

O *páthos* sacrificial continua com a última cena de *Levítico*, com a personagem Padre cortando a própria língua, após ser chantageado por Senhora, que lhe revela a sua verdadeira história de vida: órfão, ele é filho de uma prostituta da cidade. No final, as Mães entoam canto em iorubá para abrir passagem

DRAMATURGIA TELÚRICA
DE NEWTON MORENO EM PROCESSO COLABORATIVO COM OS FOFOS ENCENAM

para o SÉCULO XIX — *Números*. *Das Irmandades*, em que são exorcizados séculos de escravidão dos povos africanos que foram trazidos à força para o Brasil:

CENA 1

BARULHO DE MAR. UM CHORO. DOIS CHOROS. VÃO CESSANDO E O TEXTO COMEÇA A OCUPAR SONORAMENTE O LUGAR.

ESCURO.

OS DOIS (*Talvez um em português, outro em idioma africano.*): Eu aprendi o mundo assim. O escuro. Eu nasci num cemitério úmido. Quem me batizou foram as trevas. O meu padrinho vestia ébano. Minha madrinha foi jogada ao mar. Ela me batizou de dentro das ondas. No dia em que o sol tocou minha pele pela primeira vez foi através de uma fresta. Neste dia, eu vi minha mãe. Diz que neném não lembra da mãe. Mas eu vi. Anjos suados sopravam no meu ouvido que tínhamos pouco tempo. Eu grudei meus olhos nela para guardar sua imagem. E guardei. Se a vir hoje, anos depois, eu saberei como ela é. Eu sei. Só deram tempo para ela cortar meu umbigo com os dentes e depois foi arrastada. Ela abriu o mar ao meio com seu berro. O mar que é meu Pai. Eu já ouvi muito grito nas lidas do corte, mas o seu grito eu guardo na memória. No dia em que minha mãe deixou de me tocar. Deixou de ser meu sol. Deixou. O grito de minha mãe querendo me abraçar.

No meio do canavial, quando a palha da cana me toca eu ainda penso que é minha mãe que veio me buscar. Quando eu aprendi a gritar, já aprendi com o idioma desta terra. Eu comecei na África, fui parido nas águas e cresci aqui. Nunca soube o que sou, se sou.

LUZ. DOIS NEGROS NO PÉ DA MOENDA OU NO CORTE DA CANA. (*Quanto mais se parecerem, melhor.*)

OS DOIS: Minha única herança é ele, meu irmão. Nascemos junto. Agora um cordão umbilical de ferro me prende. Este cordão, minha mãe não pôde romper. Mas para meu irmão, eu sou o que restou de minha mãe. Ele me olha procurando pistas dela. Eu faço o mesmo. Quando eu suo, ele limpa o meu suor; quando ele cai, eu sou suas pernas. Quando eu grito, ele me convida para a prece; quando eu sangro, ele sangra também. (*Pausa.*)

SENHOR DE ENGENHO SE APROXIMA.

SENHOR DE ENGENHO: Amanhã, a festa da botada vai acontecer. Padre vem benzer o primeiro feixe de cana. Neste dia, como de costume, eu decidi libertar um negro. Como se espera que faça. E vai ser um de vocês dois. Vocês podem decidir qual. Vocês devem decidir qual porque se não decidirem, eu não liberto nenhum.

A partir daí, Senhor de Engenho provoca uma cisão entre os dois irmãos, os enredando em um jogo de perseguição e morte. Na escritura dramatúrgica de *Terra de Santo*, a cena dos negros antecede o desfecho do espetáculo.

Após a estreia, no entanto, os diretores Newton Moreno e Fernando Neves decidiram fazer a seguinte inversão: antes do epílogo, a sequência dos católicos, precedida pelo momento dos dois irmãos negros. O objetivo foi tornar a encenação mais dinâmica na parte final.

Por fim, a trama sacrificial volta ao canavial em Piracicaba com a resistência das Mães e da personagem Mariene de Jesus, alentadas pela música "No Pé da Jurema", que tentam conter a devastação da mata da terra de santo. Os ruídos dos tratores, contudo, anunciam mais uma carnificina no final aberto do espetáculo.

A potência da dramática de *Terra de Santo*, híbrida de rito com teatro e atravessada por fraturas processuais, documentárias e performativas, descortina nos palcos dos Fofos[39] a exuberância e a crueldade do mito em "preces carnais", pedindo emprestadas palavras de Grotowski. O mito encarnado nos corpos dos integrantes da companhia, em um fascinante inventário das próprias pulsões de vida e de morte: o sagrado revelado através da espiritualidade da carne de um corpo-memória, corpo-mistério, veio inesgotável para a cena contemporânea, laboratório de experiências performativas, espaço de resistência presencial em meio à virtualidade do mundo globalizado em que vivemos.

Documentários Processuais

O primeiro projeto cinematográfico que realizei com a companhia foi *Assombrações do Recife Velho*, a partir da encenação homônima que já estava em cartaz há vários anos (estreou em 2005). Não havia processo de criação a ser documentado. O que deflagrou o filme foi a tão esperada ida do espetáculo para a capital pernambucana no final de 2008, justamente para a locação onde é ambientado: o Recife Antigo. *Assombrações do Recife Velho* foi encenado nos dias 22 e 23 de novembro no Armazém 14, no coração da área da cidade onde o sociólogo Gilberto Freyre coletou as histórias de almas penadas que foram recriadas por Newton Moreno.

No meio cinematográfico, há quem diga que a locação tem alma. Nas andanças dos Fofos pelas ruas do Recife Antigo, os corações e as mentes

---

39 O coletivo é formado pelos seguintes integrantes: Carlos Ataíde, Carol Badra, Cris Rocha, Eduardo Reyes, Emerson Mostacco, Erica Montanheiro, Fernando Esteves, Fernando Neves, José Roberto Jardim, Katia Daher, Luciana Lyra, Marcelo Andrade, Maria Stella Tobar, Newton Moreno, Paulo de Pontes, Silvia Poggetti, Viviane Madu e Zé Valdir.

DRAMATURGIA TELÚRICA
DE NEWTON MORENO EM PROCESSO COLABORATIVO COM OS FOFOS ENCENAM

das atrizes, dos atores e das personagens pareciam estar imantados por uma atmosfera mágica, fantasmagórica, que a região histórica provocava.

Como conceito de documentação, optamos pelo seguinte caminho: devolver ao imaginário popular, por meio das personagens da peça, o que havia sido pesquisado por Gilberto Freyre e reinventado por Newton Moreno, que também codirigiu o filme. Os integrantes do elenco, encarnando seus papéis, foram então documentados entrevistando transeuntes pelas ruas do Recife Antigo, sempre em busca de histórias de assombração.

Além dessas imagens captadas pelo diretor de fotografia Cleisson Vidal, também fizemos minuciosa decupagem da ação do tempo, da "dramaturgia" da passagem do tempo que foi decantando na fachada das igrejas e dos casarios, criando planos por vezes fantasmagóricos nas paredes descascadas e rachaduras dos prédios.

Em filmes documentários, a dramaturgia só se realiza em sua plenitude no processo de montagem. Por mais que haja um argumento ou mesmo um roteiro prévio, a imponderabilidade do acaso está sempre abrindo novos caminhos, novas *fraturas*, na filmagem e também na edição: uma permanente "arquitetura do inesperado".

Três filmes foram editados com o material bruto que captamos: uma versão curta de 26 minutos, que fez parte da série televisiva de oito programas *Teatro Sem Fronteiras*, exibida pelo Canal Brasil no segundo semestre de 2011, e duas longas: *Assombrações do Recife Velho* e *Assombrações*.

A dramaturgia da versão curta mistura os planos arquitetônicos do Recife Antigo com as derivas das atrizes e dos atores dos Fofos entrevistando transeuntes pelas ruas da cidade.

Durante o processo de montagem da primeira versão longa, *Assombrações do Recife Velho*, após conversas com a artista plástica Lea van Steen, que foi responsável pela edição dos dois filmes e também assina como codiretora, chegamos à estrutura narrativa em que desapareceram todos os rostos e só permaneceram as imagens da ação do tempo sobre a região central do Recife. Como o imaginário popular não tem rosto, na dramaturgia deste primeiro longa-metragem, optamos pela capital pernambucana como a única personagem do filme. Sobre os planos arquitetônicos do Recife Antigo, uma coralidade de vozes, depoimentos, narrando as histórias de assombração coletadas pelo elenco.

A construção dramatúrgica do documentário foi principalmente engendrada pelo som: falas, testemunhos, declarações, trechos da trilha do espetáculo e ainda fragmentos de entrevistas de espectadores que contaram histórias de fantasmas em um pequeno *set* montado na saída do Armazém 14 após as apresentações.

Assombrações do RecifeVelho, no cinema, se tornou uma obra arquitetônica na imagem e coral no som, com a cidade do Recife como personagem plural, contando causos de almas penadas e descortinando a dramaturgia fantasmagórica da passagem do tempo naquelas antigas locações.

O segundo longa-metragem, *Assombrações*, é o resgate de todos os rostos que desapareceram na primeira versão: atores, atrizes, espectadores e todos os entrevistados. Com montagem assinada por Willem Dias e César Meneghetti, esta segunda edição também utiliza os planos arquitetônicos do Recife e sua estrutura narrativa amplia o que foi experimentado no programa de televisão para o Canal Brasil.

No que diz respeito ao DVD com o registro da íntegra do espetáculo, como fugir do teatro filmado? Como levar uma arte da presença como o teatro para uma arte fragmentária como o cinema? Para Jerzy Grotowski, "só existe um elemento que o cinema e a televisão não podem roubar do teatro: a proximidade com o organismo vivo"[40]. O diretor polonês analisa as especificidades das linguagens cênica e audiovisual:

> Quando vocês realizam um documentário, o primeiro problema com o qual vocês se deparam é o da escolha de detalhes. Podem apresentar a cena em plano geral mas depois devem pegar com a câmera uma parte da cena, um ou dois personagens, ou mesmo um detalhe muito simples, uma mão e uma parte do corpo de um ator que na ação está em relação com uma parte do corpo de um outro ator etc. Isso significa que o espectador do documentário já dispõe de um itinerário da atenção.
>
> Reparem: um itinerário da atenção. Olhem aqui, este plano geral, este detalhe, essa personagem, esse fragmento do ator, esse fragmento de um e de um outro ator, de novo esse plano geral...
>
> Se não for assim, o documentário se torna completamente confuso. Isso por várias razões, porque a tela é mais plana e menor do que a realidade e porque a ação das pessoas vivas é completamente diversa daquela em imagens. Quando vocês fazem um documentário de um espetáculo, constroem necessariamente um itinerário da atenção do espectador. Mas têm a mesma obrigação também quando fazem um espetáculo [...]. Digo a vocês somente que o itinerário da atenção do espectador pertence ao nosso ofício. Se alguém é diretor e trabalha com os atores deve ter uma câmera invisível que filma sempre, dirige sempre a atenção do espectador

[40] J. Grotowski, *Para um Teatro Pobre*, p. 32-33.

em direção a algo. Em certos casos, como o prestidigitador, para desviar a atenção do espectador, e em outros, ao contrário, para concentrá-la.

Em um outro caso, o diretor direciona a atenção do espectador para fazê-la saltar. Em um ponto há uma ação muito precisa de dois atores. Em um outro, em um certo momento, se acende uma luz. A atenção salta para lá, em direção à luz. Imediatamente ela volta para cá, mas o espaço está vazio, ou acontece uma coisa completamente diversa, ou é a mesma coisa mas trinta anos mais tarde...

Esse é um dos modos de montagem que infelizmente é completamente desconhecido no trabalho do diretor: a montagem por meio da atenção. Mas mesmo a montagem de sequências à maneira do cinema, como falou Eisenstein, na realidade só pode ser vista no teatro se o diretor for competente. O princípio é este. Vocês elaboram ações precisas com os atores e, em um certo momento, vocês cortam um pedaço da primeira ação. Assim obtêm uma montagem das sequências, com todas as leis que nela agem segundo Eisenstein.[41]

É importante ressaltar que o conceito de documentação que elaborei para os filmes realizados em parceria com os grupos de São Paulo transcende o mero registro do espetáculo. A encenação é a base da estrutura narrativa dos documentários sobre os processos das companhias, que costumo chamar de *documentários processuais*, em que tento desconstruir o espetáculo com *fraturas* que serão preenchidas pelas imagens e pelos sons captados nas principais etapas da criação coletiva. Uma memória processual que jamais será vista pelo espectador do teatro, talvez somente sugerida, percebida como camadas que desaparecerem no resultado final que irrompe em cena a cada nova apresentação. Mas as diferentes fases dos processos colaborativos podem sim ser frequentadas pelo espectador do documentário por meio dessas fissuras abertas na encenação pela montagem do filme.

Assombrações do Recife Velho apresentou várias dificuldades em seu registro audiovisual. A primeira delas era a baixa luz da maior parte das cenas. Em situações de escuridão, assumimos o breu, mas procuramos potencializar as paisagens sonoras do espetáculo, criando outro tipo de sinestesia no espectador do filme.

A primeira parte da encenação começava fora do teatro, com os atores e as atrizes interagindo com o público, contando e também ouvindo histórias de assombração. Para o registro do prólogo, documentamos cada uma das ações simultâneas para depois reorganizá-las no processo de montagem.

---

41 J. Grotowski, O Novo Testamento do Teatro, em L. Flaszen et al, *Em Busca de um Teatro Pobre*, p. 105.

Após a entrada no teatro, o espetáculo tinha momentos de itinerância em que situações fantasmagóricas e divertidas eram encenadas, e depois o público se acomodava nas arquibancadas nos dois lados da Rua do Encantamento. O olhar da câmera foi construído sob o ponto de vista de um espectador imaginário, mais fechado em detalhes das cenas nos momentos de itinerância, com predominância de planos mais abertos na Rua do Encantamento.

Com relação ao registro de Memória da Cana, a opção foi pelo *close* na maior parte do tempo: planos fechados nos rostos dos atores e das atrizes. A combustão dramática era intensa e o *close* foi a única maneira de levar o *páthos* da encenação para a linguagem fragmentária do cinema.

Como na primeira parte o cenário era dividido nos seis quartos das personagens principais, com longa mesa no centro onde todos se encontravam, e os espectadores espalhados e acomodados nos seis cômodos íntimos, colocamos a câmera em cada um desses espaços para depois criar na montagem uma ação simultânea focalizando os movimentos e os solilóquios de cada uma das personagens neste prólogo da peça. Um ponto de vista estilhaçado e reorganizado pelo dom de ubiquidade do olhar da câmera. Nenhum espectador do teatro tinha acesso a tudo que acontecia em cada um dos quartos.

A dramaturgia fílmica do registro do espetáculo segue com as ações e os confrontos das personagens na área central do cenário, sempre guiada pela potência dos rostos nos enquadramentos em *close* por vezes texturizados com as tramas de filó que engendravam a casa onde é ambientada a primeira parte de Memória da Cana.

Na segunda parte, Newton Moreno optou por banir a luz elétrica do espetáculo, utilizando apenas velas, candeeiros e fogo, o que dificultou a captação das imagens, mas, por outro lado, criou belo batimento nos enquadramentos com a iluminação trêmula e bruxuleante das chamas. Os planos próximos dos rostos dos atores e das atrizes continuaram sendo a melhor opção de recorte cinematográfico para esse segundo momento da encenação, com *páthos* ainda mais explosivo e que somente poderia ser levado para a linguagem audiovisual com decupagem que privilegiasse a face de cada integrante do elenco. Utilizamos apenas alguns planos mais abertos para uma rápida contextualização das cenas para quem assiste ao DVD.

No que diz respeito ao documentário propriamente dito, em que desconstruímos o espetáculo por meio do processo que durou mais de dois anos e meio, o filme Memória da Cana foi a realização de um projeto acalentado desde 2006: acompanhar a ação de cada etapa de uma criação coletiva ao longo do tempo.

DRAMATURGIA TELÚRICA
DE NEWTON MORENO EM PROCESSO COLABORATIVO COM OS FOFOS ENCENAM

Como dramaturgia fílmica, o conceito foi o seguinte: contextualizar na montagem o início do espetáculo e, em determinado momento do ator ou da atriz em cena, cortar, em falso *raccord*, ou seja, em falsa continuidade de movimento, do gesto no palco para uma das gêneses daquela mesma gestualidade nas primeiras improvisações, nas pesquisas nos engenhos e nos canaviais, nos ensaios e depois novamente para a encenação, esgarçando, fraturando e desnudando (quase que coreograficamente) um detalhe da peça por meio de tudo que havia sido experimentado ao longo do processo de criação do grupo.

A estrutura dramatúrgica do documentário *Memória da Cana* é toda pontuada por essas fraturas, por esse desnudamento das camadas que decantaram no espetáculo, principalmente nos corpos dos integrantes do elenco. Uma estratégia cinematográfica (filmagem e montagem) que é uma tentativa de preenchimento das brechas processuais abertas pelo filme na encenação, em diálogo estreito com tudo que foi sedimentando nas rubricas da escritura dramatúrgica. Texto e filme documentário como duplo palimpsesto processual do espetáculo *Memória da Cana*, ampliado ainda pelo DVD com a íntegra da encenação.

Em *Terra de Santo*, que fecha a trilogia do grupo e também o tríptico cinematográfico realizado em parceria com a companhia, o documentário segue o mesmo conceito de desconstrução processual de *Memória da Cana*. Com uma diferença: em *Memória da Cana*, a documentação foi quase sempre observacional, ao passo que, em *Terra de Santo*, houve uma dupla contaminação.

Em primeiro lugar, como os atores e as atrizes estavam em busca do sagrado pessoal para deflagrar o processo da peça, propus um longo depoimento de cada integrante do elenco na locação onde todos haviam despertado pela primeira vez para essa sensação de sacralidade, o que afetou todo mundo de diferentes maneiras.

As entrevistas foram transformadas em DVDs e Newton Moreno levou os depoimentos para Recife quando se recolheu para escrever a primeira versão da dramaturgia. Antes da estreia, Newton devolveu a todos o respectivo DVD com as falas sobre o próprio sagrado pessoal com a seguinte questão: o que havia permanecido no espetáculo daquela busca profunda no início do processo?

Durante a pesquisa do grupo no Recife e nos engenhos de Vicência, fizemos muitos planos, também captamos paisagens sonoras, e imagens de céus estrelados chegaram a irromper em improvisações mais tarde na sede do grupo em São Paulo.

Quanto ao registro da íntegra do espetáculo *Terra de Santo*, como na primeira parte todos os espectadores se acomodam no refeitório de uma fazenda de cana no interior de São Paulo, o olhar da câmera foi de algum modo transformado no ponto de vista de um boia-fria prestes a comer a linguiça com mandioca que era servida ao público na encenação, antes de sair para a labuta no canavial. Filmamos de diversos pontos do espaço cênico e foi trabalhoso captar a íntegra da primeira parte com tantas ações se desenrolando por vezes quase que simultaneamente.

A dramaturgia fílmica do registro da segunda parte da encenação é contemplativa: como o público, a câmera também assiste parada, no centro da plateia, aos ritos engendrados na terra de santo que dá nome ao espetáculo: índios, negros, brancos, católicos e judeus cantam e sangram as dores telúricas que pulsam nas raízes arquetípicas do nosso país.

Nathalia Timberg no espetáculo Tríptico Samuel Beckett, *do Club Noir.*

CLUB NOIR
DRAMÁTICAS FRATURADAS
EM ESTRUTURAS DE LINGU

Dramaturgias escavadas, esgarçadas, fraturadas e desnudadas em arcabouços de linguagem por meio da fala. Assim se processa a magia penumbrosa do Club Noir, criado pelo encenador Roberto Alvim e pela atriz Juliana Galdino em 2006 e que se tornou um divisor de águas no teatro brasileiro contemporâneo.

Roberto Alvim pertence a uma linhagem de "artistas sistêmicos", ou seja, criadores que engendram metodologias próprias, sistemas artísticos que precisam ser frequentados em suas especificidades e que inauguram novas maneiras de ver, de ouvir e de fruir o mundo em que vivemos.

O "método" da companhia tem como alicerce principal o esgarçamento e a fragmentação das palavras que tecem a intriga de clássicos da dramaturgia universal, além de textos de escritores contemporâneos, do próprio diretor e de autores egressos das oficinas que ministra pelo país. Em seguida, Alvim constrói uma trama de estruturas de linguagem conduzida pela fala, que tenta mesclar, hibridar, arcabouços de pensamento do elenco e dos espectadores. Essa modalidade de fissura dramatúrgica pode ser chamada de fratura linguística e é também uma espécie de passagem para a imponderabilidade e a potência do "real", que, para o encenador, é o "furo" no inconsciente do público.

O trabalho de Roberto Alvim encontra respaldo teórico no pensamento de Jacques Lacan. Na conferência O Simbólico, o Imaginário e o Real, proferida pelo psicanalista francês em 1953 e que foi publicada no livro Nomes-do-Pai, ele se refere à libido como um "metabolismo das imagens":

> O termo "libido" não faz, com efeito, senão exprimir a noção de reversibilidade que implica a de equivalência de um certo metabolismo das

imagens. Para poder pensar essa transformação, é preciso um termo energético. Foi para isso que serviu a palavra "libido". Aquilo de que se trata é, naturalmente, algo complexo.

[...] Trata-se de um elemento que vai muito mais longe, e que é atualmente recortado por toda a experiência evocada pelos biólogos referente aos ciclos instintivos, muito especialmente no registro da sexualidade e da reprodução.

Deixando de lado os estudos ainda incertos e improváveis referentes aos relés neurológicos nos ciclos sexuais, que não são o que há de mais sólido em seus estudos, está demonstrado que esses ciclos, nos próprios animais, estão sob a dependência de certo número de desencadeadores, de mecanismos de desencadeamento, que são essencialmente de ordem imaginária.[1]

Em entrevista publicada no mesmo livro, Lacan também discorre sobre o "real": "O real é ou a totalidade ou o instante esvanecido. Na experiência analítica, para o sujeito, é sempre o choque com alguma coisa, por exemplo, com o silêncio do analista."[2]

Esse território nebuloso, efêmero, penumbroso, difuso e transitório, em que as palavras ecoam e reverberam imagens por meio das modulações da fala, parece ser os vastos campos do inconsciente pelos quais o encenador carioca quer fazer transitar e se perder, para poder se reencontrar, atores, atrizes e, principalmente, os espectadores. *Fraturadas* por pausas, silêncios e baixas luzes, as atmosferas dos espetáculos de Roberto Alvim alimentam e ao

---

1   J. Lacan, *Nomes-do-Pai*, p. 17-18.
2   Ibidem, p. 45.

mesmo tempo revolvem o imaginário do público, com movimentos cíclicos conduzidos por blecautes, até provocar frestas, fissuras, "furos", irrupções provenientes da imponderabilidade de um "real" que nos habita: uma imprevisibilidade de pulsões nas camadas mais profundas do nosso inconsciente, em que instintos, lembranças, sonhos e desejos comungam e se chocam em um "metabolismo de imagens".

No programa do espetáculo *Fantasmas*, peça de Henrik Ibsen dirigida pelo encenador em São Paulo em 2015, Alvim publicou texto que de algum modo revela as suas intenções artísticas em potencializar a libido do público:

> *Fantasmas*, peça escrita pelo dramaturgo norueguês Henrik Ibsen em 1881, é considerada por muitos teóricos como a primeira tragédia moderna da História do Teatro: um pesadelo sobre religião, hipocrisia, corrupção, loucura, incesto e eutanásia.
>
> Um dos temas centrais da peça é o peso que os sistemas dogmáticos exercem em nossas vidas, soterrando nossos impulsos sob palavras mortas há milhares de anos, castrando nossa sexualidade, solapando nossa vontade de potência criadora... Estamos em uma época de recrudescência de fundamentalismos religiosos, questão de implicações radicalmente políticas, e a pergunta que se impõe é:
>
> por que precisamos desesperadamente de normas de conduta determinadas por religiões institucionalizadas?
>
> O que a obra-prima de Ibsen parece nos desvelar é que a humanidade sempre teve uma imensa dificuldade em lidar com sua sexualidade e com os caminhos imprevisíveis, surpreendentes e dilacerantes do desejo...

Na montagem que ficou em cartaz no Sesc Santana, zona norte de São Paulo, o texto do dramaturgo norueguês foi recriado com as estratégias de linguagem do sistema artístico do encenador carioca, sempre encarnado com potência hipnótica na qualidade de presença de Juliana Galdino, permanente laboratório de experimentações, ou melhor, de *experienciações*, que tornou possível e que vem aprimorando o método do diretor à frente do Club Noir. O mesmo processo de recriação foi realizado com autores como Harold Pinter, Jean Genet e Samuel Beckett[3], entre outros.

"Experiência" é uma das palavras de ordem mais presentes nas criações do teatro de grupo da cena paulistana contemporânea. No caso específico do trabalho experiencial do Club Noir, um dos objetivos principais é

---

3   De Harold Pinter, Roberto Alvim encenou *O Quarto* (2008) e *Terra de Ninguém* (2014); de Jean Genet, *O Balcão* (2015); e do dramaturgo irlandês, *Tríptico Samuel Beckett* (2016).

instigar a capacidade que cada espectador tem de imaginar com o repertório da própria tela mental, após uma "habitação" que atores e atrizes vão fazendo na "materialidade" do texto por meio da fala. O elenco precisa escandir as dramaturgias com pausas, silêncios, vazios e reticências, também acelerações, preenchendo depois essas lacunas com as próprias sensações, imagens e vivências profundas, que parecem retornar ciclicamente às diferentes modalidades de elocução propostas por Roberto Alvim. Até que essa estranha trama de palavras *fraturadas* vai então pouco a pouco penetrando no corpo-mente de cada espectador, provocando assim irrupções inesperadas no inconsciente do público.

O encenador busca uma experiência artística contemporânea em que o acaso é uma meta e ao mesmo tempo um elemento de composição permanente, talvez uma das faces mais potentes do que costumamos chamar de "real", mas um "real" que está dentro dos nossos corpos e que pode surgir de maneira abrupta a qualquer momento nas nossas sinapses mais fascinantes, abrindo clareiras de imagens nas nossas sensações e vivências subcutâneas, ainda interligando as profundezas e as superfícies da nossa psique através da reverberação das palavras. Os espetáculos de Alvim de algum modo tentam conciliar poeticamente as palavras do filósofo Francis Bacon: "A experiência, se ocorre espontaneamente, chama-se acaso, se deliberadamente buscada recebe o nome de experimento."[4] O encenador analisa as próprias inquietações artísticas:

> Construir linhas de fuga, outras formas de habitarmos a vida, fissuras, interstícios, brechas nos discursos da cultura, através de manipulações e invenções da linguagem, através da construção de outras arquiteturas linguísticas (e portanto de outras arquiteturas de pensamento, de sensibilidade), através de habitações da linguagem distintas da forma como habitamos cotidianamente, culturalmente. O teatro como um campo de experienciação de outra possibilidade de vida.[5]

Obnubilação é outra palavra-chave nas criações artísticas do Club Noir. Alvim faz referência à obra do pintor Willem de Kooning e a definição do dicionário Houaiss da palavra antes mencionada pode nos ajudar a frequentar os objetivos e a plasticidade de diversas encenações do diretor: "estado de

---

4 Apud G. Agamben, *Infância e História*, p. 25. A obra mais divulgada de Francis Bacon foi uma coleção de 58 ensaios, publicada, na sua versão completa, em 1612.
5 R. Alvim, *Dramáticas do Transumano e Outros Escritos Seguidos de Pinokio*, p. 11.

perturbação da consciência, caracterizado por ofuscação da vista e obscurecimento do pensamento".

Os espetáculos da companhia pulsam sobre dramáticas atravessadas por impermanências e deslocamentos ralentados que deixam rastros de sinapses que se revelam se velando, como estruturas de pensamento que tentam emergir poeticamente da escuridão.

Para Alvim, o teatro é uma espécie de "buraco negro"[6] cujo campo gravitacional tritura as nossas noções de tempo, deixando escapar cadências de outras modalidades de cronologia que palpitam nas sensações que percorrem os nossos corpos, irradiando "imagens sem forma" (como diria Carl Jung a respeito dos arquétipos) que se perderam nas profundezas do nosso inconsciente, mas que permanecem em latência irruptiva nas nossas intuições mais espontâneas e nos nossos gestos mais involuntários. Outras texturas e fluências de tempo que fogem do ritmo implacável da trajetória retilínea, histórica e acelerada do mundo em que vivemos. É interessante pensar que, para o filósofo italiano Giorgio Agamben, partindo de Nietzsche, o contemporâneo é exatamente isso:

> A contemporaneidade, portanto, é uma singular relação com o próprio tempo, que adere a este e, ao mesmo tempo, dele toma distâncias; mais precisamente, essa é *a relação com o tempo que a este adere por meio de uma dissociação e um anacronismo*. Aqueles que coincidem muito plenamente com a época, que em todos os aspectos a esta aderem perfeitamente, não são contemporâneos porque, exatamente por isso, não conseguem vê-la, não podem manter fixo o olhar sobre ela.[7]

Alguns trechos de *Dramáticas do Transumano* revelam com mais profundidade a pulsação *contemporânea* e os objetivos do sistema artístico do Club Noir:

> [...] deslocamento entre distintas arquiteturas linguísticas, que promovam, cada uma, habitações distintas da vida este é o ponto central das dramáticas do transumano, com todas as reverberações, filosóficas e existenciais, que inevitavelmente eclodem dessa operação [...].
> Deslocamentos permanentes, tanto no tempo/espaço quanto nos modos de subjetivação, construindo miríades de trânsito em contraste e ruído, produzindo experienciações singulares e autônomas por parte de cada receptor; dois procedimentos: a SEPARAÇÃO (ou o CORTE) entre cultura e arte;

---

6   Ibidem, p. 21.
7   G. Agamben, *O Que É o Contemporâneo? e Outros Ensaios*, p. 59.

e o ESBURACAMENTO (ou ATRAVESSAMENTO), ligados à instauração de uma experiência oblíqua, polissêmica, de atravessamento por signos que não podem ser fechados em significados unívocos.[8]

O encenador defende a "esquizofrenia como sistema estético":

{esquizofrenia: do grego *squizo*: dividir; e *phren*: parte do corpo identificada por fazer a ligação entre o corpo e a alma (literalmente diafragma) / divisão da mente / dissociação que se percebe entre si *mesmo* e quem habita o corpo / o fim do sujeito como UNO}.[9]

E aposta em estratégias de "ausência" para imprimir qualidade de presença, fraturada por vazios, na direção do elenco:

o ponto aqui diz respeito a uma certa qualidade de AUSÊNCIA imprescindível para a atuação. se o ator carrega para o espaço da cena a construção cultural que chamamos EU, se ele carrega para a cena esse "si mesmo" cultural (e a visão achatada de mundo deste "si mesmo cultural"), então, sim, esse ator macula, conspurca o espaço do teatro, ÚNICA seara em que se pode trabalhar com lógicas distintas da lógica cultural. [...] é só nesta ausência que OUTRAS presenças (não-culturais) podem se instaurar plenamente.[10]

Vazios. Para Roberto Alvim, a linguagem é um imenso celeiro de vazios, de ausências, de *fraturas*, e o "real" como um arquitetado processo artístico para se frequentar, para se *experienciar* essas lacunas de imponderabilidade, de riscos e inesperados que faíscam nas camadas mais profundas da nossa psique:

conseguir fazer da linguagem um lugar de trânsito de formas, o que não se encontra na comunicação habitual, em que persiste uma definição unívoca das palavras; lugar de trânsito em que as palavras já não dizem, mas são usadas em diferentes jogos de linguagem (e cada jogo de linguagem instaura uma forma de vida). a linguagem como uma espécie de vazio – habitado (provisoriamente) [...].[11]

A obra do escritor, ator e encenador Harold Pinter também exerceu forte influência sobre o pensamento do diretor carioca. A dramaturgia do autor britânico, porosa e fraturada com pausas, silêncios, reticências e vazios, se

---

8   R. Alvim, *Dramáticas do Transumano e Outros Escritos Seguidos de Pinokio*, p. 15-16.
9   Ibidem, p. 21.
10 Ibidem, p. 32-33.
11 Ibidem, p. 34.

capilarizou no trabalho do Club Noir, que encenou a primeira peça de Pinter em 2008: *O Quarto*. O espetáculo ajudou a consolidar as investigações da companhia e também chamou a atenção da mídia e da crítica especializada para a radicalidade da pesquisa de Alvim, que faz referência ao dramaturgo inglês, prêmio Nobel de Literatura em 2005:

> só nobody pode ser everybody
> (o que antes pareciam pontos são agora buraco
> e os buracos foram cavados para que se caia neles
> (harold pinter foi acusado, no começo de sua trajetória, de escrever peças repletas de buracos.
> respondeu: "só eu sei o trabalho implicado em cavar estes buracos")[12]

O encenador carioca, radicado em São Paulo, parece ter herdado de Harold Pinter as tentativas de construir em cena a nudez linguística da natureza humana por meio do silêncio. Em discurso proferido pelo dramaturgo inglês no Festival Nacional de Teatro de Estudantes, em 1962, que foi reproduzido em programa do *Ciclo Harold Pinter*, realizado em Portugal durante um ano a partir de outubro de 2001, há um trecho que talvez possa nos fazer vislumbrar com mais profundidade a influência do escritor britânico sobre o trabalho de Roberto Alvim:

> Gostava também de deixar claro que não vejo as minhas personagens como descontroladas ou anárquicas. Não são. A função de seleção e disposição cabem-me a mim. Sou eu, de fato, que faço todo o trabalho de carga, e acho que posso dizer que presto uma atenção meticulosa à forma das coisas, desde a forma duma frase até a estrutura global duma peça. Mas acho que acontece uma coisa dupla. Dispomos e escutamos, seguimos as pistas que deixamos para nós mesmos, através das personagens. E às vezes encontra-se um equilíbrio, onde as imagens se engendram livremente umas às outras e onde ao mesmo tempo somos capazes de manter o foco no lugar onde as personagens estão silenciosas e escondidas. É no silêncio que elas se tornam para mim mais evidentes. Há dois silêncios. Um quando a palavra é dita. O outro quando talvez esteja a ser empregada uma torrente de linguagem. Este discurso está a falar de uma linguagem encerrada por baixo de si. Essa é a sua referência contínua. O discurso que ouvimos é um indício daquilo que não ouvimos. É uma fuga necessária, uma cortina de fumaça (que pode ser violenta, manhosa, angustiada ou escarnecedora) que mantém o outro no seu lugar. Quando

12   Ibidem, p. 39.

> se abate o verdadeiro silêncio, ainda nos resta o eco mas estamos mais perto da nudez. Uma maneira de olhar para este discurso é dizer que se trata de um estratagema constante para cobrir a nudez.[13]

Em seus espetáculos, o encenador carioca cria uma espécie de materialidade cênica para pausas, silêncios e reticências através de baixas luzes, blecautes e *fades*, lentos escurecimentos das imagens.

Em *Dramáticas do Transumano*, ele é preciso e enfático ao defender uma "dramaturgia da fala":

> o ponto essencial não é a *palavra*: como na magia, tudo só acontece se a maneira de *falar* ativar as palavras. é a *fala*, não as palavras; é preciso que os dramaturgos compreendam e lidem com isto, escrevendo uma dramaturgia da *fala*;[14]

Alvim promove em cena uma ourivesaria do texto, uma escavação das palavras para construir dramáticas fraturadas pela magia inaugural da fala, capaz de deflagrar potências imagéticas nas sensações que percorrem os nossos corpos e descortinar novos mundos com o batimento sanguíneo de sua cadência respiratória: vida e morte, sanidade e loucura, pulsando juntas em cada articulação fonética que nos singulariza como seres humanos.

O diretor assume em seu livro, citando o filósofo francês Gilles Deleuze, que quer "produzir inconsciente"[15] nos espetáculos que encena e provocar irrupções no imaginário do público, tentando assim "expulsar o sujeito para o exterior" através do que ele chama de "furo": o "real" como uma espécie de emanação da nossa psique.

---

13 H. Pinter, *Programa do Ciclo Haroldo Pinter*, p. 13.
14 R. Alvim, op. cit., p. 17.
15 No texto da conferência *Cinco Proposições Sobre a Psicanálise*, Gilles Deleuze escreve o seguinte: "Para a psicanálise, pode-se dizer que há sempre desejos demais. Para nós, ao contrário, não há nunca desejos o bastante. Não se trata, por um método ou outro, de reduzir o inconsciente; trata-se, para nós, de produzir inconsciente: não há um inconsciente que estaria já por aí, o inconsciente deve ser produzido e deve ser produzido politicamente, economicamente, historicamente. A questão é: em que lugar, em quais circunstâncias, com o auxílio de que acontecimentos, pode haver produção de inconsciente? Por produção de inconsciente entendemos exatamente a mesma coisa que a produção de desejo num campo social histórico ou a aparição de enunciados e enunciações de um gênero novo". O trecho foi extraído do item 2 do artigo que pode ser lido na internet. O texto foi traduzido por Cíntia da Silva da edição italiana *Relazione di Gilles Deleuze* em Armando Verdiglione (ed.), *Psicanalisi e Politica: Atti del Convegno di studi tenuto a Milano l'8-9 maggio 1973*, Milano: Feltrinelli, 1973.

O dramaturgo, encenador, ensaísta e pintor franco-suíço Valère Novarina é outra influência no trabalho de Roberto Alvim:

> HOJE, nos interessa muito mais a proposição de outras (novas) formas de vida presente na obra de valère novarina, do que a denúncia dos mecanismos de funcionamento do capitalismo presente na obra de b. brecht...[16]

Em *Diante da Palavra*, Novarina ressalta que "falar é antes abrir a boca e atacar o mundo com ela, saber morder". Os textos do escritor franco-suíço podem nos ajudar a iluminar o sistema artístico do encenador carioca: "O mundo é por nós furado, revirado, mudado ao falar. Tudo o que pretende estar aqui como um real aparente pode ser por nós subtraído ao falar."[17]

No mesmo livro, Novarina discorre poeticamente sobre a relação da fala com o vazio e o "real":

> Nossa fala é um buraco no mundo e nossa boca uma espécie de pedido de ar que cava um vazio – e uma reviravolta na criação. [...] Cada palavra divide um pedaço do real na tua boca. Aqui é um lugar, na tua boca, onde há esquartejamento do homem pelo espaço e onde escutamos aparecer o vazio; o espaço vir bater. Ouve-se um sopro. O real respira. No pensamento, uma fonte de ar está aberta: um nascimento do espaço aparece entre as palavras. A língua está em fuga, em evasão, em caracol, perseguida, perseguidora, expulsa e abrindo. É algo que cava: uma cavatina; aparece então pra nós, estrangeiro e diante de nós, nosso corpo mais próximo: a linguagem. Nossa carne mental, nosso sangue.[18]

Diante da Palavra é uma coletânea de ensaios que não foram escritos "preferencialmente dirigidos à cena", como afirma a tradutora Angela Leite Lopes na nota introdutória do livro. No que diz respeito à "dramaturgia" propriamente dita de Novarina, como, por exemplo, *O Animal do Tempo* e *A Inquietude*, adaptações para a cena do *Discurso aos Animais*, trata-se de textos que parecem tecer estruturas de linguagem por meio da sonoridade e do ritmo das palavras, assim como o teatro de Roberto Alvim. Mais alguns trechos de *Diante da Palavra* que podem aprofundar o sistema artístico do Club Noir:

> A fala avança no escuro. O espaço não se estende mas se escuta. Pela fala, a matéria está aberta, crivada de palavras: o real ali se desdobra. [...]

16 Ibidem, p. 49.
17 V. Novarina, *Diante da Palavra*, p. 14.
18 Ibidem, p. 15.

CLUB NOIR
DRAMÁTICAS FRATURADAS EM ESTRUTURAS DE LINGUAGEM

> A linguagem é uma terra, um solo: aqui ondulações, ali rastros, falhas; aqui elevações, entranhas, dobras; ali desmoronamentos, abismos; aqui irrupções. [...]
>
> Toda a linguagem é negativa. Há uma antimatéria que a gente enxerga. Pensar, falar, é uma reviravolta. Não estamos em frente. O real só aparece um instante àquele que o rasga. É *súbito* e surgido, *rasgado* e não revelado. Só enxergamos por relances fulgurantes.
>
> Pensar respira: é soprar o espaço e levar a ele contradição. O pensamento não exprime mas dá passagem; ele levanta, desestabiliza. A fala sai vitoriosa pelo real, que ela fura. A linguagem não segura, ela se debate no espaço, caça e não consegue capturar. Ela leva o vazio na matéria e a queima por dentro.[19]

O cineasta francês Robert Bresson costumava dizer que o olho não cria no campo do ouvido, mas, por outro lado, o ouvido cria sim no território da visão, produzindo imagens na nossa tela mental por meio de paisagens sonoras que interagem com a nossa memória afetiva mais profunda. Movido por essa convicção, o realizador de títulos como *A Grande Testemunha*, entre outras obras-primas da História do Cinema, passou a trabalhar com ações fora do quadro que eram sugeridas por sonoridades e que deflagravam imagens no imaginário de cada espectador. O mestre francês também tinha uma relação toda especial com a voz, que, para ele, era "alma feita carne".

Após a leitura de *Dramáticas do Transumano*, de Roberto Alvim, e de *Diante da Palavra*, de Valère Novarina, é recorrente a lembrança das ideias de Robert Bresson, logicamente não como uma referência direta, mas no que diz respeito a afinidades artísticas muito próximas. O encenador carioca escreveu o seguinte em seu livro: "(é pelos ouvidos que nos separamos de nós mesmos, graças à liberdade da linguagem)"[20].

O sistema artístico do Club Noir tem a voz de cada integrante do elenco como instrumento principal:

> A voz constrói PLANOS: avança (para fora do palco); recua (para dentro dele); cria transparências através das quais podemos vislumbrar algum aspecto; bloqueia completamente nosso acesso; estimula nosso imaginário, nos permitindo *ver* em nosso espaço mental, nos traz de volta para o aqui-agora da sala de espetáculos. A voz: música que cria diferentes planos, produzindo uma espécie de efeito estereofônico (estereofonia que não é apenas sonora, mas que transita por esferas sensoriais, imagéticas,

---

19 Ibidem, p. 16-17.
20 R. Alvim, op. cit., p. 86.

> conceituais). Criadora de véus translúcidos e de sólidas barreiras; criadora de texturas e vibrações que enchem o espaço de sensações inomináveis; criadora de realidades ostensivamente ficcionais e de fatos-linguagem. Trânsito permanente entre *evocação* e *invocação*. Nem nos confina inteiramente à frieza da superfície, e nem recua todo tempo por trás dela, mas *escava planos que saem uns de dentro dos outros*.[21]

Em seu livro, Roberto Alvim inclui o texto da peça *Pinokio*, de sua autoria, uma espécie de materialização dramatúrgica do seu sistema artístico que tenta levar ao palco "personagens" fragmentados, *fraturados* e enredados nas próprias estruturas de linguagem. Mas antes vejamos o que Valère Novarina escreveu sobre a personagem criada em 1883 por Carlo Collodi:

> O nosso mais belo mito não é nem Fausto nem *Don Juan*, mas O MITO DE PINOCCHIO. Somos Pinocchio ao avesso: somos de madeira e temos que nos desfazer de nós — nos desfazer do homem e voltar a sermos máscaras. O ator diante de nós é um animal que se insubmete à imagem humana.[22]

A seguir um trecho da peça *Pinokio*, de Roberto Alvim[23]:

> O MENINO.
> você está lá
> a casa
> sua minha casa a casa que é dele minha sua vocêeu estou lá aqui
> ele está você sempre esteve eu sempre aqui na casa lá
> que é dele minha casa sua nasceu nela cresceu ela cresceu com ele
> em você
> neleemmim esta casa
> onde estamos
>
> [...]
>
> sala
> quartos
> paredes pode ver?
> ele pode
> eu posso?
> infiltrações nas paredes estrias na pele da casa em sua pele minha
> crescendo
> como rugas o tempo? eu digo o tempo ele responde

---

21 Ibidem, p. 99.
22 Op. cit., p. 45.
23 R. Alvim, op. cit., p. 114.

CLUB NOIR
DRAMÁTICAS FRATURADAS EM ESTRUTURAS DE LINGUAGEM   **245**

> e o porão
>
> rãs no porão
>
> sapos vivem lá
>
> vivemmorrem procriam aqui nas poças do porão as ovas girinos se alimentando
> da umidade que + cresce se expande musgotecido + se espalha é o tempo que
> passa você diz que cresce ele fala dentro da casa eu respondo a chave?
> vocêeuele
> pergunta da casa a chave?
> mas é só que
> que não há
> não há chave

É importante enfatizar que a dramaturgia de Roberto Alvim está intrinsecamente ligada aos procedimentos de linguagem empregados por ele em cena. Inspirada na obra de Lawrence Durrell, *As Cerejas* é outra peça que traduz bem suas estratégias de escavação das palavras para criar no palco uma trama linguística com as estruturas de pensamento da "personagem":

> (*Em um quarto imaculadamente branco*
> *o homem vestido de branco*
> *fala à plateia*)
>
> I
>
> eu
> (*tempo*)
> morava no quarto menor de todos
> lá
> bem no alto da escada / bem no alto
>
> encontrava sempre essa maçã branca na porta
> tinha que pegar a maçã branca e girar / aprendi:
> era o único jeito de entrar no quarto!
>
> as paredes:
> um monte de cerejas
> do alto até embaixo
> em cachos vermelhos encaracolados
> sempre três / em cada cacho:
> e aí vinha uma cereja solitária

> as solitárias eram as maiores
> tão suculentas
> minha boca ficava toda molhada!
>
> quando estava quente era pior / aquelas cerejas as cerejas na parede do quarto: me davam sede / tanta tanta sede
> (sorrindo)
> uma vez quis provar as cerejas
> lambi do alto até embaixo
> vi as paredes ficarem vermelhas
> mas não tinha gosto de cereja, não!
> um gosto amargo
> e percebi que o vermelho não vinha do suco das cerejas mas da minha boca...
> claro que depois eu ri dessa minha besteira toda
> mas minha língua ficou muito machucada e ardia como se tivessem posto sal e pimenta
> CIMENTO TEM GOSTO FORTE!

Em seu livro *Mimesis Performativa – A Margem de Invenção Possível*, o crítico, ensaísta, professor e pesquisador Luiz Fernando Ramos ressalta a influência de Valère Novarina sobre o trabalho de Roberto Alvim, destacando ainda que o encenador carioca não abriu mão da dramaturgia nem do teatro em sua radicalidade experiencial, "apenas intuiu com Novarina que fosse possível isolar a textualidade verbal em contraste com os outros elementos"[24].

Luiz Fernando Ramos é outra assumida influência de Roberto Alvim, que, em *Dramáticas do Transumano*, faz caloroso agradecimento ao ensaísta:

> [...] Luiz Fernando Ramos (a quem eu devo, é fundamental registrar, alguns dos conceitos que articulam os pensamentos contidos neste livro (a partir de inúmeras e febris conversas que tivemos): a ideia de mimesis incognoscíveis; a inversão de mythos e opsis nas operações do teatro contemporâneo; e a formulação de signos indecidíveis).[25]

Como crítico de teatro do jornal *Folha de S.Paulo*, Luiz Fernando Ramos ajudou a preparar a opinião pública para a recepção das ideias inovadoras do encenador carioca. Durante entrevista com o ensaísta para o documentário que realizei sobre o Club Noir, batizado com nome da companhia, Ramos chegou a assumir até mesmo uma militância pelo trabalho de Alvim, que descortinava

---

24 L.F. Ramos, *Mimesis Performativa*, p. 240.
25 R. Alvim, op. cit., p. 12.

CLUB NOIR
DRAMÁTICAS FRATURADAS EM ESTRUTURAS DE LINGUAGEM

outros caminhos de linguagem que não enveredavam pela performance urbana e muito menos pelo legado do teatro épico de Bertolt Brecht. Vejamos como Luiz Fernando Ramos analisa as especificidades artísticas do Club Noir:

> É nessa gramática de escuridões superpostas na cena do Club Noir – superfície opaca e fantasmagórica de volumes só intuídos e de sombras eloquentes, como nuvens de negror orgânico que habitassem uma palavra viva, áspera e intransponível, descontextualizada de qualquer *mythos* e tornada eco material, profundidade perceptível, quase palpável – que aquela cena se apresenta hegemonicamente como *opsis*. O risco em jogo, a incomunicabilidade, é o pressuposto inicial que desfigura a ambição dramática e que nega mesmo o teatro em sua raiz etimológica, tornado um lugar para quase não se ver, ou para só se ouvir e imaginar. Quem se arrisca com essa massa amorfa, mas densa e honesta na sua nudez de pedra, de mudez carregada de potências, experimentará o espetáculo como alumbramento, visão de algo que era antes invisível, impossível de descortinar, como se o teatro rasgasse sua pele para ampliar suas possibilidades. Note-se o paradoxo de tudo isso ser construído a princípio com as palavras, verbo que se "voco-visualiza", como no projeto da poesia concreta, transformado aqui, muito mais do que em Thomas ou na evocação de Galizia, em cena concreta e substantiva, sem nada além de si e diante de quem o espectador respira. Em diálogo com Gertrud Stein e em sintonia com o último Beckett e seu sonhado máximo de mínima escuridão, o teatro de Alvim, paradoxalmente, aposta todas as suas fichas não na trama, nem nas rubricas, que ignora como toda carpintaria teatral, mas na palavra como último reduto operatório para explorar novos modos de ser, ou de viver a experiência humana. Palavra quase encantada, evocativa, xamânica. Ao mesmo tempo concreta, mínima, silenciosa. Há sim uma inexorável impregnação dos sentidos pela opacidade desse *opsis* que se furta à cognição e que implicará em formulações internas do espectador a tentar, na indefinição desse mecanismo sem encaixe no horizonte, supor um *mythos* que o sustente. O espectador processa uma resposta, produz alguma possível narrativa, mas é suposição que não se confirma, trama que não se elucida e se mantém aberta reverberando sua aversão a solucionar-se de forma unívoca. Talvez a expressão "espetáculo em suspenso", já utilizada para caracterizar as instalações de Juan Muñoz, coubesse aqui para descrever esse objeto que incita os olhos e ouvidos mas não lhes dá nenhuma certeza, que abre portas a novos códigos mas não as fecha pois não nos habilita na sua decifração, em que a superfície dada é a única realidade tangível e a linha, ou a curva, vislumbráveis, se estabelecem por dissolução, adição ou superposição, e nunca por conexão.[26]

---

26 L.F. Ramos, op. cit., p. 235-236.

Luiz Fernando Ramos disseca e aprofunda ainda mais os "dispositivos" que Roberto Alvim cria em cena:

> Os mais relevantes ocorrem no plano da enunciação verbal, já que é esta a matéria privilegiada, neste paradoxo de uma perspectiva antidramática servir-se mais radicalmente das palavras do que uma que não o é. Estas incisões ocorrem no plano dos atores individuais, estimulados a construir seus gestos vocais autônomos da narrativa, e com variações de timbres, ritmo, velocidade e intensidade, a cada frase, não numa lógica musical, mas de periscópio ou bisturi perfurante, na busca de novos sentidos insuspeitos.[27]

Durante a realização do documentário *Club Noir*, Alvim foi enfático ao afirmar que considera o diretor francês Claude Régy "um dos maiores encenadores do mundo". As reflexões do veterano *metteur en scène* nascido em Nîmes em 1923 também podem nos ajudar a iluminar o fazer teatral do artista carioca. Régy é outro criador que procura trabalhar "a voz do sujeito do inconsciente", como destaca no livro *Espaces perdus*:

> Através dos atores um material fluido, aquele que escapa das palavras, circula no espaço onde estão os espectadores. Os atores não encarnam, e não mais que a encenação eles não devem ser tomados como o objeto do espetáculo. O espetáculo não acontece na cena mas dentro da cabeça dos espectadores. No seu imaginário – como enquanto eles leem um livro. Portanto na sala teatral. Os atores devem existir como eles mesmos, é em função disso que eu os escolho, e eles devem – essa capacidade é a mais indispensável para mim – deixar ver através deles outra coisa além deles mesmos.
>
> O material fluido deve preceder e atravessar os atores como a música faz com os instrumentistas. É preciso então escutar, estar disponível, sentir e, concentrado e relaxado, deixar passar o que pede para passar. Escuta de todas as vozes do texto, sentido, emoção, memória, sonoridade, imaginário. Escuta de todas as vozes dos parceiros e também as vibrações do lugar. Escutar com todas as orelhas que nós temos na pele.
>
> A escolha dos participantes se complica com o fato de que o ator deve ser uma marca, um signo, um suporte para a compreensão e a imaginação dos espectadores. Um excitante também de vez em quando, de uma ordem erótica.[28]

Na contramão de uma das tendências mais fortes do teatro de grupo na cena paulistana contemporânea, a rejeição à "caixa preta" do palco italiano, Roberto

---

27 Ibidem, p. 239-240.
28 C. Régy, *Espaces perdu*, p. 68, 109. (Tradução nossa.)

CLUB NOIR
DRAMÁTICAS FRATURADAS EM ESTRUTURAS DE LINGUAGEM

Alvim não leva seus espetáculos para o espaço urbano e tampouco reorganiza ou estilhaça a arquitetura convencional dos edifícios teatrais. O encenador trabalha diante de uma plateia frontal, cria uma "quarta parede" para garantir o ilusionismo inicial do público e, pouco a pouco, por meio da fala do elenco escavando e *fraturando* as palavras da dramaturgia, tenta furar, rasgar o imaginário dos espectadores com seus espetáculos inovadores. No livro *Espaces perdus*, de Claude Régy, há uma epígrafe do filósofo alemão Theodor W. Adorno que me faz pensar no trabalho de Roberto Alvim e também na reflexão de Giorgio Agamben sobre o contemporâneo: "O novo é ao mesmo tempo o antigo: no novo, o antigo se reconhece e se torna facilmente inteligível."[29]

Há uma potência revolucionária nesse resgate da palavra por meio das modulações da fala, talvez a característica mais marcante do sistema artístico do Club Noir. Como Claude Régy, Alvim também está em busca de "estados de pré-consciência", que, "calados, pedem para se expressar"[30]. Mais algumas palavras do encenador francês que podem nos ajudar a vislumbrar as especificidades dos espetáculos do diretor carioca:

> Aqueles que não falam, mais do que escutar uma pessoa que lhes será estranha, devem sentir e imaginar com tanta intensidade como aquele que fala. Todos devem ser aquele que fala.
>
> E o público por sua vez continua e desenvolve essa escuta subterrânea, ativa, distanciada da verborragia, da anedota, ou de uma ação que poderia distraí-lo, diverti-lo.
>
> Escuta tão mais profunda que ela é também uma "escuta flutuante" porque, justamente, livre da habitual percepção da fábula, do sentimento, das personagens, do jogo, do realismo, quer dizer de tudo que mascara o que é realmente dito, o que verdadeiramente acontece. O espectador deve estar ausente disso, recuado, em proveito de uma outra forma de presença, uma presença em si mesma. Então o espectador está na escuta de um mistério, de um enigma que ele deve perceber como um enigma em si, quer dizer que ele não tem que elucidar, que ele não pode elucidar, porque é multiforme, inapreensível. Este indecifrável que ele gostaria de sondar é a forma primeira do próprio indecifrável, é o seu próprio enigma vivo.[31]

---

29 Ibidem, p. 9. (Tradução nossa.)
30 Ibidem, p. 33. (Tradução nossa.)
31 Ibidem, p. 78-79. (Tradução Nossa.)

Documentário Sobre o Sistema Artístico do Grupo

Em 2014, realizei o documentário *Club Noir*, codirigido pelo dramaturgo e pesquisador André Goldfeder. O ponto de partida foi focalizar no filme o sistema artístico criado na companhia por Roberto Alvim em parceria com a atriz Juliana Galdino, tendo como pano de fundo os ensaios de *Tríptico Samuel Beckett*, que estreou no Centro Cultural Banco do Brasil, em São Paulo, em fevereiro daquele ano.

Club Noir não é propriamente um "documentário processual", ou seja, uma obra por meio da qual tento desconstruir um espetáculo a partir de tudo que foi experimentado durante o seu processo de criação. Embora essa desconstrução processual esteja presente e ocupe por vezes o primeiro plano do filme, *Club Noir* procura principalmente deslindar a linguagem do grupo engendrada por Roberto Alvim e encarnada por Juliana Galdino.

No processo de criação de *Tríptico Samuel Beckett*, vislumbrei alguns filões históricos a serem explorados. O primeiro deles, o mais evidente, está relacionado à presença de Nathalia Timberg no elenco. A veterana atriz carioca, nascida em 1929, atravessou diversos momentos antológicos do teatro brasileiro e agora enveredava pelo sistema artístico de Roberto Alvim calcado na escavação da palavra pela fala.

O segundo veio histórico está centrado na figura da própria Juliana Galdino, que teve formação artística no Centro de Pesquisa Teatral (CPT), coordenado pelo encenador Antunes Filho no Sesc-SP, cujo trabalho está centrado na voz, em uma preparação corporal que desemboca na estranha língua arquetípica batizada de "fonemol". Ao lado de Roberto Alvim no Club Noir, a atriz foi em busca de outro ponto de partida, a palavra, fraturada por texturas e cadências da fala que trazem imagens e sensações que vão preencher os vazios que irrompem nas fissuras das dramaturgias recriadas por Roberto Alvim como arcabouços linguísticos e estruturas de pensamento.

O terceiro filão histórico despontava na trajetória da companhia: ao encenar três textos literários de Samuel Beckett, *Para o Pior Avante*, *Companhia* e *Mal Visto, Mal Dito*, o diretor carioca levava ao palco obras do escritor irlandês que eram materializações fugazes de estruturas de pensamento, o que de algum modo o obrigou a repensar o próprio sistema artístico do Club Noir. Alvim chegou a utilizar em *Tríptico Samuel Beckett* elementos mais "figurativos", como um esqueleto com uma caveira simbolizando a morte, além de mais luz em cena. Beckettianos fundamentalistas e entusiastas da radicalidade

CLUB NOIR
DRAMÁTICAS FRATURADAS EM ESTRUTURAS DE LINGUAGEM

penumbrosa do Club Noir criticaram a concepção cênica do espetáculo, mas o *Tríptico* foi um marco importante no percurso do grupo.

No que diz respeito à narrativa do documentário *Club Noir*, procuramos inicialmente reconstituir as trajetórias de Roberto Alvim e de Juliana Galdino por meio de entrevistas, até que os percursos se cruzam e surge o grupo criado em 2006. Sempre tendo como pano de fundo o processo de criação de *Tríptico*, André Goldfeder e eu fomos em seguida aprofundando as especificidades do sistema artístico do Club Noir: os conceitos de Roberto Alvim e a encarnação dessas ideias no corpo de Juliana Galdino. Ela é a mais fiel e a mais exuberante corporificação da linguagem da companhia. A atriz também traçou um paralelo do elaborado trabalho corporal, sobretudo vocal, de Antunes Filho, com a ourivesaria da palavra como ponto de partida no coletivo que fundou com o encenador carioca.

A chegada de Nathalia Timberg e da camareira Ieda Ferreira (com mais de 50 anos nos bastidores do teatro brasileiro) parecia descortinar um afresco histórico das artes cênicas do nosso país, que era de algum modo reprocessado pelas inquietações contemporâneas e inovadoras de Roberto Alvim. Um dos momentos mais marcantes da filmagem foi eternizar nessa arte do tempo que é o cinema os esforços da atriz octogenária ensaiando o texto de Beckett em dia de manifestação nas ruas de São Paulo. Nathalia Timberg repetia as palavras do escritor irlandês e ao mesmo tempo se digladiava com a recorrente ruidagem ensurdecedora dos helicópteros da polícia, que acompanhavam o movimento dos manifestantes descendo a rua Augusta, onde ficava o Club Noir e onde os ensaios foram realizados. Por que encenar Samuel Beckett nos dias de hoje? A imagem do duelo da veterana atriz com o batimento exasperante da barulheira dos helicópteros era uma resposta sugestiva que valia mais do que mil palavras.

O documentário também registrou logo em seguida a imponderabilidade do "real" com sua torrente de fatalidades, fraturas do acaso, irrupções do risco e do inesperado ou mesmo "furos" no imaginário da natureza humana, na concepção de Roberto Alvim: manifestantes picharam e atiraram pedras nos vidros da fachada do Club Noir, ao mesmo tempo em que corriam das bombas da polícia militar. Os estrondos e a vidraça quebrada não demoraram a interromper os ensaios da incansável atriz que, na época, também estava se locomovendo com a ajuda de uma cadeira de rodas por causa de um problema nas pernas.

No espetáculo *Tríptico* e também nos vestígios da presença de Nathalia Timberg nos ensaios e nos trechos da encenação que estão eternizados no documentário *Club Noir*, a veterana atriz é pura epifania. Sua personagem morre em cena no final da peça, o que tornava tudo ainda mais mágico e vital. Seu corpo no palco por vezes parecia um palimpsesto de camadas históricas do teatro brasileiro, no qual conviviam e também se atritavam diferentes linhas de interpretação: da formação europeia que teve na França, onde estudou com nomes como Jean-Louis Barrault, à atuação quase estática, calcada na fala, do sistema artístico do Club Noir, passando pelo Teatro Brasileiro de Comédia (TBC) e pelo momento marcante que foi o Teatro dos Quatro no Rio de Janeiro nos anos 1980. Nathalia Timberg e Roberto Alvim unidos pela obra de Beckett e principalmente pela paixão pela palavra, que continua sendo um dos veios de maior potência da arte teatral.

Club Noir pode ser definido como um *talking heads*, um documentário com "cabeças falantes", estruturado sobre as entrevistas de Roberto Alvim, Juliana Galdino e de outros integrantes da companhia, como o ator e produtor Ricardo Grasson e a atriz Paula Spinelli, que também está em cena em *Tríptico Samuel Beckett*. A realização do filme foi uma espécie de "exercício de alteridade" com a radicalidade do sistema artístico da companhia, em que tentei levar para o cinema o pensamento de Roberto Alvim e a encarnação desse método no corpo e sobretudo na voz de Juliana Galdino. Em um dos momentos mais poéticos e potentes do documentário, procuramos (sempre em parceria com a montadora e artista visual Lea van Steen) fazer reverberar no corpo da atriz diferentes texturas e cadências de vozes da própria Juliana deflagradas pelo texto de Beckett e dirigidas pelo encenador carioca.

No que diz respeito à *mise-en-scène* documentária com relação especificamente a Roberto Alvim, tentamos fazer com a imagem do diretor carioca no filme o que ele faz com os integrantes do elenco em cena, principalmente obscurecer os rostos, até mesmo apagá-los por completo, como, por exemplo, em cena marcante com Juliana Galdino no projeto Peep Classic Ésquilo[32]: a palavra irrompendo das trevas desenhadas no rosto da atriz. Com iluminação contrastada, expressionista, também trabalhamos com manchas de escuridão no rosto do encenador, e aí então surgiam as palavras: da obra de Beckett e de textos do próprio Alvim.

O filósofo Giorgio Agamben comenta em seu ensaio sobre a destruição da experiência que "todo discurso sobre a experiência deve partir atualmente

---

32 Projeto do Club Noir no qual foram encenadas seis tragédias do dramaturgo grego em 2013.

CLUB NOIR
DRAMÁTICAS FRATURADAS EM ESTRUTURAS DE LINGUAGEM

da constatação de que ela não é mais algo que ainda nos seja dado fazer"[33]. Roberto Alvim é um artista que viveu o rescaldo do teatro experimental de décadas passadas e foi em busca de uma arte experiencial, orquestrada pelas modulações da fala e pela escavação das palavras em fraturas linguísticas, que tenta nos afetar e ao mesmo tempo revelar as nossas estruturas de pensamento, promovendo assim no público uma rara vivência teatral.

Mais uma reflexão de Claude Régy, encenador que também trabalha com a imobilidade e o silêncio interior, "essa cavidade de silêncio dentro das pessoas", e que talvez possa ampliar um pouco mais a trajetória do Club Noir:

> É preciso saber começar a trabalhar sobre o vazio e o silêncio: é primordial quando temos a audácia de emitir sons e de desenhar figuras no espaço. E o silêncio deveria continuar a ser percebido sob as palavras e o vazio deveria poder continuar a habitar o espaço da representação. Uma certa ideia de negro seria conservada na luz.[34]

Como Valère Novarina, Roberto Alvim também pensa a voz como uma respiração de revelações e apagamentos de estruturas de pensamento no espaço cênico. "Um dom do corpo"[35], completaria o dramaturgo francês. Durante os seus espetáculos, o encenador carioca parece nos conduzir a uma espécie de estágio pré-hipnótico, pré-lógico, com o intuito de revolver a malha de sinapses que está capilarizada na nossa carne. Suas encenações nos proporcionam uma experiência singular, que rompe com a hegemonia da visão. Sempre por intermédio da fala desnudando potências sugestivas na porosidade evanescente das palavras, Alvim nos faz imaginar com camadas profundas da nossa psique: ora descortinando paisagens da nossa memória afetiva, ora dissolvendo angústias, por vezes emocionando, fazendo pensar, tudo sinestesicamente conectado, interligado por uma construção artística de raro rigor, engendrando imobilidade, silêncios, blecautes e o poder encantatório de palavras fraturadas pela pulsação respiratória da fala.

---

[33] *Infância e História*, p. 21.
[34] Op. cit., p. 122.
[35] Op. cit., p. 45.

Osvaldo Pinheiro em Homem Cavalo & Sociedade Anônima *da Companhia Estável.*

A CENA PAULISTA
CONTEMPORÂNEA

O teatro de grupo de São Paulo revela uma forte tendência política na atuação de companhias que labutam na periferia da cidade e mantêm uma troca constante com as lutas e reivindicações dos movimentos sociais.

São coletivos que ambicionam mais do que inaugurar novas percepções no público, vertente não menos política da cena paulistana contemporânea. Mas o trabalho desses grupos tem um engajamento mais explícito na militância por transformações urgentes na sociedade brasileira.

Meu objetivo não é discutir o que é político no teatro de grupo de São Paulo, principalmente porque esse conceito é muito amplo e envolve uma miríade de atuações artísticas que vão dar diferentes tipos de contribuição à vida do nosso país.

Desde a sua gênese, este livro sempre teve a intenção de traçar um panorama da cena paulistana contemporânea, ainda que recortado pela minha convivência com as companhias como documentarista e também como dramaturgo. E esse horizonte ficaria muito empobrecido sem a inclusão do trabalho de coletivos como a Cia. Estável de Teatro, com a qual realizei um documentário construído a partir do espetáculo *Homem Cavalo & Sociedade Anônima* (2008). Além desse grupo, também focalizo neste capítulo outro documentário que realizei para a Cooperativa Paulista de Teatro, concebido como um "agit-filme": *Teatro Contra a Barbárie*.

E A POLÍTICA

A Cia. Estável de Teatro

Os grupos explicitamente políticos que interagem com as comunidades e os movimentos sociais merecem diversos projetos de pesquisa para se analisar a semeadura do árduo e incansável trabalho de coletivos como o Teatro União e Olho Vivo, Companhia do Latão, Engenho Teatral, Brava Companhia, Companhia Estudo de Cena, Buraco D'Oráculo, Companhia Antropofágica de Teatro, Dolores Boca Aberta Mecatrônica de Artes, Kiwi Companhia de Teatro, Companhia do Feijão, Pombas Urbanas, Grupo Teatral Parlendas, Companhia Ocamorana e Núcleo Pavanelli, entre muitos outros.

Não é possível abarcar a diversidade da militância artística desses grupos e por isso vou me ater apenas à atuação da Companhia Estável de Teatro como a ponta de um iceberg político que não poderia ficar de fora do panorama que estou traçando da vitalidade e da efervescência da cena paulistana contemporânea.

Antes de enveredar pela parceria cinematográfica que inaugurei com a Cia. Estável, gostaria de dividir com o leitor uma dúvida que me assombra sempre que me deparo com uma dicotomia recorrente no pensamento político de diversos coletivos que trabalham com comunidades da periferia de São Paulo e em diálogo próximo com os movimentos sociais: a cisão entre Universalidade e História, eternidade e materialismo histórico, Brecht e Boal versus Platão, Aristóteles e Hegel; teatro dialético em oposição a um teatro metafísico de ideias e essências universalistas.

A pergunta pode parecer ingênua em demasia, mas uma sinceridade artística que sempre procurou fugir do maniqueísmo, sobretudo no universo da dramaturgia, me impele a correr o risco: em um momento histórico tão marcado pela hibridação e pela desfronteirização de linguagens, será que tal pensamento dicotômico ainda cabe nos dias de hoje? Foi, com toda certeza, absolutamente seminal em décadas passadas e o legado do pensamento e da obra de Brecht e de Boal são veios inesgotáveis de reflexões artísticas, políticas e históricas sobre a trajetória da Humanidade ao longo dos séculos e dos milênios. Mas eu sempre me pergunto: será mesmo incompatível historicizar uma obra, contextualizá-la de maneira dialética (na acepção brechtiana) no materialismo histórico que a gerou, e ao mesmo tempo buscar uma essência universalista que descortina a eternidade de uma natureza humana que também se revela atemporal na sua mais urgente pulsação contemporânea? Logicamente sem enveredar por um subjetivismo psicológico que sempre caracterizou o drama burguês. Acredito que, nos dias de hoje, talvez possamos resgatar uma ponte dramatúrgica capaz devolver à luta de classes uma essência universalista que sempre foi uma espécie de passaporte para a eternidade da obra de tantos autores que mergulharam nas profundezas das contradições da alma humana[36].

A filósofa Iná Camargo Costa, forte influência na vertente mais politizada do teatro de grupo de São Paulo, autora do texto que abre o livro *Das Margens e Bordas – Relatos de Interlocução Teatral*, lançado em 2011 para comemorar os primeiros dez anos da Cia. Estável de Teatro, também responsável pela organização dos artigos da publicação, defende a atualidade do teatro épico para se colocar em cena a luta de classes e a perspectiva dos trabalhadores. Ela reforça a ideia de que a experiência metafísica está ligada a um subjetivismo que precisa ser superado:

> A experiência é metafísica porque corresponde ao apego subjetivo a alguns aspectos formais que se referem a uma suposta "ordem eterna" correspondente a essas formas, quando na realidade essa "ordem" é antes uma desordem que tem caráter histórico e já está, ou precisa ser, superada.[37]

---

[36] É interessante comentar que a visão platônica de democracia não está tão distante assim da luta dos movimentos sociais e dos grupos cênicos politicamente mais engajados. Como diz Sócrates, *alter ego* de Platão: "Passa a existir democracia, creio eu, quando os pobres, vitoriosos, matam uns, expulsam outros e aos restantes fazem participar do governo e das magistraturas em pé de igualdade e, no mais das vezes, os cargos são atribuídos por sorteio", *A República*, São Paulo: Martins Fontes, 2006, p. 326. Já realizei documentários sobre os movimentos sociais, como, por exemplo, *À Margem do Concreto* (sobre movimentos de moradia) e *À Margem do Lixo* (sobre catadores de materiais recicláveis) e, em futuro próximo, gostaria de desenvolver projeto de pesquisa sobre a militância explicitamente política de companhias de teatro de São Paulo.

[37] C. Costa, *Nem uma Lágrima*, p. 14.

A CENA PAULISTANA CONTEMPORÂNEA E A POLÍTICA 259

Em Homem Cavalo & Sociedade Anônima, a Companhia Estável criou uma dramaturgia fragmentada que mistura elementos do teatro épico com estratégias de agitprop para focalizar as relações de classes na sociedade contemporânea. Construído em processo colaborativo, o texto é pontuado por narrações que são fraturas processuais e documentárias que nos remetem a depoimentos reais que foram coletados no Arsenal da Esperança, na Mooca, zona leste de São Paulo, casa de acolhida para cerca de 1500 homens em situação de rua onde o grupo fixou sua sede desde 2006.

Em seu livro, Iná Camargo Costa discorre sobre a quebra da unidade de ação empreendida pelo teatro épico e sua radicalização ao se aproximar do agitprop. As palavras da filósofa iluminam dramaturgias fragmentadas e assumidamente engajadas como a do espetáculo Homem Cavalo & Sociedade Anônima:

> Em mais de uma ocasião, Brecht declara que seu teatro se inscreve na tradição inaugurada pelos experimentos naturalistas e, assim fazendo, quer dizer que o teatro épico reivindica como parte do seu conceito todas as categorias introduzidas pela ruptura da unidade de ação, desenvolvidas pela introdução do foco narrativo e radicalizadas pelo engajamento político do agitprop. Depois de Brecht não há mais lugar para uma estética normativa no teatro.[38]

No texto "Para Celebrar a Autonomia da Companhia Estável", a professora contextualiza a trajetória dos primeiros dez anos do coletivo até atingir um patamar de maturidade com o espetáculo Homem Cavalo & Sociedade Anônima:

> A experiência de radical mergulho na realidade do Arsenal da Esperança produziu a maturidade que levou à autonomia da Estável: o texto de Homem Cavalo & Sociedade Anônima é coletivamente assinado pelos integrantes do grupo, com orientação de Cássio Pires e a direção, assinada por Andressa Ferrarezi, na verdade também é coletiva, na medida em que esta integra a Companhia e participou do projeto como um todo. É de se notar que não foi pequena a colaboração de Luciano Carvalho, do grupo Dolores, no desenvolvimento do projeto, na dramaturgia e na direção: esta presença contínua, por si mesma, sugere uma auspiciosa perspectiva de intensificação e diversificação dos intercâmbios entre os grupos teatrais, pelo menos entre os que atuam nas periferias de São Paulo.[39]

---

38 Ibidem, p. 22.
39 Ibidem, p. 11.

A potência do "real" irrompendo no dia a dia do Arsenal da Esperança foi determinante na escritura dramatúgica da encenação, que tem fraturas documentárias com depoimentos contundentes de desempregados colocados à margem da capital financeira do nosso país:

OFF. DEPOIMENTO
Quando eu nasci eu ganhei um nome. Depois passei a ir para escola e deixei de ter nome e passei a ter apelido, vulgo. Mais um tempo depois, nos albergues da vida, numa e noutra cidade, eu já deixei de ser tratado como vulgo e passei a ser um número. E em certos albergues o número representa fonte de lucro. Então eu tenho valor, eu sou um número de valor. Independente de ser de albergue ou não, não devemos nos conformar com a exploração. O que a gente vê por aí é que muita gente é explorada. O trabalhador vale 800 reais, eles querem pagar 300, e quando se trata de pessoa de albergue também, eles querem pagar o menos possível.[40]

O texto de *Homem Cavalo & Sociedade Anônima* também é atravessado por *fraturas processuais* que nos remetem a debates realizados durante o período de ensaios com a participação de moradores do Arsenal da Esperança e que problematizam a própria encenação:

OFF. DEPOIMENTO
O nome da peça já fala, né? *Homem Cavalo & Sociedade Anônima*. Daí que pergunto: qual dos dois nós somos? O homem cavalo ou a sociedade anônima? Porque parece que somos uma sociedade anônima que saímos por aí atrás de emprego e temos que falar que não moramos aqui. Ou somos o homem cavalo, que saímos para trabalhar por pouco, por humilhação, pelas dificuldades que passa? Então essa peça, se dirige nisso no que a gente passa hoje em dia. Nós albergados. Temos que acordar cedo, passar por humilhação, falatório do patrão que fica jogando na cara, por pouco. Não por cinco laranjas nem três, mas até por menos que isso.[41]

No documentário que realizei em parceria com a Companhia Estável, optei por uma abordagem mais observacional, sem entrevistas, e filmamos o grupo encenando o espetáculo em diferentes locações: além do Arsenal da Esperança, também captamos imagens na Flaskô, fábrica de reservatórios e tonéis plásticos ocupada pelos próprios operários no município de Sumaré, no interior

---

40 I.C. Costa (org.), *Das Margens e Bordas*, p. 123.
41 Ibidem, p. 122-123.

A CENA PAULISTANA CONTEMPORÂNEA E A POLÍTICA 261

do Estado de São Paulo, e ainda na Escola Nacional Florestan Fernandes, centro de educação e formação do Movimento Nacional dos Trabalhadores Rurais Sem Terra (MST), que fica nos arredores da cidade de Guararema, na região metropolitana da Grande São Paulo.

No filme *Homem Cavalo & Sociedade Anônima*, fizemos uma minuciosa decupagem dos espaços onde o espetáculo foi montado. A dramaturgia do documentário mistura trechos da encenação com esses planos arquitetônicos e utiliza também imagens observacionais dos encontros, discussões e debates políticos realizados nessas locações. Registramos ainda o árduo trabalho de um coletivo que faz teatro de resistência com pouquíssimos recursos e em lugares completamente fora do circuito convencional.

Quando a Companhia Estável se apresentou na Escola Nacional Forestan Fernandes, outros grupos também encenaram espetáculos e foi realizada uma série de debates para analisar o legado do pensador peruano marxista José Carlos Mariátegui com representantes de diversos países da América Latina.

O cronograma dos encontros começava pela manhã com as chamadas "místicas" do MST, que são rituais livres e coletivos em que os militantes cantam, dançam, se abraçam, recitam poemas, prestam homenagens, celebram a união e a solidariedade e gritam palavras de ordem, matendo assim viva e pulsante a luta permanente por transformações sociais. Após o café da manhã, todos os participantes prepararam breves cenas sobre temas urgentes do mundo em que vivemos: os movimentos sociais, a questão da terra, a luta dos trabalhadores, a militância das mulheres, problemas ambientais, o massacre dos índios e desigualdades raciais, entre muitos outros. As místicas pareciam resolver uma das dúvidas mais lancinantes do jornalista vivido pelo ator Jardel Filho no filme *Terra em Transe*, de Glauber Rocha: como conciliar a política e a poesia?

Criadas nas pastorais sociais da igreja católica, as místicas do MST são uma espécie de exercício performativo por meio do qual os militantes reforçam metas, ideais, e potencializam a luta de classes, mas sem perder de vista a poesia. Como cineasta, sempre tive muita vontade de documentá-las. O registro audiovisual que realizamos desses encontros matutinos descortinam a sobrevivência da utopia socialista em meio à mentalidade neoliberal que domina o planeta.

Após as místicas, os debates sobre a obra e a atualização das ideias de José Carlos Mariátegui, dos quais participaram nomes como o pensador brasileiro Michael Löwy, que foi enfático ao afirmar que o marxismo precisava se libertar de vez da nefasta herança stalinista. As peças de teatro foram encenadas no final da tarde e também à noite em diversos espaços da Escola Nacional Forestan Fernandes: ao ar livre, em salas espaçosas e na quadra do centro de formação do MST, onde o público assistiu ao espetáculo *Homem Cavalo & Sociedade Anônima*.

A encenação ganhava novos contornos em cada locação onde foi apresentada, principalmente feições políticas em evidente mutação ao interagir com a recepção de diferentes horizontes de expectativas. Na quadra do MST, o público multicultural proveniente de diversas regiões da América Latina realimentava a utopia de um levante anticolonialista contra a dominação de um imperialismo euro-estadunidense. No Arsenal da Esperança, a multidão de desempregados ampliava a atmosfera documentária da dramaturgia do espetáculo, *fraturada* por depoimentos reais que eram devolvidos de forma reflexiva aos moradores da casa de acolhida. Em um dos galpões da Flaskô, uma plateia de trabalhadores engajados repensava a própria militância e a resistência na fábrica ocupada. Tanto em cena quanto na reação dos espectadores, a tridimensionalidade do conceito brechtiano de *gestus*[42] transmutava-se em diferentes expressões corporais das relações sociais e da luta de classes.

Do Agitprop ao Agit-Filme

Em *Teatro da Militância*, a pesquisadora e encenadora Silvana Garcia analisa a linguagem do teatro de agitprop:

> A pesquisa formal do teatro de agitprop se faz motivada basicamente por dois fatores: a relação com o espectador e o vínculo com a história presente. Seus achados formais, portanto, se dão menos a partir de uma investigação de linguagem em benefício próprio e mais como busca de adequação a objetivos políticos de envolvimento e participação.[43]

Fui buscar inspiração na linguagem do agitprop para realizar o documentário *Teatro Contra a Barbárie*, em 2012, na comemoração dos primeiros dez anos da Lei Municipal de Fomento ao Teatro para a Cidade de São Paulo, a principal

---

42 Na definição de Brecht, o gesto social é a "expressão mímica ou gestual das relações sociais que vinculam entre si os homens de determinada época". (B. Brecht, *Escritos Sobre Teatro*, Buenos Aires: Nueva Visión, 1973, v. 1, p. 174, apud S. Garcia, *Teatro da Militância*, p. 86n62.)

43 S. Garcia, *Teatro da Militância*, p. 21.

A CENA PAULISTANA CONTEMPORÂNEA E A POLÍTICA   263

conquista do movimento Arte Contra a Barbárie, que envolveu criadores ligados às artes cênicas de diferentes gerações. Esta lei, criada pelos próprios artistas, aposta na pesquisa e na experimentação para grupos de teatro e é um dos pilares da vitalidade da cena paulistana contemporânea.

O convite partiu do ator Ney Piacentini, então presidente da Cooperativa Paulista de Teatro. Confesso que me senti muito honrado e percebi naquela solicitação a possibilidade de experimentar uma modalidade de filme documentário que há tempos me interessava: cinema de agitação e propaganda, ou "agit-filme", como era chamado na extinta URSS. Na minha formação como cineasta, há uma grande influência de realizadores como Dziga Vertov e Sergei Eisenstein, entre outros diretores da chamada "escola soviética", e sempre me fascinou o fato de que "filmes institucionais" como O Homem Com a Câmera, do primeiro, e O Encouraçado Potemkin, do segundo, haviam marcado profundamente a História do Cinema em função de suas inovações formais e, principalmente, porque conciliaram a política e a poesia, que não precisam e nem devem ficar apartadas, muito pelo contrário. A partir daí, fiquei obcecado pela ideia de fazer um filme poeticamente panfletário, um assumido panfleto cinematográfico, cinema de agitação e propaganda, sem perder a poesia de vista jamais.

Na primeira reunião na Cooperativa Paulista de Teatro, da qual participaram Ney Piacentini, da Companhia do Latão, Osvaldo Pinheiro, da Cia. Estável de Teatro, Fernanda Azevedo, da Kiwi Companhia de Teatro, e Paulo Celestino, do Grupo XIX de Teatro, já deixei claras as minhas intenções como realizador: trabalhar com as possibilidades da linguagem cinematográfica, utilizando como referências grandes diretores que se dedicaram a filmes assumidamente políticos e que deixaram marcas profundas na chamada sétima arte. Argumentei que plenárias de política cultural não costumavam gerar obras artisticamente instigantes e que o ensaio poético e panfletário sobre os primeiros dez anos da Lei de Fomento ao Teatro deveria ser um filme interessante de assistir, além de servir como uma peça de propaganda política a ser trabalhada com os cerca de 800 núcleos e mais de 3800 associados da Cooperativa Paulista de Teatro.

Além de Vertov e Eisenstein, ainda levei nesta primeira reunião outras referências cinematográficas que também serviram de inspiração para o projeto *Teatro Contra a Barbárie*: La Hora de Los Hornos, contundente e poético libelo latinoamericano realizado em 1968 pelo cineasta argentino Fernando Solanas, e ainda filmes do cubano Santiago Álvarez (principalmente *79 Primaveras* e o curta *Now*).

Com orçamento reduzido, decidimos realizar uma obra de montagem, ou seja, somente com imagens de arquivo, e fomos coletando registros de procedências as mais variadas, até mesmo da Câmara dos Lordes, na Inglaterra, pois nos interessava atacar o neoliberalismo encarnado na figura de Margareth Tatcher e também na do ex-presidente estadunidense Ronald Reagan.

Embora não goste de estéticas maniqueístas, percebi que, em "agit-filmes", é preciso apontar com nitidez o inimigo. No caso do documentário *Teatro Contra a Barbárie*, os vilões eram evidentes e já vinham sendo atacados nos textos dos manifestos do movimento Arte Contra a Barbárie: a mentalidade neoliberal, transformando tudo em mercadoria, e a equivocada política cultural brasileira que delegou aos diretores de marketing das grandes empresas imenso poder sobre a produção "artística" por meio de incentivos fiscais.

A construção narrativa de *Teatro Contra a Barbárie* segue o seguinte caminho dramatúrgico: inicialmente contextualizamos como foi sendo engendrada a mentalidade neoliberal, em seguida o poder dos diretores de marketing das grandes empresas e depois o surgimento do movimento Arte Contra a Barbárie, com suas contundentes e engajadas palavras de ordem, que entraram no filme por meio de cartelas. O documentário segue com uma construção coral de depoimentos extraídos de encontros no Teatro Oficina que reuniram artistas de várias gerações e que acabaram culminando na Lei Municipal de Fomento ao Teatro para a Cidade de São Paulo, entremeada com falas extraídas da série *Ensaio Aberto*, também produzida pela Cooperativa Paulista de Teatro[44]. Depois aparece uma segunda construção coral na estrutura narrativa do filme: uma montagem de trechos de espetáculos de grupos contemplados com verbas da Lei de Fomento. Por fim, um desfecho inflamado com imagens de manifestações de artistas protestando contra a falta de políticas públicas para o teatro em São Paulo e palavras de ordem reafirmando

---

44 Também produzida pela MPMída e com direção geral de Fabiano Moreira, a série *Ensaio Aberto – Fomento ao Teatro* foi exibida na TVE, tem 12 programas e, como sugere o próprio título, focaliza a Lei Municipal de Fomento ao Teatro para a Cidade de São Paulo, desde a sua criação até a realização de diversos projetos selecionados. Os temas dos episódios são os seguintes: o Movimento Arte Contra a Barbárie, a Lei de Fomento, o Teatro Contra a Ditadura, Teatro de Grupo & Teatro Mercadoria, a Contrapartida Social, Teatro Político e Social, Políticas Públicas para o Teatro, Trabalhadores do Teatro, a Formação do Artista, o Teatro na Luta de Classes, a Indústria Cultural e a Luta Continua. Entre os entrevistados estão os encenadores José Renato, César Vieira, Luiz Carlos Moreira e Sérgio de Carvalho, o ator Celso Frateschi, a psicanalista Maria Rita Kehl e a filósofa Iná Camargo Costa. A série pode ser assistida no seguinte endereço na internet: <http://www.cooperativadeteatro.com.br/>.

A CENA PAULISTANA CONTEMPORÂNEA E A POLÍTICA 265

que arte não é mercadoria, mas sim uma carpintaria poética construída ao longo do tempo e alentada por pesquisa e experimentação, energias vitais da criação artística.

Como não havia verbas para o pagamento dos direitos das imagens utilizadas na montagem, decidimos que ninguém assinaria o filme e que ele seria disponibilizado na internet. E assim foi feito. A realização do documentário *Teatro Contra a Barbárie* envolveu profissionais muito talentosos que merecem ser destacados: a pesquisadora Eloá Chouzal, a montadora Guta Pacheco, os editores de som Miriam Biderman e Ricardo Reis, e os compositores Marcus Siqueira e Thiago Cury.

No dia 20 de agosto de 2012, o filme foi exibido no Museu da Imagem e do Som em São Paulo (MIS) e também foi lançado o livro *Teatro e Vida Pública – O Fomento e os Coletivos Teatrais de São Paulo*, organizado por Flávio Desgranges e Maysa Lepique. A reação do público foi marcada por entusiasmo e rejeição. Metade adorou e a outra metade simplesmente detestou o resultado. Divergências políticas na Cooperativa Paulista de Teatro e também entre os grupos irromperam no evento no MIS. De um lado, elogios inflamados. De outro, críticas implacáveis como se eu tivesse escolhido apenas uma das vertentes da luta política da classe teatral em São Paulo, a mais engajada e radical. No entanto, o meu objetivo foi fazer um "agit-filme" com experimentação de linguagem, respaldada em referências cinematográficas seminais, tentando fugir da atmosfera por vezes tediosa das plenárias culturais, que nem sempre têm "sangue documentário" para gerar uma narrativa fílmica que emociona e faz pensar. De todo modo, é inteiramente minha a responsabilidade pelo conceito panfletário e poético do documentário *Teatro Contra a Barbárie*. E isso foi dito e ficou bem claro na apresentação do filme no MIS.

Durante o processo de pesquisa, pedimos aos grupos cadastrados na Cooperativa Paulista de Teatro para enviar DVDs com registros de suas encenações. Recebemos uma farta documentação e, na montagem, optamos por trechos mais explicitamente políticos (mas não apenas), pois potencializaria a atmosfera engajada que queríamos criar em um filme de agitação e propaganda que foi deflagrado pelas inflamadas palavras de ordem dos três manifestos do movimento Arte Contra a Barbárie, alteridade plural e radical que, como documentarista, tentei levar para o cinema.

Além dos 25 documentários que realizei em parceria com companhias como o Teatro da Vertigem, Cia. Livre, Grupo XIX de Teatro, Os Fofos Encenam, Club Noir, Os Satyros, Teatro Kunyn e Cia. Estável, entre outras, sem contar os registros de inúmeros espetáculos, todos os DVDs que recebemos de outros coletivos para a processo de montagem de *Teatro Contra a Barbárie* descortinaram e ampliaram esse imenso afresco histórico, artístico e civilizacional que é a cena paulistana contemporânea, e me fizeram pensar ainda mais nas dramáticas fraturadas desse estranho e instigante momento de criação que estamos vivendo em São Paulo, no Brasil e no resto do mundo. Todas essas derivas documentárias trouxeram à tona mais uma vez a certeza de que o teatro de grupo paulistano atravessa uma fase única, vital, histórica, artisticamente muito potente, respaldada pelas criações coletivas em processo colaborativo, pela Lei Municipal de Fomento ao Teatro para a Cidade de São Paulo, pela interface com o meio acadêmico e ainda por inusitadas dramaturgias porosas, fissuradas pela possibilidade de irrupção do "real" por meio do risco e do inesperado.

Cena do espetáculo Luis Antonio Gabriela, da Cia. Mungunzá de Teatro.

À GUISA DE CON-

Em *L'Avenir du drame*, o dramaturgo e pesquisador Jean-Pierre Sarrazac constrói uma espécie de "arco narrativo" das transformações da dramaturgia ao longo dos anos 1960 e 1970, ressaltando que a fragmentação do universo fechado do drama foi radicalizada com o teatro épico, que *fraturou* a sua coesão e a sua organicidade com as estratégicas de distanciamento engendradas por Brecht. O ensaísta francês afirma que a grande conquista do teatro moderno foi o "silêncio", que fissurou o diálogo com pausas, hesitações e reticências, abrindo brechas nas palavras para que a linguagem pudesse ser vertida na cena com suas irrupções desconcertantes e inesperadas.

A tendência monológica do teatro contemporâneo é fruto desses vocábulos *fraturados*, que geraram novas modalidades de solilóquios que são parentes distantes das narrações brechtianas e que, mescladas a estratégias da arte da peformance, fizeram surgir esses "dispositivos de linguagem" que caracterizam a criação de ponta nos dias de hoje, quase sempre esgarçados às possibilidades de irrupção do acaso, como uma forma de recusar o naturalismo, reafirmar a "materialidade" da própria obra e, principalmente, abrir espaço para o "real" em cena. São experimentos artísticos elaborados com conceitos de diversas áreas do conhecimento, linguagens híbridas e atmosfera documentária, cujas "sinopses" publicadas nos veículos de comunicação são uma espécie de resumo didático das intenções dos autores dos "dispositivos" que estão sendo criados.

Em seu livro, Sarrazac faz a defesa de um "teatro rapsódico", que mistura elementos dramáticos e narrativos, vaticinando ainda que o "gesto do autor-rapsodo do futuro" é "praticar a vivisecção": "Cortar e cauterizar, costurar e da mesma forma descosturar o corpo do drama".[1]

Ele discorre sobre a palavra como um "signo fraturado" no drama moderno:

> A palavra, no drama moderno, é um signo fraturado: a personagem fala, mas o pensamento jaz em outro lugar, adiado no espaço da linguagem. Entre o pensamento e a elocução, que a *Poética* de Aristóteles apresentava como um casal soldado e solitário, exprimindo a passagem da potência ao ato, se intercala o obstáculo da não-adequação do homem à linguagem, da afasia ou da verborragia desordenada. O não-dito cava o diálogo dramático e à palavra teatro se anexa um extraordinário volume de silêncio.[2]

O dramaturgo e pesquisador francês faz interessante distinção entre naturalismo e realismo, afirmando que o segundo tem fraturas abertas à imaginação do espectador:

> O esgotamento do naturalismo é uma ilusão que culpabiliza o espectador e aniquila sua atividade. O realismo, ao contrário, é o escândalo perpetrado: não mais a fascinação à beira do vazio mas a entrada estilhaçante do espectador na representação, a circulação através das aberturas de uma obra da qual o inacabamento é o princípio fundamental.[3]

---

1   J.-P. Sarrazac, *L'Avenir du drame*, p. 40-41.
2   Ibidem, p. 119. (Tradução nossa.)
3   Ibidem, p. 150-151. (Tradução nossa.)

O público, ou melhor, a imponderabilidade de cada espectador (seja através de gestos ou atitudes explícitas, seja por meio de irrupções do inconsciente em sua tela mental ou nas sensações imagéticas que percorrem o seu corpo) sempre foi um filão de algo arriscado, um veio do inesperado em cada apresentação teatral. A reação da plateia sempre foi e sempre será uma *fratura* aberta ao acaso nas artes cênicas, que são linguagens ontologicamente vazadas aos imprevistos do "real": além do público, os riscos do elenco no palco, a contrarregragem nos bastidores, ou assumida em cena, assim como a escritura dramatúrgica, sempre aberta à recriação de todos os envolvidos no projeto.

O conceito de fratura dramatúrgica pode estar associado a rastros processuais incorporados aos espetáculos, a *workshops* que viraram cena, a aberturas para improvisações previstas nos textos, a estratégias interativas com o público, a atritos e comunhões com as surpresas do acaso no espaço urbano e ainda a uma infinidade de possibilidades semânticas e ideológicas que rondam o risco e o inesperado na atuação dos grupos de teatro de São Paulo e nas mais diferentes manifestações artísticas da criação contemporânea.

Todas as escrituras dramatúrgicas do teatro de grupo de São Paulo que trabalham em criação colaborativa têm fraturas processuais: Teatro da Vertigem, Cia. Livre, Grupo XIX de Teatro, Os Satyros, Teatro Kunyn e Cia. Estável, entre as companhias que pesquisei e documentei. Mesmo em um coletivo com um trabalho tão específico e singular como o Club Noir, há rastros processuais na recriação dos textos engendrada por Roberto Alvim sempre em sintonia com a maneira como a atriz Juliana Galdino respira, silencia, hesita, escava, acelera o fluxo de palavras e elabora novas modulações, inflexões, entonações e elocuções para a própria fala durante os ensaios[4]. No Club Noir, as fraturas processuais se confundem com as fraturas linguísticas do sistema artístico da companhia.

Nas dramáticas da cena paulistana contemporânea, as *fraturas processuais* misturam as duas definições do escritor francês Joseph Danan para dramaturgia: "arte da composição das peças de teatro" e "pensamento de passagem à cena das peças de teatro"[5].

---

4   Durante vários anos a atriz foi a mais fiel tradução do sistema de preparação vocal de Antunes Filho, o "fonemol", que foi fundamental para que ela encarnasse com tanta precisão o sistema de escavação das palavras através da fala de Roberto Alvim, influenciando até mesmo o trabalho performativo de outros atores e atrizes que atuam nas produções do Club Noir.
5   J. Danan, *Qu'est-ce que la dramaturgie?*, p. 7-8.

À GUISA DE CONCLUSÃO

Há também recorrência de *fraturas documentárias* e *fraturas performativas* na produção textual do teatro de grupo de São Paulo. As duas modalidades de fissuras dramatúrgicas por vezes se confundem, pois as pesquisas das companhias, viagens e residências artísticas não tardam a deflagrar improvisações, respaldadas em depoimentos pessoais, sobre como os estudos de campo (e também as leituras teóricas) afetaram cada um dos integrantes dos coletivos. Essa é a matéria-prima que vai gerar as primeiras escrituras das peças que serão encenadas. Documentação e performatividade caminham lado a lado porque as pesquisas dos grupos precisam necessariamente passar pelo corpo de todos que participam do processo colaborativo, havendo assim uma dupla contaminação permanente entre o que é investigado na própria carne, nos próprios instintos, no próprio imaginário, e a resposta performativa dessa coleta de dados em forma de cena: improvisações e *workshops*. Tudo isso cria uma trama de vestígios nas dramáticas fraturadas da cena paulistana contemporânea. Vertigem, Cia. Livre, Satyros, Fofos, Grupo XIX, Teatro Kunyn, Cia. Estável e outros coletivos que criam de maneira colaborativa desenvolvem escrituras dramatúrgicas atravessadas por vestígios documentários e performativos que se tornam fraturas: fendas pelas quais se pode vislumbrar as diferentes etapas do processo.

No que diz respeito especificamente a outras modalidades de fraturas performativas, variações ocorrem de acordo como cada grupo conceitualiza e trabalha a atuação de seus integrantes. O Teatro da Vertigem, por exemplo, sempre cria para o elenco uma performatividade arriscada, mesmo que todos estejam envoltos em uma atmosfera ficcional, mas fraturada pelos perigos da cidade, o que gera nos atuantes uma performatividade que por vezes é quase sinônimo de instinto de sobrevivência: na insalubridade fétida do rio Tietê (*BR-3*), nos andaimes do lado de fora do terceiro andar do Sesc Paulista (*Kastelo*) e nos deslocamentos pelas ruas da região central de São Paulo (*Bom Retiro 958 Metros*).

As fraturas performativas na produção textual de um coletivo como Os Satyros apresentam outro tipo de radicalidade, talvez mais conectada com o poder transformador da arte da performance, embora o Teatro da Vertigem também busque inspiração teórica e prática nesse híbrido de linguagens das artes visuais com as artes cênicas. Nas dramaturgias dos Satyros, essas fraturas são às vezes assumidamente autobiográficas. As histórias de vida dos integrantes do grupo são transformadas em narrações e cenas. Há um tocante despudor da companhia em levar ao palco a crueza das próprias feridas, também alegrias, vivências, experiências, questionamentos de gênero, pesquisas documentárias e reflexões urgentes sobre o mundo em que vivemos.

Já em um coletivo como Os Fofos Encenam, as fraturas performativas são camadas pessoais que decantam nos processos: frestas para lembranças e vivências muito íntimas dos atores e das atrizes para que possam imantar a qualidade de presença de suas personagens com camadas profundas de seus corpos impregnados de memória.

Há também diferentes modalidades de fraturas interativas nas dramaturgias da cena paulistana contemporânea. Como a maioria dos grupos quer provocar experiências no público, a produção textual acaba sendo pontuada por rubricas que são fissuras concebidas para receber as surpresas e os imprevistos da "performatividade" do próprio público.

O Grupo XIX e o Teatro Kunyn se destacam nesse território de palavras e ações abertas à participação da plateia, principalmente porque são dirigidos por Luiz Fernando Marques, um encenador que gosta muito de criar jogos com os espectadores e sempre pensa a recepção como dramaturgia. Mas há também *fraturas interativas* nas escrituras de companhias como Os Satyros (*Cabaret Stravaganza* e *Inferno na Paisagem Belga*), Fofos (*Assombrações do Recife Velho* e *Terra de Santo*) e Cia. Livre (*Arena Conta Danton*, *VemVai – O Caminho dos Mortos* e *Raptada Pelo Raio*), entre outras.

Fraturas urbanas transpassam as dramáticas de coletivos que atuam fora dos edifícios teatrais: uma produção textual permeada pelos vestígios que a site-especificidade das locações deixa na criação colaborativa (que também poderiam ser chamadas de fraturas processuais) e ainda pelas lacunas previstas nas escrituras dramatúrgicas escancaradas à imponderabilidade do inesperado no espaço urbano. Os espetáculos do Teatro da Vertigem possuem essa dupla face da fratura urbana, sempre buscando um atrito, uma espécie de enfrentamento poético com a arquitetura dos lugares e com o caos da cidade.

Outros tipos de fraturas urbanas podem ser encontrados nas dramaturgias do Grupo XIX e do Teatro Kunyn. No caso do primeiro grupo, a relação com os espaços não é de atrito nem de enfrentamento, mas de comunhão, uma espécie de "cumplicidade" sensorial, sinestésica, sobretudo com a "dramaturgia" da passagem do tempo em locações históricas. No que diz respeito especificamente ao espetáculo *Orgía ou De Como os Corpos Podem Substituir as Ideias*, do Teatro Kunyn, as *fraturas urbanas* foram potencializadas por fraturas liminares e o *áudio tour* do público pelo parque Trianon descortinava cenas híbridas de ficção com realidade: o movimento dos frequentadores misturado com

À GUISA DE CONCLUSÃO

intervenções cênicas sutis com atores embaralhava a fruição do público em uma atmosfera de liminaridade. Alguns espetáculos dos Satyros também têm fraturas urbanas, como, por exemplo, *Édipo na Praça*, encenado parcialmente na Praça Roosevelt, no centro de São Paulo, e *Vila Verde*, residência artística que a companhia fez na periferia de Curitiba.

Há fraturas tecnológicas nas dramáticas dos Satyros, que vêm sendo construídas com conceitos performativos para o "ator-ciborgue", forte inquietação artística do encenador Rodolfo García Vázquez e do ator e dramaturgo Ivam Cabral: como levar ao palco as próteses tecnológicas que envolvem o corpo do ser humano no mundo globalizado em que vivemos e como focalizar as relações humanas nesses novos tempos digitais? As escrituras dramatúrgicas dos Satyros são atravessadas por *gadgets* e dispositivos eletrônicos e por vezes abrem espaço para o acaso por meio de ligações de celulares em cena aberta, como no espetáculo *Hipóteses Para o Amor e a Verdade*. Fraturas tecnológicas também podem ser encontradas na produção textual de outros coletivos como o Grupo XIX de Teatro. Em *Nada Aconteceu, Tudo Acontece, Tudo Está Acontecendo*, livre adaptação de *Vestido de Noiva*, de Nelson Rodrigues, uma música sugerida pela plateia é rapidamente transferida da internet e logo utilizada em cena em uma espécie de híbrido de fratura interativa com fratura tecnológica.

Essas novas dramaturgias guardam em suas tramas lacunares as múltiplas formas difusas da imponderabilidade do inesperado. Fraturas liminares que descortinam a efervescência transformadora de fraturas históricas. A fratura como o rosto sem face do acaso, da própria história, que, em tempos heterotópicos, se desdobrou em diversos espaços de imensidão para buscas artísticas, políticas, científicas, filosóficas e religiosas. A fratura como a possibilidade lúdica de travessia, pela linguagem, aos riscos dos imprevistos que envolvem a potência do "real".

O encenador e pesquisador Fernando Kinas, da Kiwi Companhia de Teatro, afirma que o acaso tem muita potência política, pois consegue desmascarar as formas da arte burguesa:

> O acaso é a supressão de uma *mediação* potencialmente falseadora, já que exclui a intervenção da ideologia cristalizada no sistema vigente. Em princípio ele escapa do âmbito controlado e domesticado das formas burguesas. Por isso, apesar de algo paradoxal, pode-se aproximar "acaso" e "liberdade". No caso do teatro, a reivindicação do "real" pode também significar (dependendo das objetivações específicas) uma batalha contra as antigas ideias de "finalidade sem fim" e de "descompromisso social",

típicas da arte burguesa ocidental que surge no século dezoito. O gosto pelo "real", portanto, não é sinônimo de abdicação, ou submissão, aos imperativos da realidade bruta. Não é tampouco o atestado de falência da busca de sentido. Estas possibilidades, nós sabemos, estão sempre ao alcance da mão, mas não são fatalidades as quais o teatro contemporâneo estaria submetido. Se o real para ser pensado precisa, de fato, ser ficcionalizado, é decisivo entender onde está a ficção e de que forma ela atua.[6]

A criação contemporânea de ponta virou sinônimo de "dispositivos artísticos" que tentam hibridar o documentário e a ficção com estruturas de linguagem arquitetadas com diferentes modalidades de fraturas que vislumbram o "real" como uma espécie de luz no fim do túnel. A recusa à mimese naturalista e a sofreguidão pela processualidade de obras abertas por vezes enveredam por um tedioso efeito colateral que tem como causa um excesso de didatismo para deixar bem claro ao público o aparato conceitual que está sendo engendrado.

É importante ressaltar que nenhum "dispositivo artístico" está completamente livre de uma camada de "representação", por mais anti-ilusionista que se proponha a ser. Os conceitos de ilusionismo e de anti-ilusionismo são hoje muito difusos porque estão muito hibridados. Mesmo em documentários cênicos e em performances urbanas que buscam estados de liminaridade, limiares em que os espectadores mergulham em uma dúvida permanente sobre o que é "real" e o que é "ficção"; mesmo em obras que pertencem a essa nova linhagem contemporânea, haverá sempre uma nata de luz "ilusionista", um véu diáfano de "representação": performando, atuando ou encarnando personagens.

A resistência à personagem gera uma nova modalidade de "personagem", um *alter ego* performativo de quem está em cena, interagindo ou não com o público. Até em documentários cênicos, em que pessoas "reais" narram as próprias histórias de vida, elas não tardam a criar uma "alteridade" de si mesmo diante dos espectadores, por vezes frágil, falsa, maneirista e afetada.

Não estou querendo fazer apologia da mimese, muito menos da mimese encarnada do naturalismo psicológico. Apenas gostaria de enfatizar que a mimese é uma pulsão atávica da natureza humana, a linguagem somatizada no nosso corpo-mente, o próprio verbo feito carne em cada um de nós. Ao me deparar com tantos "dispositivos artísticos" antimiméticos, anticatárticos,

---

6   F.C. Kinas, *O Lugar da Ficção*, p. 54-55.

À GUISA DE CONCLUSÃO

engendrados de forma híbrida, embaralhando de maneira "contemporânea" as difusas fronteiras que separam a ficção do documentário, fico pensando: será mesmo necessário todo esse aparato conceitual organizado de forma didática para que eu possa viver uma "experiência" inusitada e "liminar" no universo teatral?

Reafirmo que a cena paulistana contemporânea atravessa uma fase de extrema vitalidade graças a toda essa experimentação de linguagens, mas acredito que os grandes obstáculos são as "fórmulas" de um "receituário contemporâneo" e, sobretudo, o didatismo, que acaba dissipando o que a arte tem de mais valioso a nos oferecer: a possibilidade de frequentar os mistérios da vida e da morte, da história, do cosmos, do inconsciente, do próprio tempo. Que as *fraturas* das novas dramaturgias do teatro de grupo de São Paulo continuem sendo frestas de mistérios para a potência dos riscos do inesperado, para as ambiguidades de um pacto silencioso com o acaso que irrompe do "real", que, em muitos momentos, só pode ser frequentado de maneira profunda, abismal, por meio da ficção.

REFERÊNCIAS

ABREU, Luís Alberto de. *Um Teatro de Pesquisa*. São Paulo: Perspectiva, 2011.
AGAMBEN, Giorgio. *Infância e História: Destruição da Experiência e Origem da História*. Belo Horizonte: Editora UFMG, 2008.
_____. *O Que É o Contemporâneo? e Outros Ensaios*. Chapecó: Argos, 2009.
ALVIM, Roberto. *Dramáticas do Transumano e Outros Escritos Seguidos de Pinokio*. Rio de Janeiro: 7Letras, 2012.
ANTOINE, André. *Antoine, L'Invention de la Mise en Scène*. Paris: Centre National du Théâtre / Actes Sud Papiers, 1999.
APPIA, Adolphe. *A Obra de Arte Viva*. Lisboa: Arcádia, 1972.
ARAÚJO, Antonio. *A Gênese da Vertigem: O Processo de Criação de O Paraíso Perdido*. São Paulo: Perspectiva, 2011.
_____. *A Encenação no Coletivo: Desterritorializações da Função do Diretor no Processo Colaborativo*. Tese (Doutorado em Artes), Departamento de Artes Cênicas da Escola de Comunicações e Artes da Universidade de São Paulo, São Paulo, 2008.
ARTAUD, Antonin. *O Teatro e Seu Duplo*. São Paulo: Martins Fontes, 1999.
ATAÍDE, Carlos. *Epístola a Os Fofos: Artes Cênicas, Espiritualidade e Ciência na "Festança" Terra de Santo de Os Fofos Encenam*. Dissertação (Mestrado em Artes), Instituto de Artes da Universidade Estadual Paulista "Júlio de Mesquita Filho", São Paulo, 2013.
BARBA, Eugenio. *O Teatro Laboratório de Jerzy Grotowski, 1959 – 1969*. São Paulo: Perspectiva/Edições Sesc, 2007.
BAZIN, André. *O Que É o Cinema?* São Paulo: Cosac Naif, 2014.
BENJAMIN, Walter. *Passagens*. Belo Horizonte/São Paulo: Editora da UFMG/Imprensa Oficial do Estado de São Paulo, 2006.
BOAL, Augusto. *Teatro do Oprimido e Outras Poéticas Políticas*. Rio de Janeiro: Civilização Brasileira, 2005.
BRECHT, Bertolt. *As Cenas de Rua. Estudos Sobre Teatro*. Rio de Janeiro: Nova Fronteira, 2005.
_____. *A Utilização de um Modelo Restringe a Liberdade Artística? Estudos Sobre Teatro*. Rio de Janeiro: Nova Fronteira, 2005. (Entrevista concedida a E.A. Winds, diretor do teatro de Wuppertal).
_____. *Efeitos de Distanciamento na Arte Dramática Chinesa. Estudos Sobre Teatro*. Rio de Janeiro: Nova Fronteira, 2005.
_____. *Notas Sobre a Peça "A Mãe". Estudos Sobre Teatro*. Rio de Janeiro: Nova Fronteira, 2005.
_____. *Pequeno Órganon Para o Teatro. Estudos Sobre Teatro*. Rio de Janeiro: Nova Fronteira, 2005.
BRESSON, Robert. *Notas Sobre o Cinematógrafo*. São Paulo: Iluminuras, 2005.
BUTLER, Judith. *Problemas de Gênero: Feminismo e Subversão da Identidade*. Rio de Janeiro: Civilização Brasileira, 2016.
CAMARGO COSTA, Iná. *Nem uma Lágrima: Teatro Épico em Perspectiva Dialética*. São Paulo: Expressão Popular/Nanquim, 2012.
COMOLLI, Jean-Louis. *Ver e Poder: A Inocência Perdida: Cinema, Televisão, Ficção, Documentário*. Belo Horizonte: Editora da UFMG, 2008.
COSTA, Iná Camargo (org.). *Das Margens e Bordas: Relatos de Interlocução Teatral – Companhia Estável de Teatro*. São Paulo: Cooperativa Paulista de Teatro, 2011.
DANAN, Joseph. *Qu'est-ce que la dramaturgie?* Paris: Actes Sud-Papiers, 2010.
DA SILVA, Armando Sérgio. *Oficina: Do Teatro ao Te-Ato*. São Paulo: Perspectiva, 1981.
DE CERTEAU, Michel. *A Invenção do Cotidiano*. Petrópolis: Vozes, 1998.
DESGRANGES, Flávio. *A Inversão da Olhadela: Alterações no Ato do Espectador Teatral*. São Paulo: Hucitec, 2012.

DORT, Bernard. *O Teatro e Sua Realidade*. São Paulo: Perspectiva, 2010.
FÉRAL, Josette. *Além dos Limites: Teoria e Prática do Teatro*. São Paulo: Perspectiva, 2015.
FERNANDES, Sílvia. *Teatralidades Contemporâneas*. São Paulo: Perspectiva, 2010.
FISCHER-LICHTE, Erika. *The Transformative Power of Performance: A New Aesthetics*. Trans. Saskya Iris Jain. New York: Routledge, 2008.
FLASZEN, Ludwik; POLLASTRELLI, Carla; MOLINARI, Renata. *O Teatro Laboratório de Jerzy Grotowski, 1959 – 1969*. São Paulo: Perspectiva/Edições Sesc, 2007.
FONTES LEITE, Janaina. *Autoescrituras Performativas: Do Diário à Cena*. São Paulo: Perspectiva, 2017.
FOSTER, Hal. *O Retorno do Real: A Vanguarda no Final do Século XX*. São Paulo: Ubu, 2017.
GARCIA, Silvana. *Teatro da Miltância*. São Paulo: Perspectiva, 1990.
GROTOWSKI, Jerzy. *Para um Teatro Pobre*. Brasília: Teatro Caleidoscópio/Dulcina Editora, 2011.
_____. *Em Busca de um Teatro Pobre*. Rio de Janeiro: Civilização Brasileira, 1976.
HOUAISS, Antônio. *Dicionário Houaiss da Língua Portuguesa*. Rio de Janeiro: Objetiva, 2001.
KINAS, Fernando C. *O Lugar da Ficção/Le Lieu de la fiction*. Tese (Doutorado em Artes), Departamento de Artes Cênicas da Escola de Comunicações e Artes da Universidade de São Paulo e à Université Sorbonne Nouvelle – Paris 3, São Paulo, 2010.
KRISTEVA, Julia. *Histórias de Amor*. Rio de Janeiro: Paz e Terra, 1988.
KWON, Miwon. *One Place After Another: Site-specific Art and Locational Identity*. Cambridge: MIT Press, 2002.
LACAN, Jacques. *Nomes-do-Pai*. Rio de Janeiro: Zahar, 2005.
LEFEBVRE, Henri. *O Direito à Cidade*. São Paulo: Centauro, 2013.
MARZOCHI, Ilana Feldman. *Jogos de Cena: Ensaios Sobre o Documentário Brasileiro Contemporâneo*. Tese (Doutorado em Estudos dos Meios e da Produção Mediática), Departamento de Artes Cênicas da Escola de Comunicações e Artes da Universidade de São Paulo, 2012.
MEIERHOLD, Vsévolod. *Do Teatro*. São Paulo: Iluminuras, 2012.
MORENO, Newton. *Teatro de uma Saudade: Experiências de Memória Brasileira em "Assombrações do Recife Velho"* & *"Memória da Cana"*. Tese (Doutorado em Artes Cênicas), ECA-USP, São Paulo, 2011..
MOTTA LIMA, Tatiana. *Palavras Praticadas: O Percurso Artístico de Jerzy Grotowski, 1959-1974*. São Paulo: Perspectiva, 2012.
KAYE, Nick. *Site-Specific Art: Performance, Place and Documentation*. London/New York: Routledge, 2000.
NOVARINA, Valère. *Diante da Palavra*. Rio de Janeiro: 7Letras, 2009.
ODIN, Roger. *Filme Documentário, Leitura Documentarizante*. Significação, n. 37, jan.-jun. 2012.
PINTER, Harold. *Programa do Ciclo Harold Pinter*. Lisboa: 2001.
RAMOS, Luiz Fernando. *Mimesis Performativa: A Margem de Invenção Possível*. São Paulo: Annablume, 2015.
RANCIÈRE, Jacques. *O Espectador Emancipado*. São Paulo: Martins Fontes, 2012.
RÉGY, Claude. *Espaces perdu*. Besançon: Les Solitaires Intempestifs, 1998.
SAISON, Marivonne. *Les Théâtre du Réel: Pratiques de la représentation dans le théâtre contemporain*. Paris: L'Harmatan, 2000.
SARRAZAC, Jean-Pierre. *L'Avenir du drame*. Belfort: Circé, 1999.
_____. *Antoine, L'Invention de la Mise en Scène*. Paris: Centre National du Théâtre – Actes Sud Papiers, 1999.
SCHECHNER, Richard. *Environmental Theater*. New York: Hawthorn, 1973.
SENNETT, Richard. *Carne e Pedra: O Corpo e a Cidade na Civilização Ocidental*. Rio de Janeiro: BestBolso, 2014.
SOLER, Marcelo. *Teatro Documentário: A Pedagogia da Não Ficção*. São Paulo: Hucitec, 2010.

STANISLÁVSKI, Constantin. *Minha Vida na Arte*. Rio de Janeiro: Civilização Brasileira, 1989.
STRINDBERG, August. *Miss Julie and Other Plays*. Oxford: Oxford University Press, 1998.
VÁZQUEZ, Rodolfo García. Luzes e Sombras na Trajetória dos Satyros. *Sala Preta*, v. 15, n. 2, 2015.

INTERNET

Os documentários e as filmagens dos espetáculos comentados nesta obra se encontram disponíveis na página do autor:

<www.evaldomocarzel.com.br>

APÊNDICE

DOCUMENTÁRIO
DRAMÁTICAS DO REAL E AU

Nas últimas décadas, a sociedade do espetáculo contemporânea vem forjando uma nova modalidade de simulacro que procura imitar o "real". Em meio à virtualidade do mundo em que vivemos, exacerbada pelas novas tecnologias digitais, o horizonte de expectativas que envolve a mídia tem fome documentária e a hibridação do "real" com a ficção virou uma espécie de obsessão nas mais diferentes linguagens, até mesmo um modismo artístico contemporâneo.

Ilana Feldman Marzochi resgata uma necessária reflexão do filósofo esloveno Slavoj Zizek sobre a questão:

> O problema com a 'paixão pelo Real' do século XX não é o fato de ela ser uma paixão pelo Real, mas sim o fato de ser uma paixão falsa em que a implacável busca pelo Real que há por detrás das aparências é o *estratagema definitivo para se evitar o confronto com ele*.[1]

Na televisão, os *reality shows* vendem para os "cretinos", segundo o filósofo franco-argelino Jacques Rancière[2] (2012, p.36), estratégias cabotinas e mercantilistas como "lições de vida" e "luta pela sobrevivência", maquiadas com o lado mais deplorável da condição humana: mesquinharias, picuinhas, ludicidade infantilizada e uma ganância arrivista mascarada com "boas intenções" e alentada pelo estímulo à compulsão consumista difundida pelos

1 Slavoj Zizek, *Bem-Vindo ao Deserto do Real*, São Paulo: Boitempo, 2003, p. 39, apud I.F. Marzochi, op. cit., p. 77.
2 *O Espectador Emancipado*, p. 36.

ÊNICO
–MISE-EN-SCÈNE

programas. Os *reality shows* têm lá o seu interesse como surgimento de uma "nova linguagem" na mídia televisiva, mas acabam empobrecendo demais a problematização da representação do "real" no mundo audiovisual com seu manto de simulacros espúrios que nada revelam de profundo da natureza humana.

No que diz respeito ao cinema, Hollywood continua investindo em cinebiografias, cujos créditos tentam a todo custo reforçar no público uma "leitura documentarizante"[3], ou seja, levando o espectador a construir "um eu-origem real" para a história do filme, como acontece com filmes documentários. Na abertura de diversos *blockbusters*, cartelas explicativas afirmando que se trata de uma ficção baseada em fatos verídicos e, nos créditos finais, com bastante frequência, imagens documentais das personagens reais retratados no filme.

Quanto às produções do chamado "cinema independente" de diversos países, uma tendência forte é a realização de obras híbridas que engendram ficções com a mesma sofreguidão documentária, como se a ficção propriamente dita estivesse em crise profunda e precisasse de muletas documentais para garantir a veracidade das imagens e dos sons que estão sendo criados. Uma das palavras de ordem do meio cinematográfico mais "experimental" é hibridar a ficção e o documentário, embaralhar ainda mais essas fronteiras já tão difusas; utilizar personagens reais em histórias inventadas e construídas a partir da própria história de vida daquelas pessoas, revelando assim

---

3   R. Odin, Filme Documentário, Leitura Documentarizante, *Significação*, n. 37, p. 10-30.

uma espécie de *revival* do neorrealismo italiano como uma das vertentes mais fortes do cinema contemporâneo.

No mercado editorial, as biografias e autobiografias estão periodicamente liderando as listas dos livros mais vendidos.

No universo do teatro, surgiu na última década uma nova modalidade de "espetáculo": o documentário cênico, que mistura a carpintaria teatral com procedimentos de linguagem do filme documentário. Trata-se de uma vertente híbrida que vem se delineando com múltiplas faces, variando de acordo com o recorte da vida pessoal que se quer levar ao palco. As experiências vividas são "ficcionalizadas" com estratégias de recriação inspiradas nas possibilidades de representação do "real" do cinema documentário, ainda mescladas, ou melhor, fraturadas pelos dispositivos performativos que fissuram as experimentações da cena contemporânea.

O documentário cênico tem parentesco próximo com a linguagem livre, autoral, fragmentária e experimental do ensaio, como nos mostra Ilana Feldman Marzochi:

> Tal qual um gênero híbrido e moderno, entre a arte e a filosofia, entre a precisão conceitual e a busca por um estilo livre e pessoal, o ensaio se volta contra o imediato para estabelecer mediações, preferindo sempre o parcial, o inconcluso e o fragmentário. Preferindo aquilo que escapa ao pensamento sistemático, de pretensões totalizantes e dogmático – aquilo que escapa, portanto, às rígidas definições conceituais e às deduções definitivas.
>
> Arte do transitório, do contingente e do 'despropósito', como sinaliza Adorno, o ensaio nos coloca a impossibilidade de exaurirmos uma relação com o objeto, não admitindo conciliação ou consenso nem dissolvendo tensões entre as formas artísticas e nossa experiência social e histórica, entre a construção e a expressão. Nesse embate marcado pela fratura, o gesto ensaístico parte também da admissão de que o sujeito moderno é, desde a origem, atravessado e fracionado pela ficção: sua autoelaboração é uma autoficção[4], a qual, no caso do cinema, será mobilizada pela função catalisadora, produtiva e mediadora da câmera.[5]

No panorama artístico brasileiro, destacam-se documentários cênicos como o pioneiro *Festa de Separação*, em que a atriz Janaina Leite, ao lado do ex-marido,

---

4   I.F. Marzochi, *Jogos de Cena*, p. 22-23n., explica a origem da palavra: "Cunhada por Serge Doubrovski na década de 70 em relação à literatura, a autoficção compreende a subjetividade como produção e se inscreve no coração de um paradoxo: o objeto narcisista de falar de si e o reconhecimento da impossibilidade de exprimir uma verdade."

5   Ibidem, p. 22.

DOCUMENTÁRIO CÊNICO
DRAMÁTICAS DO REAL E AUTO-MISE-EN-SCÈNE

o músico e professor de filosofia Fepa, tentou fazer da dor do rompimento amoroso um ato de criação artística, sob a direção de Luiz Fernando Marques; *Luis Antonio Gabriela*, direção de Nelson Baskerville com a Cia. Mungunzá; *Dizer e Não Pedir Segredo*, do Teatro Kunyn; *Ficções*, da Cia. Hiato; e *Conversas Com Meu Pai*, concebido, dirigido e interpretado por Janaina Leite, com dramaturgia de Alexandre Dal Farra, que também assina como codiretor.

Antes de analisarmos as especificidades dramatúrgicas de alguns dos espetáculos citados acima[6], é interessante ressaltar que o teatro vem mantendo uma relação próxima com o documentário desde os anos 1920 com os espetáculos do encenador alemão Erwin Piscator (1893-1966). Em seu livro *Teatro Documentário: A Pedagogia da Não Ficção*, o pesquisador e também diretor Marcelo Soler contextualiza a troca da linguagem cênica com o filme documentário, além de refletir sobre a própria experiência artística nesse campo de experimentações híbridas durante a realização do espetáculo *De Asfalto e Calçada ou A Lenda do Menino Romeno* com a Companhia Teatro Documentário:

> Nos anos 20 e 30 do século XX, ele (Piscator) resgatou a utilização de documentos históricos com intuito de construir um discurso teatral de caráter politizado, de direta ligação com a realidade cotidiana, lançando as bases para uma encenação que se denominará de "documentária". Assim sendo, olhar para as características da produção teatral de Piscator é vislumbrar inúmeras possibilidades de trabalho no que se refere à encenação para quem pretende se debruçar sobre uma proposta de Teatro Documentário.
>
> Uma das marcas de Piscator como encenador era a exploração dos recursos audiovisuais em cena. Preocupado com uma produção teatral engajada, militante e de cunho operário, pensava no que a tecnologia poderia ajudar a construir uma encenação que, ao mesmo tempo, informasse as massas e as conclamasse para a causa socialista. Para isso, utilizou muito dos recursos audiovisuais em suas obras, visando também a estabelecer uma relação estreita entre encenação e atualidade, como ele mesmo aponta em seu livro *O Teatro Político*, de 1920.[7]

Marcelo Soler também destaca a importância da pesquisa documentária na produção de autores como Georg Büchner (*A Morte de Danton*, 1835), Arthur Miller (*As Bruxas de Salém*, 1953), Rolf Hochhuth (*O Vigário*, 1963), Heiner Kipphard (*O Caso Oppenheimer*, 1964) e Peter Weiss (*O Interrogatório*, 1965), apontando

---

[6] As dramaturgias dos documentários cênicos *Festa de Separação* e *Dizer e Não Pedir Segredo* já foram analisadas aqui no terceiro capítulo.
[7] M. Soler, *Teatro Documentário*, p. 59.

ainda espetáculos como US, com direção de Peter Brook (1965), sobre a guerra no Vietnã, e práticas teatrais como o *living newspaper*, criado na década de 1930 nos EUA durante a grande depressão econômica, e o Teatro Jornal, de Augusto Boal, que consistia na recriação cênica de notícias de jornal sob diversos pontos de vista e que foi a gênese do Teatro do Oprimido. O pesquisador e encenador reflete sobre o próprio trabalho:

> Para nós, a importância de uma proposta de Teatro Documentário está no fato de ela ser mais uma possibilidade de incitar os indivíduos a formularem sua visão de mundo por meio da linguagem teatral, trazendo, entretanto, outras questões em seu bojo. A utilização em especial das imagens audiovisuais coloca os atores/alunos envolvidos diante de uma discussão que extrapola o terreno das artes: num momento histórico em que somos bombardeados por estímulos visuais, como resgatar a nossa percepção sensível além da mera aparência? Isso pode ser conseguido sem que se despreze o valor de um trabalho que realmente devolva às imagens seu caráter polissêmico?[8]

A encenação *De Asfalto e Calçada ou A Lenda do Menino Romeno*, dirigida por Marcelo Soler, estreou em 2006 no Teatro Irene Ravache, em São Paulo, e foi construída a partir de depoimentos gravados em vídeo com transeuntes na região central da cidade. Um dos pontos mais interessantes da pesquisa da Companhia Teatro Documentário focaliza diferentes possibilidades de utilização do material audiovisual no espaço cênico: a imagem como "paisagem", como "objeto de cena", como "personagem", como "informação e/ou comentário" ou como "comprovação", ou seja, como uma espécie de desconstrução do processo de criação do coletivo. "Deparamos com nossos preconceitos diante da diferença e, ao mesmo tempo, percebemos que uma prática de teatro documentário trazia, no seu âmago, a possibilidade de encontro com o espaço público."[9]

A proposta de pesquisa do grupo dirigido por Marcelo Soler dialoga de maneira muito próxima com um dos pilares da linguagem do filme documentário, fortemente marcada por um permanente exercício de alteridade: a busca pela visão de mundo do "outro", que acaba se mesclando ao ponto de vista do cineasta, e vice-versa, sempre em uma via de mão dupla e em constante intercâmbio. O que estou chamando de documentário cênico,

---

8   Ibidem, p. 23.
9   Ibidem, p. 95.

DOCUMENTÁRIO CÊNICO
DRAMÁTICAS DO REAL E AUTO-MISE-EN-SCÈNE

contudo, segue em outra direção, aproximando-se de uma modalidade de filme que foi definida pelo teórico norte-americano Bill Nichols em seu livro *Introdução ao Documentário* como "modo performático", em que o realizador é o próprio tema do projeto que está sendo documentado. Performático não necessariamente em um sentido explícito e até mesmo cabotino nas imagens captadas, mas em uma acepção que destaca vivências do cineasta como mote do documentário, por meio do qual abrimos mão de um olhar, digamos, mais objetivo, para tentar focalizar as irrupções de "verdade" nas camadas mais profundas da nossa subjetividade.

Traumas e Fantasmas Familiares

Páthos documentário é o que não falta a *Luis Antonio Gabriela* (2011), um dos espetáculos mais impactantes da cena brasileira e mundial na última década, com direção de Nelson Baskerville à frente da Cia. Mungunzá de Teatro. O encenador levou à cena traumas familiares que permaneceram como fantasmas recorrentes em sua trajetória de vida. Sua mãe faleceu no dia do seu nascimento, após o parto, e Nelson sempre comemorou o próprio aniversário com idas ao cemitério. Na infância, fez troca-troca com o irmão oito anos mais velho, que se tornou travesti no porto de Santos e depois teve um final de vida muito triste em Bilbao, na Espanha, onde enfrentou os mais diferentes tipos de doença, da Hepatite C ao vírus da Aids.

Em *Luis Antonio Gabriela*, o diretor optou por uma linguagem desdramatizada, brechtiana, fortemente marcada pela avalanche de referências do seu estilo pós-moderno, até mesmo pós-dramático. Nelson Baskerville é ator, artista plástico, dramaturgo e encenador, e transformou a sua saga familiar em uma espécie de cabaré, fragmentado em canções e *fraturado* por vídeos com depoimentos pessoais do diretor, além de narrações e da desconstrução do processo de criação com os integrantes da Cia. Mungunzá.

A dramaturgia do documentário cênico é assinada em parceria com Veronica Gentilin e foi construída a partir de argumento do próprio Nelson e de depoimentos de Maria Cristina Baskerville, irmã, e de Doracy Apparecida Lerardi, mãe adotiva, entre outros. A Cena 6, ironicamente batizada de *Leite*, dá uma dimensão dos conflitos familiares enfrentados pelo artista e da sua recriação no território de uma estranha fábula desdramatizada, por vezes anti-ilusionista, narrada de maneira distanciada, por vezes lírica, reservando ao espectador uma empatia dilacerante com a encenação, mas sem a promessa de uma catarse imediata. Horror e compaixão na fruição do público, com toda certeza, mas principalmente um incômodo documentário em meio ao esplendor do espetáculo e à torrente de elementos que soterra o palco com vídeos, luzes, palavras escritas em LED, bonecos, pinturas, objetos de cena, canções e a atuação distanciada do elenco, mas deflagrando um outro tipo de ilusionismo no palco.

Nelson Baskerville costuma dizer que, se fosse encenar *Luis Antonio Gabriela* de maneira realista, ninguém suportaria a combustão dramática daquelas doloridas feridas familiares. O caminho foi uma primeira negação do drama para inaugurar outro tipo de dramaticidade que passa por Brecht e se capilariza nas experimentações da chamada cena pós-dramática contemporânea. No caso específico do trabalho de Nelson Baskerville, a designação pós-dramática não é equivocada. Com o respaldo da potência documentária que pulsa em sua dramaturgia pontuada por fraturas processuais, *Luis Antonio Gabriela* traz em sua linguagem um estranho ilusionismo ainda não devidamente estudado, inovador, destoando da grande maioria dos documentários cênicos em função de sua atmosfera desconcertante, estranha e distanciada, autoirônica, ao mesmo tempo com uma dramaticidade pungente sem qualquer tipo de parentesco com estéticas realistas ou naturalistas, também não se assemelhando em nada à construção narrativa de documentários fílmicos que se levam a sério como representação do "real". Talvez a leitura documentarizante que o público faz do que é narrado em cena, em contraste com a exuberância barroca e desdramatizada da linguagem criada Nelson Baskerville; talvez esse choque, esse atrito, essa fratura na fruição do espectador, tudo isso deflagre essa nova modalidade de ilusionismo que *Luis Antonio Gabriela* inaugura.

A escritura dramatúrgica do documentário cênico assume o nome dos atores e das atrizes como narradores da história que está sendo contada. A seguir um trecho da Cena 6, *Leite*. No espetáculo, a atriz Veronica Gentilin atua como Nelson Baskerville, cujo apelido na infância era "Bolinho":

> Verônica – [...] Eu fui amamentado por trás. Como minha mãe não nasceu Deus me deu um irmão que soltava leite. Eu não sabia que mamar doía. Deve ser porque faz tudo crescer e não sobra espaço dentro do corpo. Eu fui ficando tão cheio de leite que meu peito começou a crescer pra vazar todo o leite que tinha dentro. O leite entrou em mim e fez uma casa. Agora a casa não para de crescer. Agora eu virei isso: eu virei

DOCUMENTÁRIO CÊNICO
DRAMÁTICAS DO REAL E AUTO-MISE-EN-SCÈNE

uma bola. Uma bola que cresce pra dar leite. Quando a criança toma leite depois dos seis anos de idade ela pega uma doença. Uma doença que faz nascer um A no final de tudo. Mas eu não quero um A no final do meu nome. Eu quero continuar me chamando Bolinho, eu não quero ser Bolinha! Ouviu Deus??

Depois disso nós nos mudamos, e na casa nova, eu já tinha uns 12 anos, eu me lembro de ficar na frente do espelho olhando para os meus peitos. Eu estava engordando e eu achava que o meu peito estava crescendo, eu achava que meu peito ia crescer como de mulher, porque eu tinha sido maculado. Eu achava que eu ia virar um travesti, porque eu tinha sido comido por um. Como uma espécie de condenação. Eu estava condenado a virar mulher. Eu tinha muito medo de virar mulher. Eu tinha muito medo de virar mulher. Agora eu vou me levantar, tirar a máscara, me dirigir até a saída do palco, me despedir e me retirar do espaço cênico. Boa noite.

No final da encenação, a inevitável catarse, alentada pela música "Your Song", de Elton John, e por fratura documentária com depoimento de Nelson Baskerville, um pedido de desculpas ao irmão Luis Antonio que irrompe em cena em forma de letreiro eletrônico com letras vermelhas: "É uma coisa que não sai de mim. Talvez saia com esse espetáculo. Esse espetáculo é um pedido de desculpas, eu tô dizendo: Desculpa Tonio eu não soube lidar com isso. *Nelson Bolinho Baskerville.*"

Assisti ao documentário cênico *Luis Antonio Gabriela* em 2012 durante o Festival de Teatro de Curitiba e confesso que fui tomado por um assombro que poucas vezes vivenciei nos palcos brasileiros. Imediatamente pensei em desenvolver um projeto cinematográfico a partir da criação do espetáculo, mas não havia mais nenhum processo a ser documentado. Na volta da capital paranaense para São Paulo, conheci Nelson Baskerville no aeroporto e acabei enviando para ele um pacote de filmes documentários que venho realizando desde 2000, alguns sobre os grupos de teatro de São Paulo. Começou ali uma amizade. Depois inauguramos uma parceria artística.

No final do primeiro semestre de 2013, o fotógrafo Renato Ogata, Nelson Baskerville e eu partimos para Recife com o objetivo de documentar um trecho da turnê de *Luis Antonio Gabriela* no interior de Pernambuco. Filmamos em Caruaru e Garanhuns. O conceito do projeto era promover um exercício de autoficção de Nelson Baskerville a partir das questões familiares retratadas no documentário cênico e também no livro homônimo que foi publicado em 2012. Ainda realizamos filmagens em São Paulo e em Santos, onde Nelson nasceu e viveu com a sua família.

No documentário fílmico, batizado de *Até o Próximo Domingo*, a intenção foi dirigi-lo como uma personagem de ficção, atuando, interpretando, performando para a câmera após diversos tipos de estímulos extraídos de sua trajetória de vida, principalmente os fatos narrados no espetáculo e no livro.

No apartamento de Nelson em São Paulo, fizemos uma gravação em áudio da íntegra dos textos que ele escreveu para a publicação já pensando na possibilidade de uma futura narração para o documentário. Em muitos momentos, o *páthos* que irrompia das palavras lidas era tamanho que a voz de Nelson embargava e ele era tomado por rompantes de choro convulsivo ao revisitar o seu passado. Impossível reproduzir em um estúdio de som a força documentária que veio à tona durante essa gravação em áudio.

No que diz respeito à arquitetura das imagens, em todas as locações, criamos longos planos gerais em que a figura diminuta de Nelson cruzava o quadro para inserir depois na montagem a torrente de palavras da gravação em áudio. Ainda fizemos muitos *portraits*, também com longa duração em sua captação: retratos do rosto de Nelson para receber as narrações em off e criar uma estrutura de fluxo de consciência no arcabouço dramatúrgico do documentário.

Nelson pintou um quadro especialmente para as nossas filmagens, tendo como mote a figura do irmão *Luis Antonio Gabriela*. A criação da obra foi documentada em cada uma de suas etapas. Decupamos todas as telas pintadas por Nelson Baskerville: uma estranha iconografia da sua psique estampada em todas aquelas imagens pelas paredes e quartos do apartamento do artista, algumas carregadas de *assemblages*, detalhes em alto-relevo. Também filmamos seu acervo pessoal de fotografias e reproduzimos trechos em vídeo da maior parte dos espetáculos em que atuou ou dirigiu. A linguagem cênica de Nelson, barroca e inflacionada de elementos, estava toda ali concentrada na estética de seus quadros.

Descobrimos no apartamento do artista mais de duas horas de imagens captadas em Super-8 pela família de Nelson: almoços aos domingos, campeonatos de natação, registros de viagens, idas ao aeroporto de Congonhas para observar os aviões decolando e aterrissando, e filmagens no jardim da casa em Santos, que foi demolida e hoje virou uma loja de tintas e material de construção. Além de projetar parte desse acervo sobre o rosto de Nelson Baskerville, por meio de reflexos no vidro da janela de seu apartamento e ainda na superfície da tela da televisão na sala de estar, criamos momentos de *mise en scène* documentária em que potencializamos o lado performativo da nossa "personagem", que também é ator.

DOCUMENTÁRIO CÊNICO
DRAMÁTICAS DO REAL E AUTO-MISE-EN-SCÈNE

Em diversas locações e quase sempre com uma câmera acoplada ao seu corpo, Nelson criou uma espécie de "diálogo autoficcional" com as imagens do passado em Super-8, homenageando-as, parafraseando-as, ou melhor, "parasequenciando-as" com improvisações performativas que foram editadas, em montagem paralela, com o acervo audiovisual de sua família.

O processo de filmagem foi marcado por essas experimentações que tinham a autoficção como bússola, o passado como *páthos* capilarizado no presente e o inesperado como alento e porto de chegada. Com uma *mise-en-scène* fissurada às surpresas do acaso e com uma "personagem" disponível às propostas de improvisação, nosso filme se tornou uma deriva permanente em busca das camadas de memórias que decantaram no corpo de Nelson Baskerville e que afloravam de forma lúdica nessas autoficcionalizações encenadas de forma documentária.

A dramaturgia do documentário mistura as imagens e os sons descritos anteriormente com trechos da encenação *Luis Antonio Gabriela*. Durante as filmagens, trabalhamos muito com a falta de foco como uma maneira de texturizar a imagem, sensorializá-la, abrindo assim espaço para as possibilidades sinestésicas do som, que cria o fluxo de memória no corpo de Nelson Baskerville. Todos os planos do filme são paisagens subjetivas, rigorosamente encenadas, e a força documentária irrompe da narração, da leitura do livro de memórias lançado após a estreia do espetáculo.

A Incomunicabilidade Como Ponto De Partida

Embora não tenha acompanhado seu processo de criação e nem tenha realizado projeto de filme a partir do espetáculo, *Conversas Com Meu Pai* é outro documentário cênico que gostaria de analisar. Tem o tema da incomunicabilidade como um dos pontos de partida: o pai de Janaina Leite perdeu as cordas vocais e começou a se comunicar por bilhetes, e a atriz passou a enfrentar problemas de audição. Esse *páthos* documentário serviu de mote para a atmosfera confessional e processual de *Conversas*, mais uma encenação que descortina e reafirma a arte como possibilidade de cura para a nossa loucura.

O grande trunfo do documentário cênico protagonizado por Janaina Leite é abrir caminho para a fábula, para a ficção propriamente dita, não apenas para a "ficção" de representação ou de problematização do "real" que marca a linguagem do filme documentário. Na parte final de uma narrativa fraturada que se desenrola de trás para frente, em que a desconstrução do processo é reiterada de maneira confessional e até mesmo didática para os espectadores, *Conversas* finalmente deságua no mito, na fábula, na potência abissal da ficção propriamente dita como uma forma muito mais profunda de enveredar pelos labirintos da nossa psique, do nosso inconsciente, da genética, do cosmos, dos mistérios da vida e da morte, da transcendência ou da imanência de todas as coisas. Ao desembocar na tragédia de Édipo e na passagem bíblica de Ló, *Conversas* amplia, redimensiona e universaliza as inquietações de vida de Janaina Leite, descortinando o documentário cênico para a miríade de possibilidades do mito:

> *Pausa. Aumenta o volume, dança com a máscara. Depois, retira a música e começa a falar tirando a máscara e a roupa.*
> A certa altura, Édipo embarca, em uma viagem sem volta, pelo caminho da decifração. Ele se pergunta sobre o seu passado. E o mais terrível possível lhe sucede, quando ele vai atrás de saber o que realmente aconteceu. O mais terrível ocorre: ele encontra as pistas, as provas cabais, e de forma trágica, a mais assustadora das tragédias humanas, ele realmente DESCOBRE o que aconteceu. Ele se encontra frente a frente com os seus atos terríveis, reais e concretos. Obviamente o maior transtorno possível é o fim das dúvidas. "Hoje tornou-se claro a todos que eu não poderia nascer de quem nasci, nem viver com quem vivo". Depois, como um adendo, vem a coroação do seu crime que na verdade foi a sua porta de entrada, "e, mais ainda, assassinei quem não devia". Tudo se desenrola a partir do assassinato do pai, mas é só no sexo com a mãe, no dividir a cama com ela, que o crime efetivamente se realiza, o que de mais inumano e ao mesmo tempo profundamente humano há: o incesto. Mas a desgraça só vem à tona a partir da pergunta. A partir da dúvida, que leva ao caminho detetivesco em direção aos FATOS. Porque é só a consciência do ato que leva à tragédia, que leva ao terror. Daí a pergunta: não seria ele, o incesto, o nosso próprio demônio interno, que impele constantemente a essa busca obsessiva, cujo objetivo é o que mais se quer evitar, ou seja, descobrir a verdade. Descobrir que sim. DESCOBRIR QUE ACONTECEU. INEVITAVELMENTE.
> *Pula na água. Sai, troca de roupa de novo, jogando no monte etc.*
> Assim, quando Deus destruiu todas as cidades da Planície, ele se lembrou de Abraão e retirou Ló do meio da catástrofe, na destruição das cidades em que Ló habitava. Ló subiu de Segor que era uma dessas cidades e se estabeleceu numa caverna com suas duas filhas, porque não ousava continuar em Segor. A mais velha disse à mais nova: "nosso pai é idoso e não há homem na terra que venha unir-se a nós. Vem, façamos nosso pai beber vinho e deitemo-nos com ele; assim suscitaremos uma descendência de nosso pai". Elas fizeram seu pai beber vinho, naquela noite, e a

DOCUMENTÁRIO CÊNICO
DRAMÁTICAS DO REAL E AUTO-MISE-EN-SCÈNE

mais velha veio deitar-se junto de seu pai, que não percebeu nem quando ela se deitou, nem quando se levantou. No dia seguinte a mais velha disse à mais nova: "na noite passada eu dormi com meu pai; façamo-lo beber vinho também nesta noite e vai deitar-te com ele; assim suscitaremos uma descendência de nosso pai". Elas fizeram o seu pai beber vinho também naquela noite, e a menor deitou-se junto dele, que não percebeu nem quando ela se deitou, nem quando se levantou. As duas filhas de Ló ficaram grávidas de seu pai.

E então ocorre aqui a reviravolta maravilhosa. Em que o interdito torna-se de repente possível, no meio da catástrofe, para dar continuidade a uma linhagem que corria risco de ser extinta. Para garantir a descendência de um pai velho e foragido, isolado do mundo com as filhas, por conta da destruição divina que tomou conta da cidade em que vivia e de todas as cidades em volta. E nessa reviravolta o incesto retorna, como a única possibilidade de resguardar uma herança em risco, perante a catástrofe. Mas aqui o pai não percebe. Ele foi embebedado. Isso talvez seja importante. Talvez isso faça mesmo toda a diferença... Que a filha, e só a filha, saiba o que está fazendo, frente ao quê ela está fazendo o que está fazendo, o tamanho da catástrofe que ela enfrenta, e a importância de salvar aquilo que dele e dela descende.

Olha para o palco. Arruma os discos. Arruma a caixa. Caminha até o fundo, debaixo da luz branca.

Essa foi a primeira versão. E também depois dela eu achei que ela não servia. E também depois dela, eu achei que nada mais seria possível. De novo, achei que poderia ser que algo tivesse acabado ali. Acho que várias vezes durante o processo eu quis achar que ele tivesse acabado. Muitas vezes eu quis me ver livre disso tudo. Mas a gente não se livra dessas coisas. A gente não está livre dessas coisas. A liberdade é sempre negociada. É sempre uma condicional. Ultimamente voltei a ter sonhos com ele. Quase ouço alguém me aconselhando, "você devia parar de mexer nessas coisas', mas não é por isso que eu sonho. Sempre que eu sonho com ele, agora eu sei, é um sinal, sempre que ele vem, é porque alguma coisa dói, em algum lugar. Talvez porque alguma coisa dói em um lugar, que já doeu antes... Ele vem me avisar".

Em muitos momentos, os procedimentos de linguagem do documentário não são capazes de dar conta dos mistérios que rondam a condição humana. A ficção, por sua vez, pode descortinar uma profusão de camadas muito mais profundas do "real".

Do Documentário Cênico à Autoficção Abjeta

Janaina Leite aprofunda as suas pesquisas em *Stabat Mater*, que estreou no dia 21 de junho de 2019 no Centro Cultural São Paulo: do documentário cênico a um contundente exercício de autoficção, em que deliberadamente embaralhou as fronteiras quase sempre assépticas que costumam separar conceitos antípodas como maternidade e pornografia.

Confesso que, embora impactado e ao mesmo tempo fascinado com a potência despudorada da encenação, uma parte da minha fruição conflitante cobrava uma organicidade dramatúrgica e até mesmo um desenho mais amarrado de *mise-en-scène*, construído por uma figura de fora de todo aquele *páthos* autoficcional, quem sabe um diretor. Ledo Engano.

Havia uma fratura na minha leitura como espectador: por um lado, um olhar, digamos, mais técnico, ligado a uma percepção mais detalhista no que diz respeito à carpintaria do espetáculo; por outro, uma profusão de sensações de fascínio e atração, mesclada a uma leve rejeição, quem sabe deflagrada por algum tipo de pudor arquetípico. A segunda fruição não tardou a dissipar a primeira e ficou reverberando nas minhas sinapses como um veio de possibilidades de travessia a algo imponderável que me parecia além dos contornos normativos da própria linguagem. Foi então que eu percebi que *Stabat Mater* havia atingido seus objetivos e foi se revelando como uma encenação histórica que ampliava ainda mais os caminhos experienciais dessa obsessão pelo "real" que marca a arte contemporânea.

Stabat Mater é uma espécie de mosaico dramatúrgico, conduzido por uma estrutura de palestra, que parece plasmar em cena o atrito do olhar do mundo sobre o corpo de Janaina Leite com o seu ponto de vista de artista e pesquisadora questionando e subvertendo essa mesma visão de mundo sobre um corpo de mulher.

Janaina foi buscar inspiração nas ideias do crítico e historiador de arte Hal Foster e, principalmente, na concepção de abjeto da psicanalista e pesquisadora Julia Kristeva, que, em seu livro *Histórias de Amor*, incluiu um texto que também se chama *Stabat Mater*:

> Segundo a definição canônica de Kristeva, o abjeto é aquilo de que devo me livrar para me tornar um eu (mas o que é esse eu primordial que em primeiro lugar me expulsa?). É uma substância fantasmática não só estranha ao sujeito, mas também íntima dele – íntima demais, até, e esse excesso de proximidade produz pânico no sujeito. Nesse sentido, o abjeto afeta a

DOCUMENTÁRIO CÊNICO
DRAMÁTICAS DO REAL E AUTO-MISE-EN-SCÈNE

fragilidade de nossas fronteiras, a fragilidade da distinção espacial entre nosso interior e nosso exterior bem como a da passagem temporal entre o corpo materno (mais uma vez, o domínio privilegiado do abjeto) e a lei paterna. Espacial e temporalmente, a abjeção é uma condição na qual a posição do sujeito é perturbada, "lá, onde o sentido se esvai"; daí sua atração sobre os artistas de vanguarda que querem perturbar esses ordenamentos do sujeito e da sociedade.[10]

As ideias e análises de Foster e Kristeva deram respaldo teórico ao mergulho performativo de Janaina Leite, pontuando a palestra que conduz a encenação, que conta com a doce presença, não menos corajosa, de Amália Fontes Leite, mãe de Janaina, e de uma figura masculina como Príapo, o deus grego da fertilidade, filho de Afrodite e Dioniso.

A dramaturgia deliberadamente descosturada também utiliza vídeos de entrevistas com atores da indústria pornográfica que fizeram teste para um dos momentos de maior impacto de *Stabat Mater*: a projeção de uma sequência em que Janaina Leite se relaciona sexualmente com o ator escolhido em um dispositivo performativo que buscou uma experiência "real" no corpo da atriz, um legado explícito da performance arte na cena paulistana contemporânea. Foram dois dias de filmagem e a mãe de Janaina participou dos preparativos do primeiro dia. A intenção inicial era que a cena fosse dirigida por Amália Fontes Leite.

Outro momento muito forte de *Stabat Mater* é uma irrupção do que talvez possamos chamar de "real in natura" que surge como uma fratura, um rasgo documentarizante que nos faz calar fundo em meio à atmosfera autoficcional, liminar e por vezes didática da encenação, que encontra boa acolhida em sua estrutura de palestra: a projeção do Boletim de Ocorrência de uma tentativa de estupro da qual Janaina Leite foi vítima na adolescência:

DATA DA OCORRÊNCIA: 18/08/1997 HORA:06:45

A fim de proceder retrato falado, encaminho a vossa Senhoria Janaina Fontes Leite, a qual foi vítima de TENTATIVA DE ESTUPRO *nesta data, conforme Boletim de Ocorrência no 216/97, registrado por esta distrital.*

Comparece nesta Unidade Policial a vítima acima qualificada, juntamente com sua genitora, noticiando à Autoridade que foi abordada no local dos fatos pelo indivíduo acima descrito, que mediante ameaça de um facão pressionado contra seu pescoço, a obrigou a lhe acompanhar até um terreno baldio. O meliante a imobilizou por trás, colocando a mão por dentro de sua calcinha e introduziu por completo o dedo na sua região genital.

---

10   H. Foster, *O Retorno do Real*, p. 147.

Em seguida, mais um efeito explicitamente documentarizante: Amália Fontes Leite narra a sua versão do trágico episódio. A dramaturgia segue com indignação:

> Nota: A partir de 2009, doze anos depois do caso, o artigo 213 do código penal já não mais enquadraria a situação como "tentativa", mas como "estupro".

Como sugere trecho da própria dramaturgia, Stabat Mater tem uma cadência de "labirinto minotáurico" em que ficamos nesse movimento pendular entre arte e vida, real e autoficção, crença e desconfiança, traumas e dispositivos poéticos que revolvem feridas que não cicatrizam não necessariamente para curá-las, mas para torná-las mais lúdicas e passíveis de serem frequentadas. Uma experiência desconcertante e não menos transformadora para o público, em sintonia com as centelhas vitais da arte contemporânea de ponta. Um espetáculo vazado pelas fraturas semióticas da própria linguagem, que sugere algo além que não é totalmente apreensível, que talvez esteja dentro de nós mesmo, um "real" que nos habita, um "metabolismo de imagens" que está sempre a pulsar em nossas sinapses, novamente pedindo emprestada a definição do psicanalista Jacques Lacan para "libido". A atmosfera liminar de Stabat Mater catalisa uma rara produção do nosso imaginário, do nosso inconsciente mais subterrâneo e inconfessável.

Em O retorno do real, Hal Foster analisa várias obras que tentam de diferentes maneiras "levar o ilusionismo até o real". Stabat Mater pertence a essa linhagem de trabalhos que são construídos nessa zona de tensão e de risco:

> O ilusionismo é empregado não para encobrir o real com superfícies simulacrais, mas para descobri-lo em coisas esquisitas, muitas vezes incluídas também em performances. [...] A segunda abordagem é oposta à primeira, mas atinge o mesmo fim: rechaça o ilusionismo, aliás, qualquer sublimação do olhar-objeto, numa tentativa de evocar o real em si mesmo. Esse é o âmbito primordial da arte abjeta, que é atraída para as fronteiras derrubadas do corpo violado.[11]

Outra referência forte para as pesquisas de Janaina Leite é o trabalho da atriz e encenadora espanhola Angélica Liddell. Em 2014, pouco antes de estrear Conversas Com Meu Pai, ela foi assistir a Eu Não Sou Bonita, da artista catalã, durante a Mostra Internacional de Teatro de São Paulo (MITSP), e o impacto foi muito

---

11 Ibidem, p. 145.

DOCUMENTÁRIO CÊNICO
DRAMÁTICAS DO REAL E AUTO-MISE-EN-SCÈNE

grande na vida pessoal e profissional de Janaina Leite. Em texto no programa de *Stabat Mater*, ela revela que, desde então, estuda a obra performativa de Angélica Liddell e que a encenadora espanhola é "a principal interlocutora para esses meus últimos trabalhos que vasculham esse 'feminino abjeto'".

Janaina Leite fez uma espécie de pacto artístico com a verdade da própria vida, alentada por uma busca pela potência de uma ausência anterior à própria imaginação, à própria memória. Mas nem tudo é "ficção" para ela: uma aporia contra a qual ela se insurge com seus trabalhos performativos que tentam engendrar pontos de contato com o "real". Em seu livro, no qual analisa os processos de construção de *Festa de Separação* e *Conversas Com Meu Pai*, ela discorre sobre os dispositivos autoficcionais que ambicionam "contatos vertiginosos com o Real":

> Esse para o qual não há um falar estruturado e com o qual só podemos ter contato na forma de irrupções. Sem cair em hierarquias reducionistas entre o real e a ficção, podemos pensar no potencial das ficções em abrir rasgos na trama simbólica e propiciar, via experiência estética, contatos vertiginosos com o Real.[12]

E esses contatos com as fraturas e frestas do "real" foram sendo conquistados por meio de tentativas de "ultrapassar a barreira do pudor", um legado de Angélica Liddell em seu trabalho-vida. Em *Autoescrituras Performativas*, ela resgata depoimento da artista catalã que foi publicado no catálogo de apresentação da obra *La Casa de la Fuerza*:

> o impudor ofereceu-me uma liberdade brutal. O impudor referente à minha própria vida: como uma defecação em cena. Quebrar a barreira do pudor pressupõe um esforço. É como passar a barreira do som.[13]

A atmosfera despudorada de *Stabat Mater* levanta uma questão central da chamada arte abjeta: a possibilidade de uma encenação obscena, "isto é, de uma representação sem uma cena que encene o objeto para o observador", nas palavras do crítico Hal Foster. Ele se questiona:

> Seria essa uma diferença entre o obsceno, em que o objeto, sem cena, está perto demais do espectador, e o pornográfico, em que o objeto é

---

12 J.F. Leite, *Autoescrituras Performáticas*, p. 130.
13 Ibidem, p. 146.

> encenado para o espectador que está assim suficientemente distante para ser seu voyeur?[14]

Foster aprofunda os seus questionamentos ao colocar em xeque o que ele chama de "abjeção consciente":

> É possível que a arte abjeta venha a escapar de um uso instrumental, até moralista, do abjeto? (Em certo sentido, essa é outra parte da questão: é possível uma evocação do obsceno que não seja pornográfica?).[15]

Em entrevista para este projeto de pesquisa, Janaina Leite responde às perguntas do crítico norte-americano:

> O obsceno é aquilo que ameaça o anteparo da linguagem, o anteparo da imagem, e que fica perto demais do espectador, ameaçando-o, enquanto o pornográfico é o que se encena ostensivamente para o olhar do outro. E há esse jogo do abjeto com o obsceno. Hal Foster questiona: o abjeto é possível no limite da linguagem? Será que não sobraria somente a encenação do abjeto? Se o abjeto é o limite da linguagem, o limite do eu-outro, o limite do sujeito, como seria possível colocar uma obra abjeta que não fosse somente uma encenação do objeto? São perguntas pertinentes, mas eu acho que sim, no campo da tensão, que é o que me move: procurar uma linguagem que tenha de algum jeito uma situação de tensão com as bordas do quadro, do enquadramento. Stabat Mater é uma tentativa de trabalhar nessa fronteira entre vida e arte, arte e não-arte, arte e terapia, arte e pornografia, representação e acontecimento, representação e vivência, experiência. Acho que essa relação de atração e repulsa define bem a tensão do abjeto. Nunca é só atração e nunca é só repulsa. Então você está ali numa zona de colapso e de fronteiras entre esses sentimentos. Eu entendo dessa maneira os movimentos que estão em Stabat Mater, tanto em termos de formalização quanto nos seus temas. Todas essas questões que estão colocadas ali têm a ver com uma ordem de abjeção, são muito mais abjetas do que objetos, de uma definição do objeto que pressupõe uma separação entre o eu e o outro. O abjeto fica habitando essa fronteira. É como eu entendo uma arte abjeta: uma arte de fronteira que ameaça a si mesma, que ameaça seus próprios contornos.

Stabat Mater é uma obra que não tem o "real" como tema, garante Janaina Leite. Por meio do risco, do abjeto, do obsceno, de uma atmosfera liminar em que

---

14 H. Foster, *O Retorno do Real*, p.146.
15 Ibidem, p. 147.

se tenta vislumbrar as frestas fugidias e evanescentes de um vazio pré-semiótico que antecede e resiste à própria linguagem, a encenação busca o "real" como experiência vital e transformadora para todos que dela participam.

As Múltiplas Faces do "Real"

Embora o objetivo aqui não seja discutir o que é o "real", trata-se de uma questão incontornável e então vamos à ela. O que é o "real", essa emanação oracular hoje tão cultuada, espetacularizada, falsificada e mercantilizada pela sociedade do espetáculo contemporânea?

Em um mundo cada vez mais virtualizado por artefatos tecnológicos manipulados por essa animalidade de símbolos que nos caracteriza como seres humanos, tudo é linguagem. E logicamente o "real" também é linguagem, ou melhor, estratégias de linguagem por meio das quais podemos provocar irrupções das duas características mais marcantes e potentes do "real": o risco e o inesperado. Mas cada um faz a própria construção de linguagens híbridas para tentar flagrar a imponderabilidade do "real".

O cineasta francês Robert Bresson, por exemplo, jamais fez um filme documentário, mas buscava incessantemente o "real" na ficção propriamente dita. Para o autor de títulos seminais como *Um Condenado à Morte Escapou*, *Pickpocket* e *A Grande Testemunha*, entre outras obras-primas que criaram novas sintaxes para a linguagem do cinema, o "real" era sobretudo o automatismo dos corpos de seus "modelos" (ele parou de trabalhar com atores e atrizes) no set de filmagem e também a fosforescência dos olhares que ele tanto buscava com textura anímica e cadência do inesperado. Para Bresson, o "real" era a epifania da alma na materialidade dos nossos corpos.

Já para o encenador e cineasta russo Sergei Eisenstein, o "real" são estruturas de pensamento que engendram a textura fugidia da própria forma artística, sobretudo a linguagem cinematográfica, arte do tempo e também do espaço. O genial diretor de títulos como *O Encouraçado Potemkin* teve Vsévolod Meierhold como grande mestre e via o cinema como uma espécie de evolução do teatro. Após encenar um espetáculo em uma fábrica (*Máscaras de Gás*, 1923), ao sentir a potência documentária da locação, partiu de vez para a chamada sétima arte, convicto de que a força das massas revolucionárias não passaria de um grupo de figurantes no teatro, enquanto que, no cinema, ela poderia ser a mais fiel tradução do "real" histórico que ele tanto buscava.

Para o ensaísta e também cineasta Jean-Louis Comolli, o "real" são fraturas, brechas, fissuras, frestas, pausas e silêncios que o filme documentário consegue provocar na roteirização publicitária da sociedade do espetáculo contemporânea:

> As sociedades deslizam vagarosamente da época das representações – teatro das instituições, comédias ou tragédias dos poderes, espetáculos das relações de força – para aquela das programações: da cena ao roteiro. O cidadão é menos solicitado a ser um espectador – ativo: recurso mobilizado pela representação e, simultaneamente, ator por delegação – do que permanecer no seu lugar de consumidor, impotente até mesmo para compreender o programa do qual participa. [...] Diante dessa crescente roteirização das relações sociais e intersubjetivas, tal como é veiculada (e finalmente garantida) pelo modelo "realista" da telenovela, o documentário não tem outra escolha a não ser se realizar sob o risco do real.[16]

Para ele, é preciso buscar a potência política do "real" por meio do filme documentário:

> No momento em que os grandes grupos internacionais se assenhoram, por todos os lados, do controle da produção, da distribuição, da difusão audiovisual, em que triunfam os modelos, os programas, os automatismos, os sistemas de vigilância e de previsão, em que o marketing, a publicidade, a propaganda impõem um novo magma – a informação-cultura-mercadoria –, parece-me digno de nota que o cinema documentário resista e se desenvolva. Vejo nessa conjunção um fato político. À programação e à precaução generalizadas, opõe-se o risco inerente ao empreendimento do documentário. Os atos, os projetos, as obras, as construções não se deixam reduzir mais ao cálculo de máquinas humanas do que aos desejos dos homens mecanizados. A sociedade do espetáculo triunfa, mas uma parcela obscura do espetáculo mina o espetáculo generalizado. Chamemos essa parte de "a parte da arte". Cabe à ela, hoje mais do que nunca, representar a estranheza do mundo, sua opacidade, sua radical alteridade, em resumo, tudo o que a ficção à nossa volta nos esconde, escrupulosamente: que estamos no período posterior à destruição dos conjuntos fechados, que a cena é aberta, fendida, rompida, e é a esse preço que ela ainda pode pretender historicamente tudo o que neste mundo não é virtual.[17]

Para o filósofo Jacques Rancière, "o real é sempre objeto de uma ficção" e precisa ser ficcionalizado para ser pensado:

---

16 J.-L. Comolli, *Ver e Poder: A Inocência Perdida: Cinema, Televisão, Ficção, Documentário*, p. 169.
17 Ibidem, p. 178.

DOCUMENTÁRIO CÊNICO
DRAMÁTICAS DO REAL E AUTO-MISE-EN-SCÈNE   301

> A política da arte, portanto, não pode resolver seus paradoxos na forma de intervenção fora de seus lugares, no "mundo real". Não há mundo real que seja exterior da arte. Há pregas e dobras no tecido sensível comum nas quais se jungem e desjungem a política da estética e a estética da política. Não há real em si, mas configurações daquilo que é dado como nosso real, como objeto de nossas percepções, de nossos pensamentos e de nossas intervenções. O real é sempre objeto de uma ficção, ou seja, de uma construção do espaço no qual se entrelaçam o visível, o dizível e o factível. É a ficção dominante, a ficção consensual, que nega seu caráter de ficção fazendo-se passar por realidade e traçando uma linha de divisão simples entre o domínio desse real e o das representações e aparências, opiniões e utopias. A ficção artística e a ação política sulcam, fraturam e multiplicam esse real de modo polêmico. O trabalho da política que inventa sujeitos novos e introduz objetos novos e outra percepção dos dados comuns é também um trabalho ficcional. Por isso, a relação entre arte e política não é uma passagem da ficção para a realidade, mas uma relação entre duas maneiras de produzir ficções. As práticas da arte não são instrumentos que forneçam formas de consciência ou energias mobilizadoras em proveito de uma política que lhes seja exterior. Tampouco saem de si mesmas para se tornarem formas de ação política coletiva. Contribuem para desenhar uma paisagem nova do visível, do dizível e do factível. Forjam contra o consenso outras formas de "senso comum", formas de um senso comum polêmico.[18]

Há um parentesco próximo da defesa da criação de "dissensos" em dispositivos artísticos analisados por Rancière em *O Espectador Emancipado* com a apologia da deflagração de "fissuras" na sociedade do espetáculo contemporânea proposta por Comolli em *Ver e Poder*.

A filósofa francesa Marivonne Saison também define o "real" como uma "radical alteridade", como Jean-Louis Comolli, e defende a criação no teatro de um estado de liminaridade, uma dúvida permanente em que "real" e "ficcional" se misturam com a potência presencial das artes cênicas:

> O teatro do qual nós falamos se quer instaurador de uma experiência estética efêmera e imanente, da qual o texto, soldado a seu conteúdo e à experiência que é feita dela, somente existe em uma "interpretação" que lhe restitui seu estado de linguagem e atualiza as condições de um afrontamento com o inominável. O ponto que reúne as práticas teatrais das quais nós falamos e que diz respeito a todo participante como espectador é aquele do acesso mesmo à representação, da representabilidade. Mundos existem, que não têm acesso à representação; fazer aparecer esse

---

18   J. Rancière, op. cit., p. 74-75.

> limiar e sua representação, quando o desejo de uma representabilidade balbuciante nasce, é uma aposta mais importante do que lutar para a reprodução de representações ambiciosas das quais a própria credibilidade não é mais assegurada. A proposta mais forte das experiências anteriores não está então talvez na sua temática, contudo tão "vidente", nem na especificidade de suas tentativas radicais, mas na realização deste novo objetivo: levar a ver o fato mesmo da representação e o que ele implica. Talvez possamos dizer em outros termos que a política coloca suas apostas no fato e nos lugares da re-apresentação, e que isso é mesmo a essência do que se chama "teatro".[19]

A construção de estados de liminaridade, forte característica dos documentários cênicos, por vezes descamba para maneirismos que, em alguns casos, estão mais para uma inócua armadilha teatral que, além de nada documentar, nada aprofundar, ganham contornos de "pegadinhas cênicas" que enveredam por uma falsa e constrangedora atmosfera "lúdica", pontuada por insistentes jogos de verdades e mentiras. Verdadeiro ou falso? Documentário ou ficção? Uma espécie de modismo afetado que é filho bastardo dessa sofreguidão contemporânea pelo "real", engendrado de forma rasa e não deflagrado pela potência do *páthos* documentário de uma vivência profunda. Em alguns casos extremos, chegam até mesmo a encenar ficções inofensivas e até mesmo risíveis com aparência de falsos documentários.

Qual o sentido de criar falsos documentários no teatro, no cinema e na televisão? Uma das tendências da moda da arte contemporânea? Hibridar as já tão difusas fronteiras que embaralham o documentário com a ficção propriamente dita? Provar ao público pela enésima vez que as nossas lembranças e a nossa memória são uma teia de ficcionalizações pelas quais tentamos desesperadamente reter vivências profundas para que não se percam no turbilhão da vida? Nada disso é mais novidade para ninguém. E a linguagem do filme documentário está aí justamente para nos oferecer uma infinidade de outros caminhos menos previsíveis.

O que é um documentário? O que caracteriza essa linguagem tão complexa e ao mesmo tempo tão pantanosa em que todos os procedimentos estéticos têm desdobramentos éticos imediatos? As pessoas existem independentemente dos filmes e dos documentários cênicos. O filme documentário é uma "arquitetura do inesperado", peço novamente emprestada a definição criada pelo crítico de cinema Carlos Alberto Mattos, em que a

---

19 M. Saison, *Les Théâtres du réel*, p. 59-60.

DOCUMENTÁRIO CÊNICO
DRAMÁTICAS DO REAL E AUTO-MISE-EN-SCÈNE

imponderabilidade do acaso é levada em conta como elemento de composição permanente. Há ainda a questão da alteridade, mesmo em projetos artísticos em que os realizadores são tema do próprio filme ou do documentário cênico. Quando nos colocamos em cena, seja em um filme ou em uma peça de teatro, imediatamente criamos uma "alteridade" de nós mesmos, uma personagem além, mas, ao mesmo tempo, a partir de nós mesmos, que acaba adquirindo vida própria como em uma assumida obra de ficção.

Ao contrário do que afirmam teóricos como o norte-americano Bill Nichols, autor de livros como *Representing Reality* e *Introdução ao Documentário*, o último lançado no Brasil pela editora Papyrus, o filme documentário não é um mero "gênero" cinematográfico, como o *western*, o *film noir* ou a comédia romântica. O documentário é um arcabouço de linguagens híbridas que problematiza a representação do "real" no cinema (e também no teatro) e está presente em todos os momentos marcantes da trajetória da sétima arte: na escola soviética, no neorrealismo italiano, na nouvelle vague, no cinema novo, no Dogma 95 e é uma das vedetes do cinema contemporâneo, sempre tão ávido para hibridar os limites difusos que misturam o filme documentário com a ficção propriamente dita.

Comolli resgata um conceito criado pela pesquisadora Claudine de France, "auto-mise-en-scène", que pode nos ajudar a entender melhor os meandros das dramáticas fraturadas dos documentários cênicos:

> Noção essencial em cinematografia documentária, que define diversas maneiras pelas quais o processo observado se apresenta por si mesmo ao cineasta no espaço e no tempo. Trata-se de uma *mise-en-scène* própria, autônoma, em virtude da qual as pessoas filmadas mostram de maneira mais ou menos ostensiva, ou dissimulam a outrem, seus atos e as coisas que as envolvem, ao longo de atividades corporais, materiais e rituais. A *auto-mise-en-scène* é inerente a qualquer processo observado.[20]

Comolli aprofunda a reflexão:

> Como abordar essa estranha noção de *auto-mise-en-scène*? Perguntemo-nos como o cineasta poderia não enfrentar *a questão do outro*. Não apenas como questão do outro a filmar. Mas como questão do outro que está, no momento em que eu o filmo, (me) reenviando também o seu olhar. Aquele que eu filmo me vê. Quem diz que ele não pensa o seu olhar para mim, assim como penso meu olhar para ele? A consciência é necessariamente

---

20 Apud J.-L. Comolli, *Ver e Poder*, p. 330.

algo que se passa entre as consciências. O inconsciente, entre os inconscientes. O corpo, entre os corpos. Aquele que eu filmo me chega não somente com sua consciência de ser filmado, sua concepção de olhar, ele chega com seu inconsciente em direção à máquina cinematográfica, ela própria carregada de impensado, ele chega com seu corpo diante dos corpos daqueles que filmam.[21]

Para o ensaísta francês, colocar alguém em quadro no cinema é também se colocar em cena. Ele aprofunda ainda mais o conceito de auto-mise-en-scène:

> Aquele (aquela) que eu filmo vem também ao encontro do filme com seu *habitus*, esse tecido estreito, essa trama de gestos aprendidos, de reflexos adquiridos, de posturas assimiladas, a ponto de terem se tornado inconscientes; e que fazem com que, segundo os campos onde a pessoa filmada intervenha (família, escola, trabalho etc.), ela se veja engajada e tomada nas *mise-en-scènes* (Bourdieu diria *jogos*) requisitadas por esses campos – e mesmo compreendidas, incorporadas por cada um dos sujeitos agentes desses campos.
>
> Todos aqueles que eu filmo já são atores e interpretados em outras *mise-en-scènes* que precedem e, às vezes, contrariam aquela do filme. As "realidades" não são apenas narrativas particulares aos grupos que as fabricam e as legitimam – a "realidade social", a "realidade patronal" etc. Essas narrativas são também *mise-en-scènes*, verdadeiros rituais, em que os corpos e suas hierarquias, suas posturas, seus intervalos são frequentemente definidos. O cineasta filma representações. Já em andamento, *mise-en-scènes* incorporadas e reencenadas pelos agentes dessas representações.[22]

Ao levar o conceito de auto-mise-en-scène para o teatro, vislumbro diversas camadas nos corpos de todos aqueles que se lançam ao desafio de mergulhar de cabeça em um documentário cênico e que estão sempre à mercê de sentimentos contraditórios na recepção do público: por um lado, alguns vão ressaltar a coragem autoral de se desnudar em cena sem a proteção de uma personagem ficcional previamente construída; por outro, acusações de narcisismo e cabotinismo. As reações costumam ser contraditórias, assim como nos documentários fílmicos "performáticos", segundo a definição do teórico Bill Nichols, em que o realizador é tema do próprio projeto.

No que diz respeito às camadas de tramas gestuais e vocais na auto-mise-en-scène de quem se entrega aos riscos de um documentário cênico, a primeira delas é composta por pulsões inconscientes que irrompem em

---

21 Ibidem, p. 84.
22 Ibidem, p. 84-85.

DOCUMENTÁRIO CÊNICO
DRAMÁTICAS DO REAL E AUTO-MISE-EN-SCÈNE

falas e gestos por vezes impensados provenientes do automatismo dos corpos. Em dramaturgias documentárias, sempre mais fraturadas ao inesperado, as improvisações e as possibilidades performativas tendem a ser potencializadas pelos riscos do autodesnudamento no palco.

A segunda camada é o trançado do tecido social que, de diferentes maneiras, está capilarizado no nosso corpo: educação familiar, meio social, formação escolar e experiências profissionais, entre outras possibilidades.

A terceira é provocada pelas reações da plateia, ou, como diria Comolli, pela devolução do olhar de cada espectador que lança diferentes estímulos para quem está no palco e que acabam sendo incorporados em cena.

Uma quarta é uma camada mais "ficcional" que não chega a sedimentar de maneira tão profunda no cinema, cujo processo é mais circunstancial, episódico, circunscrito nos períodos de filmagem, enquanto no teatro, após as sucessivas repetições da temporada, quem está em cena acaba inevitavelmente criando uma "alteridade de si mesmo", uma personagem com contornos nitidamente "ficcionais" que vai se delineando, se adensando e se aprofundando a cada nova apresentação do documentário cênico.

Após meses, talvez anos em longas temporadas, a força do hábito teatral e a potência presencial das artes cênicas acabam criando uma surpreendente atmosfera autoficcional que já enveredou por um estranho tipo de ficção que é o que estou chamando de "alteridade de si mesmo": uma personagem a partir das vivências de quem está em cena, *alter ego* de uma construção autoficcional que já não está mais tão desnudada assim no palco com a mesma visceralidade documentária. O *páthos* do início da temporada já não é mais o mesmo, até mesmo em função de um instinto de sobrevivência, mesclado à força do hábito, de quem está tentando universalizar na arte teatral as próprias dores e alegrias, sem redes de proteção assumidamente ficcionais no começo do processo. A força da vivência continua ali, em cena, mas uma necessária camada ficcional não tarda a envolver o performer ao longo da rotina de repetições dessa árdua e fascinante linguagem presencial que é o teatro.

Auto-Mise-en-Scène Diante da Câmera

O diálogo do filme documentário com o teatro, no universo do cinema, gerou obras importantes como *Jogo de Cena*, de Eduardo Coutinho, ensaio reflexivo sobre a auto-mise-en-scène das pessoas diante da câmera.

O documentarista tentou dar um passo além em *Moscou* (2009), mas o resultado do projeto não foi bem-sucedido. O ponto de partida era interessante: encenar dentro do filme, sob a direção de Enrique Diaz, *As Três Irmãs*, de Tchecov, misturando deliberadamente as vivências dos atores e das atrizes do grupo Galpão com as inquietações das personagens do dramaturgo russo. Sem o *páthos* documentário de uma estreia teatral, Moscou acabou se tornando um tedioso jogral que não desemboca em lugar algum. Talvez o único mérito do filme tenha sido a coragem autoral de Coutinho em experimentar novos caminhos após o êxito de *Jogo de Cena*.

Durante o processo de montagem de *Moscou*, cheguei a conversar com o documentarista ao telefone e ele se confessou "perdido" no meio da imensidão de material bruto captado durante as filmagens. Coutinho disse ainda que foi aconselhado pelo produtor do filme, o também documentarista João Moreira Salles, a fazer desaparecer na edição a presença do encenador Enrique Diaz. Talvez a sugestão tenha prejudicado o resultado final de Moscou, pois, na primeira parte do filme, um dos momentos mais belos e interessantes é justamente uma espécie de *workshop* que o encenador faz com o elenco, trabalhando com a memória afetiva de todos.

Ao assistirmos à sequência, ficamos meio confusos, também fascinados, principalmente intrigados, porque não sabemos o que é "real" e o que é "ficcional" em tudo que está acontecendo em quadro. Não sabemos se estamos vendo a irrupção de vivências profundas da memória afetiva dos integrantes da companhia ou se são as inquietações existenciais das personagens de Tchecov, ou as duas coisas mescladas, ou se são vivências do elenco decantadas na memória e deflagradas pela dramaturgia do grande escritor russo.

Talvez se a sequência tivesse sido ampliada na montagem, transformando-se em um primeiro esboço de estrutura narrativa para o documentário, ou se outros *workshops* e improvisações conduzidos por Enrique Diaz tivessem entrado no filme, o resultado teria sido outro, bem mais poético e profundo no que diz respeito à hibridação dos impulsos pessoais do elenco com os estímulos ficcionais da obra de Tchecov sob a direção delicada do encenador. O trabalho de Enrique Diaz gerou momentos raros de *auto-mise-en-scène*, como sempre acontece nas improvisações dos processos teatrais, e isso talvez teria feito de *Moscou* um filme mais denso e menos previsível sobre o jogo de cena interno de atores e atrizes emprestando as próprias vivências para os personagens que encarnam.

DOCUMENTÁRIO CÊNICO
DRAMÁTICAS DO REAL E AUTO-MISE-EN-SCÈNE

Um dos exemplos mais bem-sucedidos de hibridação do filme documentário com o teatro é *César Deve Morrer* (2012), dirigido pelos veteranos cineastas italianos Vittorio e Paolo Taviani, realizadores de longas marcantes como *Pai Patrão* (1977) e *A Noite de São Lourenço* (1982). Os dois diretores foram ao presídio de segurança máxima de Rebibbia, em Roma, conhecer o trabalho do encenador Fabio Cavalli, que, descrente do teatro comercial, foi trabalhar com os detentos daquela prisão. Os irmãos Taviani logo pensaram na possibilidade de um filme documentário e sugeriram a Fabio Cavalli a montagem de *Júlio César*, de Shakespeare. O encenador trabalhou o texto do dramaturgo inglês durante quase um ano com os atores-presidiários. Dois meses antes da estreia, os irmãos Taviani chegaram para documentar a última etapa do processo. Ao assistirmos ao filme, a impressão que temos é que os cineastas reencenaram os conflitos reais que surgiram entre os detentos durante os ensaios, criando uma nova camada documentária a partir desse dispositivo ficcional e performativo. A experimentação revela de forma original e contundente como o *páthos* da dramaturgia de Shakespeare mexeu com as vivências de pessoas com marcas profundas de violência nas próprias histórias de vida. O ponto alto do filme é a cena do solilóquio de Marco Antônio, após o assassinato da personagem-título, encenado em um dos corredores do presídio, ao ar livre. A força da sequência é tamanha que é comparável ao solo de Marlon Brando em *Júlio César*, de Joseph Mankiewicz (1953).

Em outro texto seminal para quem realiza documentários, *Como Filmar o Inimigo?*, Jean-Louis Comolli relata e analisa a sua experiência como cineasta dirigindo dois filmes para a televisão sobre a candidatura do ultranacionalista Jean-Marie Le Pen, da Frente Nacional, para a presidência da França em 1988 e 1992/1993. No processo de montagem do primeiro documentário, Comolli construiu a imagem do candidato com tintas maniqueístas, até mesmo o demonizando com efeitos especiais. No segundo filme, no entanto, já mais maduro como realizador, apostou na potência do conceito de auto-mise-en-scène aplicado a Le Pen. O candidato descia uma escadaria e, ao chocar-se com um dos seguranças, não tardou a despejar sobre o subordinado toda a truculência xenófoba da própria ideologia fascista, revelando-se assim para as câmeras por meio de sua *auto-mise-en-scène*. Desta vez Comolli não precisou criar nenhum tipo de estilização infantil e maniqueísta na ilha de edição:

> Diante do homem político, não posso dissociar o corpo filmado da ideia ou do poder que ele encarna. Eu rejeito aquilo que me repulsa, mas devo

atar e não romper. Dependência do documentarista – mas ao mesmo tempo potência da relação, mais matricial do que na ficção. Não se filma sem amor, sem desejo, sem inconsciente, sem corpo; mas também não se filma sem consciência, sem moral, sem cálculo, sem gostos e desgostos. Questão de corpo.[23]

O conceito de auto-mise-en-scène é bastante útil em tempos tão marcados por exercícios de autoficção no cinema, no teatro, na televisão e na arte contemporânea, de maneira geral. Trata-se da possibilidade de desnudamento das camadas híbridas, documentais e ficcionais, que matizam a nossa psique, as nossas lembranças, infância, adolescência, as mais diversas vivências.

O dramaturgo Luís Alberto de Abreu costuma dizer em entrevistas à imprensa: "A ficção é uma camada mais profunda da realidade". Para o escritor Guimarães Rosa, o "real" é travessia: "Digo: o real não está na saída nem na chegada: ele dispõe para a gente é no meio da travessia."[24]

Somos feitos da mesma matéria dos sonhos. Há séculos Shakespeare sussurra em nossos ouvidos essa característica essencial da natureza humana. Somos encarnações de idealizações que nos foram sinalizadas ou impostas por nossos pais ou por pessoas que exerceram influência sobre as nossas escolhas de vida. Somos uma animalidade de símbolos, um complexo de linguagens híbridas de carne e osso, e essa dualidade, ficção e documentário, pulsa de maneira intensa nos nossos sentimentos, emoções e nas nossas sensações mais profundas.

---

23 Ibidem, p. 129.
24 João Guimarães Rosa, *Grande Sertão: Veredas*, Rio de Janeiro: Nova Aguilar, 1994, p. 86, apud M. Soler, *Teatro Documentário*, p. 74.

AGRADECIMENTOS

À minha amada orientadora Sílvia Fernandes da Silva Telesi, pelo estímulo, pelo apoio, pelo carinho, pelo rigor, pela generosidade e pela erudição, fonte permanente de inspiração para mim.

Aos grupos de teatro de São Paulo, por terem me recebido de braços abertos e por terem despertado em mim a chama da crença no coletivo, condição *sine qua non* para as artes cênicas e também para o cinema.

À Sônia Sobral, pelo desafio que me propôs: fazer a curadoria de uma série de debates e de uma mostra de filmes sobre a vitalidade e a efervescência da cena paulistana contemporânea, que foi batizada de *Teatro SP: Novas Dramaturgias em Tempos Digitais* e realizada no Itaú Cultural no segundo semestre de 2012. O conceito dessa curadoria foi a gênese desta obra.

À Cecilia Almeida Salles, por ter me dado respaldo teórico para que eu assumisse a metodologia crítica deste projeto de pesquisa: fazer uma espécie de acareação das companhias teatrais com as próprias influências para depois então inventariar e analisar como tudo decantou nos principais espetáculos dos grupos, principalmente nas dramaturgias fraturadas dos coletivos.

À Cibele Forjaz, por ter me desafiado a tentar encontrar pontos convergentes na diversidade de tendências e de militâncias das companhias de teatro de São Paulo, atravessadas por dramáticas construídas com fissuras que são uma espécie de travessia às pesquisas dos grupos, aos processos de criação coletiva e ao "real".

A Carlos Alberto Mattos, por ter me emprestado a sua definição de filme documentário: "arquitetura do acaso".

Ao meu sobrinho Marcelo Siqueira Maia Vinagre Mocarzel, por ter me ajudado a esboçar com mais nitidez a metodologia crítica.

À Vera Lúcia Fraletti Holtz, musa inspiradora, pelo estímulo permanente em momentos difíceis.

À Letícia Lemos Teixeira dos Santos, por mais de vinte anos de convivência, que geraram filhos, filmes, peças de teatro, conquistas, conflitos e alegrias.

À Elizabeth Calvi Néspoli, pelo apoio em momentos estratégicos.

Este livro foi impresso na cidade de São Bernardo do Campo
nas oficinas da Paym Gráfica e Editora, em novembro de 2023,
para a Editora Perspectiva.